왜 맛있을까

옥스퍼드 심리학자 찰스 스펜스의
세상에서 가장 놀라운 음식의 과학

왜 맛있을까
Gastrophysics

찰스 스펜스 지음 | 윤신영 옮김

어크로스

일러두기
1. 책의 원제인 가스트로피직스(Gastrophysics)는 Gastronomy(미식학)와 Physics (물리학)의 합성어이다. 직역하면 '미식물리학'이지만 저자 찰스 스펜스가 '인지 과학과 뇌과학, 심리학 그리고 디자인과 마케팅 분야를 결합해 만든 새로운 지식 분야'라는 의미를 담기에 모자람이 있어 한글 '가스트로피직스'를 사용했다. 이 학문을 연구하는 학자를 '가스트로피지스트'라고 붙였다.
2. 본문 중 옮긴이 주는 '-옮긴이'로 표시했다. 저자의 보충설명은 본문 하단에, 저 자 주는 책 말미에 '주석'으로 담았다.

맛있게 드세요! Bon Appétit!

1부 │ 거의 모든 감각의 식탁

2부 │ 세상에서 가장 맛있는 식탁

추천사

음식의 세계를 여행하는
가장 쉽고 재미있고 완벽한 가이드

헤스턴 블루멘탈[*]

한때 과학자들은 음식의 과학이 연구할 가치가 없다고 생각했었다. 위대한 고故 니컬러스 쿠르티Nicholas Kurti(헝가리 태생의 영국 고체물리학자. '부엌의 물리학자'라는 별명이 있다-옮긴이)는 제외하고. 나는 그들에게 나의 연구팀이 팻덕 리서치 키친Fat Duck Research Kitchen에서 관찰하거나 실험한 내용을 보여주며 대화를 나누곤 했다. 그때마다 그들은 너그러운 웃음을 짓곤 했다. 마치 '요리나 계속하시지요. 우리도 하던 일을 계속할 테니'라고 말하는 듯이. 셰프들도 다르지 않았다. 요리는 과학과 거의 관련이 없다고 생각했다. 자신이 휘젓고 있는 달걀이 응고하는 과정을 거치지 않고 있다는 듯이 말이다.

하지만 찰스는 그렇지 않았다. 그의 장점은 분야를 넘나드는 호기심을 가졌다는 점과 과학적 엄밀함에도 학계의 좁은 시야에 갇히지 않았다는 점이다. 그를 만난 뒤 내가 부엌에서 탐구하던 많은 것들을 그 역시 연구실에서 탐구하고 있었다는 사실을 알게 되었다. 그

---

[*] 세계에서 가장 훌륭한 레스토랑으로 선정된 미슐랭 3스타 '팻덕'의 요리사. 영국 여왕으로부터 대영제국훈장을 받았다.

래서 그와 나는 우리가 보고 듣고 냄새 맡고 만지고 입안에 넣는 음식들에 대해 어떻게 반응하는지를 함께 연구하기 시작했다. 우리는 눈으로, 귀로, 코로, 기억으로, 상상력으로, 장기로 음식을 먹는다. 모든 사람은 음식과 긍정적인, 또는 부정적인 관계를 맺는다. 그리고 최종적으로 모든 것은 감정과 감각에 관련되어 있다.

나는 이런 것들이 음식에 대한 우리의 반응을 결정하는 핵심이라고 생각한다. (최소한 다섯 가지 맛을 감지하는) 혀보다, 심지어 (수많은 냄새를 감지하는) 코보다 훨씬 더 말이다. 음식에 대한 반응은 뇌와 장기의 대화다. 이 과정을 우리의 마음이 중계하면서 음식이 좋은지 아닌지를 말해준다. 우리의 감정적 반응을 관장하는 것은 뇌다.

이것은 대단히 가치 있는 주제다(그리고 인간으로서 우리가 꼭 이해해야 하는 것이기도 하다). 하지만 대단히 복잡한 주제이기도 하다. 찰스는 이 세계로 우리를 안내하면서 그 원리를 쉽고 재미있게 알려줄 완벽한 가이드다. 모든 페이지가 생각할 거리를 주고 생각의 지평을 넓혀준다. 여기에는 우리 각자가 모두 분리된, 완전히 다른 맛의 세계에 산다는 깨달음부터 "포크나 젓가락이 음식을 먹는 최선의 방법일까?"에 대한 의문까지 포함된다.

나는 이 책을 통해 입 속에서 벌어지는 일들이 보이는 것과는 완전히 다르다는 사실을 알게 되었다. 우리가 음식에서 얻는 즐거움은 우리가 상상했던 것보다 훨씬 더 우리의 주관에 의존한다. 기억이나 연상이나 감정 같은 것들 말이다. 가스트로피직스의 세계로 첫 걸음을 떼기에는 더할 나위 없이 좋은 안내서가 이제 시작된다.

이런 것까지 연구 대상이 될 수 있나요?

세상에는 함부로 시도해서는 안 되는 일이 여럿 있지만 그중 하나가 음식에 정통한 감각심리학자와 평양냉면집에 가는 일일 줄은 몰랐다. 찰스 스펜스 영국 옥스퍼드대 교수와 서울 중구에 위치한 유명 평양냉면집에 갔다. 스펜스 교수는 미각 외에 소리나 빛 등 다양한 감각이 맛에 미치는 영향을 세계 정상급 셰프들과 15년 이상 연구해온 감각심리학자. 그와 공동 연구한 셰프들의 미슐랭 별 수만 합쳐도 두 자릿수가 훌쩍 넘는다. 한국에서도 요리학이나 식품학 분야에서 이름이 알려져 있어서 학회 참석 등으로 벌써 일곱 번째 한국을 찾는다고 했다. 그런데 평양냉면은 물론, 한식을 제대로 먹은 적이 거의 없다. "학회는 일로만"이라고 스펜스 교수는 말했다.

"좀 시끄럽긴 한데 활기찬 느낌이 있네요. 소음은 대화를 방해하는 문제가 있지만 큰 식당에서는 괜찮습니다. 다만 작은 식당이었다면 음악으로 소음을 적절히 가려줘야 할 겁니다. 그런데 한국 식당은 원래 음악을 잘 안 트나요?"

함께 찾은 냉면집은 작년에 미슐랭 가이드로부터 별을 받은 곳. 나름 한국의 대표적인 음식점 중 하나인데, 구석진 자리로 안내를 받으며 '이게 뭐라고' 긴장을 했다. 불고기로 1차 식사를 한 뒤 냉면을 주문했다. 음식이 나오기 전에 식당의 분위기에 대해 묻자 가장 먼저 소리 이야기를 했다. 하긴, 인터뷰가 힘들 정도로 시끄러웠다.

음식의 시각적인 면은 아쉽다고 했다. 무나물 등 반찬이 담긴 접시를 가리켰다. "플레이팅이 그리 시각적이지는 않아요. 연구에 따르면 접시 모양이나 색, 크기는 물론, 위에 놓인 채소의 방향에도 맛은 영향을 받습니다." 그는 양파 등 채소가 접시 위에서 몇 도 기울어져 있을 때 가장 맛있어 보이는지를 인터넷을 통해 설문조사했다. 일종의 시민 과학 프로젝트였다. 그 결과, 12시 방향(정확히는 12시에서 시계방향으로 약 3도 기울어진 방향)일 때 사람들이 음식을 가장 맛있게 느낀다는 사실을 발견했다. 당시 연구를 의뢰했던 셰프는 그 후 채소 플레이팅을 꼭 12시 방향에 맞춘다고 한다.

그는 젓가락을 들고 이렇게 말하기도 했다. "젓가락은 대나무 젓가락보다는 무겁습니다. 저는 젓가락으로 실험하지 않았지만, 포크나 스푼 등과 마찬가지로 무거운 식기로 식사를 하면 식사하는 사람은 더 맛있게 느낄 것입니다."

식기의 무게가 음식을 더 맛있게 느껴지게 한다니 믿어지지 않겠지만 식품 회사나 항공사 등이 그의 연구 결과를 적극적으로 채택하고 있다. 언제부터인가 기내식의 플라스틱 식기가 무거운 금속제 식기로 바뀐 게 그 증거다.

스펜스 교수는 괴짜 심리학자로 먼저 알려졌다. 눅눅해진 감자칩을 먹을 때 휴대전화 애플리케이션 등으로 바삭거리는 소리를 들려주면 뇌가 감자칩을 15퍼센트 정도 더 맛있게 느낀다는 사실을 증명해 '괴짜 과학자의 노벨상'이라고 불리는 이그노벨상을 2008년 받았다. 그는 여기서 멈추지 않고 이 개념을 공학적으로 응용해 간을 적게 하거나 맛이 부족한 음식에 소리로 맛을 더하는 '음향 양념' 개념을 주창하기도 했다. 소리뿐만 아니라 음식에 핑크빛 조명을 비춰 더 달게 느껴지게 하거나 음식의 국적에 맞는 음악을 들려주는 방식으로 개성과 맛을 증진시킬 수 있다는 사실도 과학적으로 증명했다. 스펜스 교수는 "셰프들에게 아이디어를 제시하면 바로 다음 주에 연구 결과를 반영한 신메뉴가 등장한다"며, "빠르고 혁신적인 분야라 연구가 즐겁다"고 말했다.

최근 그는 음식 감각을 조절해 식이요법과 체중조절에 도움을 주는 데 관심을 갖고 있다. 2018년 초에는 거울로 그릇을 반만 보여주는 방식으로 식이조절이 가능함을 증명하는 리뷰 논문을 국제학술지 〈국제 요리 및 식품과학〉에 발표했다. 뇌가 거울에 비친 부분까지 음식으로 착각해 실제보다 포만감을 느낀다는 게 이유다. 그는 한국의 인터넷 문화인 이른바 '먹방'에도 관심이 많다. 처음 접했을 때는 무슨 일이 벌어지는 것인지 이해하기도 힘들었지만 지금은 연구 주제로 삼을 정도로 친숙하다.

"혼자 식사하는 사람들이 먹방을 자주 보는데, 마치 테이블에서 누군가와 같이 먹는 기분이 들게 합니다. 먹는 양이 늘어나죠." 그러니 식사 때는 먹방 시청을 자제하라는 조언이었다. 먹방뿐만 아니라 텔레비전이나 휴대전화도 금물이다. 또 큰 접시는 상대적으로 음식 양을 적어 보이게 해서 결과적으로 먹는 양을 늘린다. 실험 결과 접시

크기가 두 배가 되면 섭취량도 40퍼센트가 늘어난다고. 하나 더. "자꾸 손이 가서 원망스러운 간식은 빨간 그릇에 담아두세요. 빨간색에 대한 회피 본능이 있어 이상하게 손이 덜 갈 겁니다!"

이 책은 찰스 스펜스 교수의 첫 번째 대중과학서다. 번역을 위해 읽어보면서 여러 가지로 놀라고 긴장했다. 우선 스펜스 교수는 무척 꼼꼼한 사람이었다. 상식을 깨는 사실은 물론(예를 들어 음악으로 맛을 바꿀 수 있다는 내용), 언뜻 당연해 보이는 사실까지(예를 들어, 접시 위에서 손님이 개의하는 것은 음식 수가 홀수 개냐 짝수 개냐가 아니라 '양'이라는 사실. 손님은 음식 양이 많을수록 기뻐한다!) 오롯이 데이터로 증명한다. 접시 위의 채소가 시계방향으로 몇 도 기울어야 맛있어 보이는지 알기 위해 시민 과학을 이용하는 대목은 '이런 것까지 연구 대상이 될 수 있나?' 하는 생각에 약간 놀랍기까지 하다.

압권은 책 집필을 위해 모아두었을 자료 더미를 짐작하게 하는 주석들이었다. 이 번역본이 참고한 미국판은 덜하지만, 영국판은 한 챕터당 미주가 50~60개씩 달려 있다. 미주가 차지하는 쪽만 200페이지 가까이 된다. 근거가 되는 논문은 물론, 인용한 말이 등장하는 기사, 그리고 맥락까지 빼곡히 언급하고 있다. 천생 학자다. 스펜스 교수도 부정하지 않는다. 책을 어떻게 쓰게 됐느냐는 질문에 그가 꺼낸 첫 마디가 "자료가 많이 쌓였으니 한번 써보자 싶었다"였으니까.

빼곡한 만큼 섬세하다. 이 책을 한마디로 설명하자면, 맛에 영향을 미치는 요인들, 그러니까 분위기나 소리, 촉감, 모습 등을 열거하고, 이 요인들을 촉발하는 구체적 '자극원'을 하나하나 분석하고 검증하는 책이다. 빛, 씹는 소리, 같이 먹는 사람의 유무, 냄새, 배경 음악의 높낮이와 템포 등 자극원은 끝도 없이 등장한다. 때로는 '이런 것도?' 라는 말이 저절로 튀어나온다. 비행기 내에서는 기압이 낮아져 음식 표면에서 나오는 휘발성 향미 분자의 수가 줄어든다는 설명은 매우 과학적이지만, 한편으로는 '음식 표면에서 날아오르는 냄새 분자 수를 떠올리며 맛과의 관계를 고찰할 순간이 평생 얼마나 있을까' 하는 생각도 하게 된다. 적어도 나는 출장길 비행기 이코노미석에서 밥을 먹으며 휘발성 분자를 생각한 적이 결단코 없었다.

그렇다고 읽기 불편할 정도로 글이 따분하냐면 그렇지도 않다. 중간중간 유머를 곁들이고 있어 그리 딱딱하지 않다. 과학이나 심리학 이야기도 어렵지도 않다(과학이라는 이름 앞에서 지레 긴장하지 마시란 뜻이다).

즐거운 내용은 많다. 전 세계의 음식과 셰프 이름이 셀 수 없이 많이 등장한다. 역자처럼 미식 분야에 별로 조예가 없던 사람으로서는 책에 등장하는 낯선 레스토랑과 요리 이름 하나하나가 도전일 수밖에 없었지만, 문화의 정수 중 하나를 미식으로 꼽는 사람에게는 큰 즐거움일 것이다. 세계를 직접 여행하지 않고도 미슐랭 별을 받은 레스토랑의 풍경을 자세히 감상하고(스펜스 교수 특유의 꼼꼼하고 섬세한 시선 덕분이다), 먹어보지 못한 재료나 음식의 맛을 머리로 상상하며 즐길 수 있다. 그리고 이 즐거움이 '음식이 왜 맛있을까'를 설명하는 과학적 연구와 결합한다. 경험하지 않은 미식의 즐거움이 배가된다.

다 읽고 나면 스펜스 교수가 책에 한 챕터를 추가하지 않은 것을 의아하게 생각하게 된다. '음식에 대한 과학적 이해'를 음식을 더 맛있게 만드는 가장 중요한 요인 중 하나로 꼽아야 하는데 말이다. 아마 굳이 따로 넣을 필요가 없었을 거라고 짐작해본다. 그가 15년 동안 해온 연구, 이 책 전체에 걸쳐 누누이 강조한 내용이 바로 그것이니까.

2018년 4월
윤신영

프롤로그

당신의 잠자는 미각을 깨워드립니다
Amuse Bouche

"입을 크게 벌려요!" 그녀가 매혹적인 프랑스식 억양으로 말했다. 그녀의 말대로 하는 순간 그게 내 입으로 들어왔다. 그 움직임 하나에, 그 한입에 나는 어린 시절 누군가 숟가락으로 음식을 떠먹여주던 희미한 기억(아니, 상상)을 떠올렸다. 그 음식, 혹은 그 음식이 제공되는 방식 역시 어둠이 밀려들어올 때, 내 최후의 식사가 어떨지를 미리 알려주는 것 같았다. 그래서 음식이 어떻게 단순한 영양 덩어리 이상이 될 수 있는지를 설명해달라고 한다면 몇 년 전에 브레이의 팻덕 레스토랑에서 맛본 라임 젤리를 예로 들겠다. 그건 정말 강렬하고 충격적이며 심지어 혼란스러운 경험이었다. 하지만 어째서? 지난 45년 간 아무도 내게 그런 식으로 음식을 먹이지 않았기 때문이다.* 하지만

---

* 웨이트리스는 내게 음식을 서빙하기 전에 자신의 무릎에 나를 앉히지는 않았다! 내가 보기에 헤스턴 일당은 이런 촌극을 팻덕 레스토랑에서 요즘도 할 것 같지는 않다. 사실 이것은 295 파운드의 입장료를 지불하는 미식 여행자에게는 조금은 도발적이고 조금은 '지나친' 것이다. 팻덕 퀴진은 모더니스트 요리의 위대한 성지로 스스로 자리매김했다. 하지만 다른 식당들은 헤스턴 같은 부류, 예를 들어 모더니스트 레스토랑 분야에서 '악동'으로 꼽히는 마드리드 디베르쇼DiverXo의 다비즈 무뇨즈Dabiz Muñoz로부터 바통을 이어받았다.

곧 세계 정상급의 식당으로 소문난 그 레스토랑에서 나는 미슐랭 3스타를 받은 저녁을 주문했고 지금은 스푼으로 떠먹여주는 음식을 먹고 있었다. 덕분에 식사는 단지 먹는 것 이상의 행동이라는 것을 충분히 알게 됐다.

식탁의 즐거움은 마음에 있지, 입에 있지 않다. 생각을 이렇게 바꾸자 요리가 우리를 색다른 세계로 이끄는 이유가 분명해진다. 요리가 얼마나 절묘하게 만들어지는지와는 상관없이 말이다. 무엇이 음식과 음료를 이토록 맛있고 자극적이며 기억할 만하게 만드는지를 알기 위해서는 '그밖에 다른 모든 것'의 역할을 이해해야 한다. 잘 익은 신선한 복숭아를 한입 깨무는 행동도 자세히 들여다보면 믿을 수 없을 만큼 복잡한 여러 감각이 상호작용하는 것이다. 잠깐 생각해보자. 우리의 뇌는 향기로운 냄새, 맛, 식감, 색, 소리를 결합시킨다. 손과 입에서 느껴지는 복숭아 껍질의 감촉은 말할 것도 없다. 이 모든 감각 정보는 기억과 함께 예상보다 훨씬 많이 맛에 기여한다. 그리고 이 모든 정보가 뇌에서 한데 어우러진다.

맛을 본다는 것은 뇌의 활동이라는 사실이 점점 더 분명해지고 있다. 세계 정상급 셰프들은 자신들이 사람들에게 제공하는 경험을 새로운 눈으로 바라보게 됐다. 스위스에 있는 드니 마르탱 Denis Martin 의 모더니스트 퀴진(과학 원리와 새로운 지식을 활용한 요리-옮긴이)을 생각해보자(그림 0-1). 셰프는 그가 조리에 들인 시간에도 불구하고 일부 손님이 음식을 별로 그렇게 맛있게 느끼지 않았다는 것을 눈치챘다. 그의 손님들은 자주 경직돼 있고 옷차림도 보수적이었다. 그가 문에 '정장을 빌려드립니다'라고 적었기 때문이다. 그렇게 심술궂은 말을 장난이랍시고 걸어놓았으니 어떻게 손님들이 그의 요리를 맛있게 먹을 수 있을까? 해결책은 단순했다. 모든 테이블마다 젖소 인형을 놓는 것이었다.

처음에는 아무 일도 일어나지 않았다. 한 손님이 젖소 인형이 소금통이나 후추 그라인더인 줄 알고 들어보기 전까지는. 그가 젖소 인형을 기울이는 순간 구슬픈 음매 소리가 났다. 손님들은 웃음을 터뜨렸다. 곧 식당 전체에 소의 합창이 퍼져나갔고 손님들의 즐거운 웃음소리도 가득했다. 이때 주방에서 첫 번째 코스 요리가 나왔다.* 이것은 놀라울 정도로 직관적인 '정신적' 미각 정화제다. 미각 정화제는 입안을 정화하고 앞으로 먹게 될 음식에 대한 기대감을 한껏 높이는 수단이다. 전통적인 미각 정화제인 새콤한 셔벗보다 소리가 더 효과가 좋았다. 기분은 식사 경험에 영향을 미치는 가장 중요한 요인이며, 따라서 셰프들은 손님들이 최적의 기분을 유지하도록 시도할 필요가 있다.

모더니스트 셰프들은 특히 식사와 관련한 새로운 과학(여기에서는 '가스트로피직스'라고 부를 것이다)에 관심이 많다. 그들은 손님의 기대를 충족시키려는 열망은 물론, 성분을 새롭고 낯선 방법으로 재조합하는 습관이 있다. 이 책은 그들이 먹는 경험을 확장시키기 위해 어떻게 이 새로운 지식을 활용하는지를 주로 다룰 것이다. 많은 식음료 회사들 역시 풍미를 지각하는 여러 감각에 대해 궁금해한다. 하지만 그 열망은 셰프의 열망과는 좀 다르다. 식음료 회사들은 새로운 가스트로피직스의 영감을 받아, 이른바 '마음의 속임수'(영국 작가 데런 브

---

* 이것이 어떻게 레스토랑의 손님들을 하나로 묶었는지 주목하자(7장 '오리지널 소셜 네트워크' 참조).

라운의 책 제목-옮긴이)를 사용할 수 있기를 바란다. 자신들이 제조한
식품에서 건강에 좋지 않은 성분은 줄이면서 맛은 그대로이도록 말
이다.

가스트로피직스: 세상에서 가장 놀라운 음식의 과학

  많은 요인이 음식과 음료의 맛에 영향을 미친다. 잘 익은 복숭아를
먹든, 세계 최고의 레스토랑에서 멋진 저녁 식사를 하든 그것은 변함
없는 사실이다. 하지만 현존하는 어떤 학문도 왜 음식이 그런 맛을 내
는지, 왜 사람들이 어떤 음식에는 탐닉하는 반면 다른 음식에는 그렇
지 않은지 설명해주지 못한다. 결국 모더니스트 퀴진의 초점은 음식

과 그 준비 과정에 맞춰진다. 그래서 때로는 새로운 주방 과학으로 묘사되기도 한다. 한편 감각과 관련된 과학에 따르면, 감각은 우리가 무엇을 먹고 마시는지, 그것이 얼마나 단맛을 내고 얼마나 풍미가 강한지, 우리가 그것을 얼마나 좋아하는지에 영향을 미친다. 신경요리학도 있다. 맛과 관련한 정보를 뇌가 어떻게 처리하는지를 연구하는 학문이다. 덕분에 음식을 먹을 때 뇌 신경망의 변화를 뇌 스캐너로 관찰할 수 있게 되었다. 자원자가 있을까? 흥미롭게도 스페인 산세바스티안의 무가리츠^{Mugaritz}나 영국 브레이의 팻덕 레스토랑 같은 최고급 레스토랑에는 식사 중인 손님의 뇌에 대한 문구가 메뉴에 적혀 있다. 사실 과학과 관련하여 전 세계 레스토랑을 휩쓸고 있는 새로운 경향은 모두 브레이에서 유래했다. 헤스턴 블루멘탈의 연구팀과 많은 협업팀들이 식사의 경계를 넓히려는 노력을 20년 이상 함께해온 덕분이다.

하지만 모더니스트 퀴진은 물론이고 감각을 연구하는 과학이나 미식신경학도 음식을 먹을 때의 경험을 충분히 설명해주지 못했다. 특별한 식사든 평범한 식사든 왜 그렇게 느껴지고 보이는지에 대해 말이다. 이제는 사람이 실제 음식과 음료를 접했을 때의 반응에 영향을 미치는 요인들을 측정하고 이해할 새로운 방법이 필요하다. 최대한 자연스러운 환경에서 말이다. 가스트로피직스는 실험심리학, 뇌인지과학, 감각과학, 신경요리학, 마케팅, 디자인, 행동경제학 등 여러 학문 분야의 성과 위에 만들어졌다. 이 책에서는 각각의 학문 분야들이 특정 질문들에 대한 해답을 어떻게 찾아내는지 살펴볼 것이다.

실험심리학자로서 나는 언제나 감각에 관심이 많았다. 또 뇌인지과학의 최신 연구 결과를 일상에 적용하는 것도 좋아했다. 시각과 청각을 탐구하면서 감각을 점점 더 많이 연구하게 됐다. 그리고 마침내 풍미 연구에 이르렀다. 궁극적으로 풍미는 가장 복합적인 감각 경험 중 하나였다. 내 부모님은 학교에 다니신 일이 없다(부모님은 전람회장에서 자라 이 나라 저 나라를 끊임없이 떠돌아다니셨다). 그래서인지 연구 성과는 실제 세계에 응용할 수 있어야 한다는 명확한 인식을 갖고 있었다. 1997년 나는 '통합 감각 연구소'라는 나만의 연구실을 갖게 됐다. 요즘에는 주로 식품 회사와 음료 회사가 내 연구비를 대고 있다. 연구소에는 당연히 심리학자가 있지만 마케터도 있고 때로는 상품 디자이너, 음악가, 셰프도 있다(옥스퍼드에서 어느 연구실이 가장 음식 맛이 좋은 파티를 열까?) 또 나는 앞서가는 셰프와 바텐더, 바리스타와도 함께 일하고 있다. 가장 흥미로운 가스트로피직스 연구는 세 영역의 교차점에서 일어난다. 세 영역이란 바로 식음료 산업과 요리 그리고 가스트로피직스다. 단언컨대, 가스트로피직스는 음식이나 음료를 먹고 마실 때의 경험을 이해하고 개선하는 데 핵심 역할을 할 것이다.

바삭거리는 감자칩이 더 맛있는 이유

가스트로피직스는 음식과 음료를 맛볼 때 우리의 여러 감각 경험에 영향을 미치는 요인들을 과학적으로 연구하는 학문이다. 가스트로피직스 gastrophysics 라는 말은 '요리학 gastronomy'과 '정신물리학 psychophysics(물리적 자극과 감각 및 인식 사이의 관계를 정량적으로 연구하는 학문-옮긴이)'을 합친 것이다. 여기에서 요리학은 이 분야의 연구에 영감을 주는 요리와 관련된 경험에 집중한다. 반면 정신물리학은 지각에 관한 과학적 연구를 의미한다. 정신물리학자들은 인간 관찰자를 마치 기계처럼 취급하는 경향이 있다. 그들은 일련의 감각을 입력했을 때 사람들이 어떻게 반응하는지를 체계적으로 관찰함으로써 실험 참가자(혹은 관찰자)가 무엇을 인식하는지 측정하고자 한다. 그리고 이를 바탕으로 사람의 행동에 영향을 미치는 요인을 알아내려고 한다.

반면, 가스트로피지스트는 사람들에게 무슨 생각을 하느냐고 단순히 묻지 않는다. 사람들이 실제로 무엇을 하는지, 질문과 평정 척도(어떤 질문에 대해 그 정도를 점수로 답하게 하는 조사 기법-옮긴이)에 어떻게 반응하는지에 오히려 초점을 맞춘다. 예를 들면 이런 식이다. "디저트가 얼마나 단가요?(1에서 7까지의 숫자로 답해주세요)", "음식이 얼마나 맛있었나요?", "방금 드신 음식에 얼마를 지불할 용의가 있으신가요?" 그들은 자유롭게 적은 대답은 믿지 못하는 경향이 있다. 응답은 이렇게 하고 행동은 저렇게 하는 사람이 무수히 많기 때문이다(6장 '우리 분위기 있는 곳에서 먹어요' 참조).

중요한 것은 가스트로피직스 연구가 최고급 식품이나 음료에만 적용되는 것은 아니라는 점이다. 만약 최고급에만 적용된다면 아마 모든 사물에 적용할 수 있는 중요한 원리가 되지 못할 것이다. 우리가 미슐랭 스타를 받은 레스토랑에서 식사할 날이 얼마나 있겠는가? 많은 모더니스트 셰프들은 대단히 창조적이다. 더구나 그들은 변화를 일으킬 권위와 능력이 있다. 만약 그들이 가스트로피직스 연구의 최신 발견들을 활용한다면 금세 새로운 과학에 영감을 받은 메뉴를 고안해낼 수 있을 것이다. 반면 거대한 식음료 회사는 재빨리 혁신하기 어려울 때가 많다. 급진적 변화는 그보다 더 어렵다. 아무리 원한다고 해도 말이다. 식품 산업에서는 모든 것이 훨씬 더 느린 속도로 일어난다!

최상의 시나리오는 모더니스트 퀴진에서 처음 나온 가장 창의적인 아이디어가 놀라운 통찰력을 제공하는 것이다. 그리하여 먹거나 마시는 경험이 개선된다. 비행기 안에서든, 병원에서든, 집에서든, 프랜차이즈 레스토랑에서든 말이다. 여러 감각으로 즐기는 음식은 이런 최고의 음식점에서 최초로 실현된다. 이런 음식은 이후 개념증명(proof-of-principle 혹은 principle of concept, 기존에 존재하지 않던 방법을 도입하기 전에 타당성을 검증하는 것-옮긴이)으로 활용되어 다른 사람을 설득하고 주류를 혁신하도록 지원하는 역할을 한다. 따라서 협업이 충분히 이뤄진다면 새로 탄생한 가스트로피직스의 통찰이 음식이나 음료에 대한 놀라운 경험으로 변할 수 있을 것이다. 즉 보다 화제가 되고 보다 기억에 남으며 아마 보다 건강한 음식으로 전환될 것이다.

나의 연구팀이 15년 전에 유니레버^{Unilever}와 함께한 연구를 예로 들어보자. 우리는 감자칩을 깨물 때의 소리를 키우면 사람들이 더욱 바삭거리고 신선한 느낌을 받는다는 것을 알게 되었다. 이 연구 덕분에 우리는 이그노벨상 영양학 부문을 수상했다. 이 상은 (진짜) 노벨상과는 다르다. 반은 농담 내지 장난에 가까운 과학 분야의 상으로, 처음에는 사람들을 웃게 하다가 다음에는 생각하게 만든다. 셰프인 헤스턴 블루멘탈이 옥스퍼드의 연구실을 찾기 시작한 것도 이때였다. 그는 스위스 향료 회사 피르메니히^{Firmenich}의 앤서니 블레이크^{Anthony Blake}의 소개로 왔다. 우리가 그에게 헤드폰을 씌우고 부스에 들이자마자

그림 0-2 헤스턴 블루멘탈이 영국 옥스퍼드의 통합 감각 연구소에서 감자칩 소리를 즐기는 모습.

그는 무엇을 해야 하는지 바로 이해했다!(그림 0-2)

당시 영국 BBC 라디오4와 인터뷰할 때 블루멘탈은 이렇게 말했다. "나는 셰프들이 음식 재료를 고민할 때처럼 소리도 고민할 생각입니다." 이어서 그는 팻덕 레스토랑에서 해산물 요리인 '바다의 소리'를 만들었고, 이 메뉴는 그 레스토랑의 대표 메뉴가 됐다. 다른 레스토랑과 브랜드들도 이후 요리에 소리를 추가하기 시작했고 그중 일부는 기술의 힘을 이용했다.

그 후 우리는 팻덕 리서치 키친과 함께 음향학적 양념(소리 양념)을 연구했다. 쉽게 말해 소리 양념은 특정한 소리나 음악을 이용하여 음식의 맛을 체계적으로 조절하는 방법이다. 이런 통찰에 바탕해 마침내 요리 아티스트인 캐롤라인 홉킨슨Caroline Hobkinson이 런던 북부의 하우스 오브 울프The House of Wolf 레스토랑에서 메뉴를 개발하기에 이르렀다. 요리 아티스트는 자신과 자신의 아이디어를 요리로 표현하지만 셰프보다는 예술가에 가깝다. 한편 영국 항공은 '소리 간식'을 2014년부터 서비스하기 시작했고 장거리 승객에게는 소리 양념 선택권을 부여했다. 최근에는 여러 보건 당국이, 예를 들어 당 섭취를 조절해야 하는 당뇨병 환자를 돕기 위해 '달콤한 소리가 나는' 플레이리스트를 만들 수 있는지 연구하기 시작했다. 뇌가 음식을 실제보다 달게 느끼면 설탕의 부작용을 피하면서 음식을 더 맛있게 즐길 수 있을 것이기 때문이다. 이런 시도는 가스트로피직스 연구실에서 모더니스트 퀴진까지 그리고 음식 업계에까지 확대되고 있다[비록 음악과 사운드스케이프soundscape(풍경을 응용한 말로, 인공적, 자연적 소리가 펼쳐내는 총체를 의미—옮긴이)의 장기적인 효과에 대해서는 후속 연구가 이뤄져야 하지만]. 그리고 반대 방향의 여정도 생겨났다. 최고의 레스토랑들이 연구실의 기초 연구에 원동력을 제공하는 경우다.

우리의 감각은 생각보다 훨씬 더 많이 연결돼 있다

가스트로피직스의 통찰은 통합 감각에 관한 연구와 다중 감각에 관한 연구를 토대로 만들어지기도 한다. 복잡하게 들리는 통합 감각이나 다중 감각 같은 단어를 통해 우리의 감각이 예전에 생각하던 것보다 훨씬 더 많이 서로 영향을 주고받는다는 사실을 알 수 있다. 과학자들은 시각 정보가 뇌의 시각 영역에 들어간다고 생각하고, 청각 정보는 청각 영역에 들어간다고 생각한다. 다른 감각도 마찬가지다. 하지만 사실 이런 감각들은 훨씬 더 많이 서로 연결돼 있다. 그러므로 보는 대상을 바꿈으로써 청각을 바꿀 수 있고 듣는 대상을 바꿈으로써 느낌을 바꿀 수 있다. 감정을 바꿈으로써 맛을 다르게 느낄 수도 있다. '통합 감각'이라는 말은 하나의 감각 영역에서 일어나는 일이 다른 영역의 경험에 영향을 미친다는 의미를 내포하고 있다(예를 들어, 붉은 조명을 받으면 검은 유리잔의 와인이 갑자기 더 달콤하고 향기롭게 느껴지는 식이다).

'다중 감각'이라는 말은 반대다. 음식을 씹을 때를 생각해보자. '아작!' 하고 음식이 부서지는 소리를 변화시킬 경우 무슨 일이 일어나는지를 설명해주는 것이 다중 감각이다. 이 경우 우리가 듣고 느낀 것들은 뇌에서 통합되어 신선하고 바삭하다는 다중 감각적 인식으로 연결된다. 두 가지 감각은 그 음식에 고유한 경험이다. 그런 경험 간의 차이가 크지 않다고 생각되더라도 걱정하지 마시길. 실제로 그러니까. 그럼에도 나의 학문적 동료들은 바로 이런 이야기에 열광하곤 한다.

나는 영국에서 방영된 BBC TV 쇼(《셰프 대 과학: 궁극의 주방 챌린지》)와 관련해 의문을 제기하고 싶다. 여기에서 셰프는 과학자와 대결한다. 누가 이기겠냐고 내게 묻는다면 물어볼 가치도 없다고 대답하겠다. 피에르 가니에르Pierre Gagnaire(프랑스의 유명한 셰프-옮긴이)와 에르베 티스Hervé This(분자미식학의 대부)의 대결이든, 또는 미슐랭 스타를 받은 마스터셰프 마커스 웨어잉Marcus Wareing과 재료과학자 마크 미오도닉Mark Miodownik(저서로《사소한 것들의 과학》이 있다-옮긴이)의 대결이든 상관없다. 내 대답은 정해져 있다. 당연히 셰프다. 사실 내가 흥미로워하는 부분은 따로 있다. 가스트로피지스트와 함께 연구하면 셰프와 믹솔로지스트, 바리스타가 얼마나 더 뛰어나질까 하는 것이다. 이 책을 읽으면서 독자들도 이들의 조합이 유리하다는 사실을 납득하게 될 것이다. 그뿐만이 아니라 이런 협업이 곳곳에 침투하여 우리가 먹고 마시는 경험에 광범위한 영향을 미칠 것이다.

하지만 누구나 가스트로피직스에 호의적인 것은 아니다. 예를 들어 〈마스터셰프〉 심사위원인 윌리엄 싯웰 William Sitwell 은 자신에게 사각형 접시를 가져오면 모두 깨버릴 거라고 공언했다.[1] 그는 새로 유행하는 플레이팅을 싫어한다. 오해하지 마시라. 나는 그가 그러는 이유를 안다. 확실히 현장에서 일하는 사람 중에는 흐름을 놓치는 사람이 있게 마련이다. 다들 무슨 뜻인지 알 거라고 믿는다. 당신이 주문한 요리가 작은 프라이팬에 담겨 나온다. 그리고 한 쌍의 벽돌 위에 놓인 널빤지 테이블에 차려진다. 하지만 분명히 하자. 음식이 플레이팅되고 서빙되는 방법은 음식에 대한 우리의 지각(그리고 그것을 둘러싼 우리의 행동)에 영향을 미친다. 어떤 사람들이 너무 지나치게 반응한다고 해서 이런 사실이 없는 일이 되는 것은 아니다. 특히 내 흥미를 끄는 것은 이것이다. 사람들은 최첨단 요리학에서 최신 플레이팅을 배워서 직접 적용해볼 수 있다. 예를 들어 병원에서 환자에게 음식을 제공할 때도 더 나은 서비스가 가능해진다.

음식을 접시에서 입으로 옮기는 가장 맛있는 방법

다른 사람들이 수없이 입에 넣었던 물건이 있다. 우리는 그 사실을 알면서 그 물건을 입에 댄다. 이거, 괜찮은 걸까? 잘 생각해보자. 테이블 위의 음식을 입에 넣기 위해 굳이 차갑고 매끈한 스테인리스스틸 칼, 포크, 스푼을 사용해야 할까? 손가락으로 먹으면 안 될까? 세계에서 가장 유명한 음식에 속하는 햄버거를 이렇게 먹는 것이 단지 우연

그림 0-3 미래의 식기도 이렇게 생겼을까? 은세공 장인인 안드레아스 파비앙Andreas Fabian이 프랑스계 콜롬비아인 셰프 샤를 미셸Charles Michel과 협업해 만든 도구 모음. 런던 과학 박물관에서 열린 '탐닉하는 물건들 Cravings' 전에 전시됐다.

일까? 이제 우리는 인간의 입이 작동하는 원리와 다중 감각적 풍미가 지각되는 원리를 잘 알게 되었다. 그러니 다른 물건을 개발해보면 어떨까? 스푼에 혀와 입술을 자극하는 질감을 부여하면 어떨까? 입술은 인체에서 가장 예민한 피부다(적어도 식탁에서 쓰이는 신체 부위 중에는).

식기를 모피로 감싸면 어떨까? 마치 1930년대에 이탈리아 미래파가 그들의 환상적인 저녁 파티에서 선보였던 것처럼. 우리는 두 가지를 옥스퍼드에서 해봤다(그림 0-3). 물론 사람들에게는 변화에 저항하는 관성이 있다. 하지만 최근 몇 년간 접시에는 급진적인 혁신을 (대부분) 받아들였음에도 어째서 포크와 나이프 그리고 스푼에는 그런 변화를 받아들이지 못하는 걸까? 이 질문은 서양식 포크나 나이프는 물론이고 젓가락에도 적용된다. 흥미롭게도 최근 가스트로피지스트들은 더 나은 식기를 제공하기 위해 식기 제조업자나 디자이너 그리고 셰프들과 함께 연구하고 있다.

나는 음식과 음료의 세계에서 진정한 변화가 가능하다고 확신한다. 그리고 이런 진전은 모더니스트 퀴진, 예술, 디자인, 기술, 가스트로피직스의 조화 속에서 이뤄진다고 생각한다. 이런 진전이 이뤄지면 최고의 아이디어들이 식음료 회사에 의해 널리 퍼질 것이다. 셰프들은 물론 당신도 거기 동참할 것이다.

직관을 뒷받침하는 연구들

가스트로피지스트들은 종종 사람의 직관을 평가한다. 사람들이 이미 어느 정도 연결되어 있다고 생각하는 다양한 요인들이 있다. 직관을 평가함으로써 이 요인들의 상대적인 중요성을 증명하는 것이다. 하지만 때때로 놀라운 연구 결과가 나오기도 한다. 예를 들어, 요리와 관련된 오래된 속설 중에는 잘못된 것들도 많다. 예를 들어, 요리 학교에서는 접시에 짝수가 아닌 홀수의 음식을 올리라고 배운다(그러니까 조개 관자는 네 개가 아니라 세 개나 다섯 개를 올려야 한다). 하지만 수천 명의 사람들에게 음식 접시를 보여준 결과(그림 0-4) 현실은 달랐다. 사람들은 접시에 음식이 많을수록 좋아했다! 가스트로피지스트들의 연구는 사람들의 직관을 뒷받침할 때조차 그에 대한 금전적인 평가

그림 0-4 조개 관자가 있는 두 개의 접시 가운데 어느 쪽이 마음에 드는가? 최신 연구에 따르면 사람들은 음식의 양에 신경 쓸 뿐, 음식의 개수가 홀수인지 짝수인지에는 별로 관심이 없었다.

에 도움을 줌으로써 의사 결정에 중요한 역할을 한다(다시 말해 어떤 일이 노력이나 비용을 들일 가치가 있는지를 알려준다는 뜻이다).

이제부터는 가스트로피지스트들과 대중이 최근 관심을 갖고 있는 질문 몇 가지를 집중적으로 다뤄볼 것이다. 이 질문들은 다음 여러 장에서 논의할 주제들이기도 하다.

분위기가 음식 맛에 영향을 미친다고?

어둠 속에서 식사를 하든 미슐랭 스타를 받은 레스토랑에서 식사를 하든 분위기, 시각, 소리, 냄새, 심지어 의자의 감촉까지(테이블의 크기와 모양은 말할 것도 없다) 우리의 인식과 행동에 영향을 미친다. 아주 은근하게일지라도 말이다. 처음에 메뉴를 고르는 일부터 음식의 맛을 생각하는 일까지 우리가 먹는 속도와 머무는 기간에도 분위기가 영향을 미친다. 사람들은 항상 자신들이 진정 원하는 대로 주문하고 먹는다고 말한다. 하지만 새로운 가스트로피직스 연구에 따르면 꼭 그렇지는 않다.

우리가 식음료 회사와 진행한 연구에서는 분위기가 맛·풍미·선호도 평점에 얼마나 영향을 미치는지 정량화했다. 그 결과 배경 감각을 달리한 것만으로도 똑같은 음료에 대한 평점이 20퍼센트 이상 차이났다. 당연히도 최고의 셰프와 레스토랑 주인들이 점점 더 이런 환경효과의 중요성에 눈을 뜨고 있다(나중에 자세히 다룰 것이다). 때로 그들은 자신들이 내놓는 음식과 만들고자 하는 이미지 또는 불러일으키려는 감정에 분위기를 맞출 방법을 찾아왔다. 예를 들어 분위기가 다중 감각에 미치는 영향이 점점 알려지면서 글로벌 항공사들은 10킬로미터 상공에서 제공하는 식사를 개선하게 됐다.

음식을 '먹고' 분위기를 '경험하다'

최근 최고급 모더니스트 퀴진을 휩쓸고 있는 트렌드는 접시 없는요리다(11장 '소리, 분위기, 맛 모두를 즐기세요' 참조). 이 말은 현대의 고급 요리에 담긴 연극적이고 마술적이며 감정적이고 스토리텔링적인요소를 묘사하기 위해 사용된다. 오늘날 이런 음식은 의미 있고 기억할 만하며 다중 감각적 경험(또는 여정)을 제공하는 일과 관련이 있다. 또 '경험을 파는' 일과도 관련이 있다. 경험은 필립 코틀러 Philip Kotler식의 마케팅 용어로 표현하면 '토털 프로덕트(상품의 서비스, 이미지 등을 종합적으로 고려했을 때의 상품 개념-옮긴이)'로서 손으로 만질 수 있는 상품 개념이 아니다. 이런 경험은 서로 나눌 수 있는 거라면 더욱 좋다(예를 들어, 소셜 미디어에 빠져 사는 밀레니엄 세대를 위해).

다중 감각적 경험을 주는 연극적 요소가 가미된 식사를 누가 처음 생각해냈는지를 두고 최고의 셰프들이 다투고 있다. 뜻밖의 사실은 이탈리아 미래파가 이미 80여 년 전에 식사와 소리를 연결 지었다는 사실이다. 냄새나 질감을 음식에 도입한 것은 기본. 심지어 그들은 최초로 요리에 이상한 색을 배합하는 실험도 했다. 모더니스트 퀴진이 정말 1930년대에 발명됐는지는 마지막 장에서 탐구할 것이다(13장 '완벽한 식사의 조건' 참조).

맛, 그 밖에 모든 조건을 최적화하는 방법

미슐랭 스타 셰프를 포함해 몇몇 사람들은 가스트로피직스를 '감각적 사기'라고 일축한다. 그러면서 '좋은 음식은 스스로 드러나는 법'이라고 제법 진지하게 선포한다. 그들에게 좋은 식사란 지역에서 식자재를 구하고 계절에 맞는 재료를 쓰며 준비 과정에서 세심함과 솜씨를 발휘하여 훌륭하게 요리하는 것을 의미한다. "요리를 망치지 마세요. 단순한 것이 좋아요. 천천히요." 영국 데번의 기들레이 파크 Gidleigh Park에 근무하던 미슐랭 스타 요리사 마이클 케인스 Michael Caines가 2015년 내게 말했다.[2] 그는 그 외에는 아무것도 중요치 않다면서 가스트로피직스가 없어져야 세상이 더 좋아질 거라고 말했다.

케인스 같은 사람들에 따르면,[*] 정직한 셰프는 자신의 음식이 스스로 존재감을 드러내게 한다. 음식 맛이 더욱 좋게 느껴지도록 포크나 나이프의 무게를 조절할 필요는 없다. 기들레이 파크에서 식기의 무게를 재볼 필요도 없다. 자부심 강한 셰프라면 절대 자신의 음식을 플라스틱이나 알루미늄 나이프 및 포크와 함께 내놓지 않는다. 식사를 망칠 것이기 때문이다! 내가 틀렸는가? 그리고 실내 장식 등을 살펴보자. 기들레이 파크는 어쩌다 보니 데번셔 교외의 중심부에 자리 잡은 아름다운 저택에 들어섰다. 똑같은 음식이라도 시끄러운 비행기나 병원에서 제공받았을 때보다 더 맛있게 느껴질 것이다. 이 말을 하기 위해 가스트로피직스를 동원할 필요는 없을 것이다. 하지만 우리는 '그밖에 다른 조건'을 피할 수 없다. 아무리 원해도 기들레이 파크 같은 곳에서만 식사할 수는 없으니까.

내 주장은 이렇다. 어떤 음식이나 음료를 팔든 소비하든 거기엔 언제나 다중 감각과 관련한 분위기가 있다. 그리고 그 환경이 우리가 무엇을 맛보고 있는지에 대한 생각에 영향을 미친다. 더 나아가 그 경험을 얼마나 즐기는지에도 영향을 미친다. 결국 맥락이나 배경이 제거된 중립적인 환경은 없다. 가스트로피직스의 증거는 점점 늘어나고 있다. 식기는 물론 모든 것이 맛에 영향을 미친다. 이제는 인정하고 받아들여야 한다. 일단 받아들이면 어떤 음식을 먹든 '나머지 다른 조건'들을 최적화한다는 말이 이해될 것이다. 식사를 인상적으로 만

---

* 케인스는 스펙트럼상에서 분자미식학보다는 오히려 슬로푸드 쪽에 훨씬 가깝다. 사실 슬로푸드를 실천하기에 데번 교외보다 훨씬 열악한 지역도 여럿 있다. 의아하게도 슬로푸드 운동을 옹호하는 사람은 대부분 녹음이 우거진 교외에서 호사스러운 생활을 하는 경우가 많다.

드는 것도 극적으로 만드는 것도 건강하게 만드는 것도 가능하다. 또는 그저 모래에 머리를 묻고 다른 조건들은 하나도 중요하지 않은 척할 수 있다. 내게 선택은 분명하다. (그리고 가스트로피직스를 무시하려는 사람에게는 이런 조언을 하고 싶다. 당신은 손님들에게 무거운 식기와 함께 음식을 제공하는가?)

이쯤에서 전채요리를 끝내고(가스트로피직스에 반대하는 사람들에 대한 이야기도 그만하자.) 첫 번째 코스 요리로 넘어가 보자!

1부

거의
모든 감각의
식탁

맛있게 먹었다는 느낌은 정확히 어떤 느
낌일까? • 냄새만으로 배부르지는 않겠지
만 • 어떤 색깔이 더 맛있을까? • 바삭거
리는 소리가 클수록 맛있다 • 토끼 스튜는
토끼 가죽 스푼으로

맛보다, 입으로 마음으로
Taste

1

맛있게 먹었다는
느낌은 정확히
어떤 느낌일까?

어떤 맛들이 있을까? 기본 맛에는 단맛, 신맛, 짠맛, 쓴맛이 포함된다. 그 외에 또 있을까? 최근에는 대부분의 연구자들이 우마미를 다섯 번째 맛에 포함시킨다. 우마미는 '감칠맛'으로, 1908년 일본 연구자 이케다 키쿠나에池田菊苗가 발견했다. 이 맛은 아미노산인 글루탐산으로 이루어져 있다. 글루탐산은 대부분 유도체인 글루탐산일나트륨(글루탐산나트륨) 형태로 결합해 있다(물질의 원자가 일부 바뀌어 구조와 기능이 조금 변한 화합물-옮긴이). 어떤 사람들은 금속성 맛, 지방산, 고쿠미(깊은 맛) 등 15개에 달하는 다른 맛을 기본 맛에 포함시키고 싶어한다. 하지만 나는 그 이름들을 대부분 들어보지도 못했다. 어떤 연구자들은 '기본' 맛 자체에 의문을 표시하기도 한다.

사람들이 흔히 저지르는 실수가 있다. 음식과 음료에 대해 말한다면서 과일 향이 풍부하다든가, 고기 맛이 많이 난다든가, 허브 향이 난다든가, 새콤하다든가, 탄 맛이 난다든가, 스모키하다든가, 흙 맛이 난다고 설명한다. 하지만 이런 것은 맛이 아니다. 엄격히 말하면 풍미다. 걱정 마시라. 대부분의 사람들이 이런 구분을 모른다. 차이가 무엇일까? 자, 코를 막아보자. 그 뒤에도 남는 것이 맛이다(단, 고추나 멘톨처럼 3차 신경을 자극하는 음식을 먹지 않는다는 가정 하에서). 그런데 맛의 진실을 단순하고 분명하게 밝히고 싶다고 해도 감각 사이에 보다 복잡한 상호작용이 벌어진다면 무슨 소용이 있을까? 그들 사이가 복잡하지 않다면 맛은 단순해질 텐데!

이건 맛일까? 냄새일까? 풍미일까?

대부분의 사람들이 맛이라고 부르는 것이 사실은 풍미일 경우도 많고, 사람들이 풍미라고 묘사하는 것이 자세히 들여다보면 맛으로 밝혀지기도 한다. 어떤 언어는 맛과 풍미를 하나의 단어로 지칭해서 이 문제를 슬쩍 피해가기도 한다. 사실 영어에서 가장 필요한 것도 새로운 단어를 만드는 것이다. 이 경우 필요한 신조어는 '플레이브 flave'다. "나는 로크포르 치즈의 플레이브를 좋아한다." 무슨 뜻인지 알겠는가? 일단 말초신경에 가해지는 자극에서 벌써 문제가 생긴다. 예를 들어, 민트향 멘톨의 경우 이건 맛인가, 냄새인가, 풍미인가? 아마 모두일 것이다. 또 입안을 시원하게 하는 독특한 느낌도 준다. 우리가 피 맛에서 느끼는 금속성의 느낌도 연구자들의 머리를 아프게 한다. 그걸 기본 맛이나 향 또는 풍미로 분류해야 하는지, 아니면 그것들의 조합으로 분류해야 하는지를 판단하기 힘들기 때문이다.

대부분의 사람들이 '혀 지도'에 대해 들어봤을 것이다. 사실 지난 75년여간 상당수의 과학 교과서가 혀 지도에 대해 언급해왔다. 혀 지도의 기본적인 발상은 이렇다. 인간은 혀의 앞부분에서 단맛을 느끼고 혀의 뒷부분에서 쓴맛을 느끼며 혀의 양끝에서 신맛을 느낀다는 식이다. 하지만 모두 틀렸다. 혀는 그런 식으로 기능하지 않는다! 1942년 에드윈 보링 Edwin Boring이 집필한 심리학 교과서에 독일 박사 학위 논문의 내용이 오역되어 실리면서 이런 오해가 시작됐다.[1] 이제는 사실이 제대로 알려졌다. 한번 물어보자. 혀의 감각수용체 receptor들이 어디에 어떻게 자리 잡고 있는지 알고 있는지를. 아마 모를 것이다. 아주 기본적이고 생존에 필수적이지만 아무도 그게 어떻게 작동하는지 모른다. 놀랍지 않은가?

미각수용체는 균일하게 분포돼 있지 않다. 우리가 믿어왔고 흔히 인용되던 혀 지도에서처럼 완벽하게 구획이 나뉘어 있지도 않다. 정답은 그 중간 어딘가에 있다. 각각의 미뢰는 다섯 가지 기본 맛을 담당한다. 하지만 미뢰는 혀의 앞부분, 양옆 그리고 뒷부분에 주로 분포한다. 혀의 가운데는 미뢰가 없다. 그런데 흥미롭게도 (셰프를 포함해) 많은 사람들이 혀끝으로 갈수록 단맛을 더 많이 느끼고 양옆에서 신맛을 더 느끼며 혀 뒤로 갈수록 쓴맛과 떫은맛을 더 많이 느낀다고 말하곤 한다. 나의 경우에는 순수한 우마미 용액의 맛이 너무 압도적이어서 다른 맛은 나지도 않는다.

진짜 의문은 이거다. 어떻게 그렇게 많은 사람들이 오랫동안 틀릴 수가 있을까? 우선 과학자들이 '낮은 차원의' 감각들을 무시해왔다는 점을 요인으로 들 수 있다. 또 다른 요인은 풍미에 대한 지각을 구성할 때 우리의 마음이 벌이는 '속임수'와 관련이 있을 것이다. 예를 들어 '구강 참조 oral referral(음식을 먹을 때의 후각 자극을 구강 자극으로 오인하는 현상-옮긴이)'나 '후각적 달콤함(딸기나 바닐라 등의 향은 단맛을 더 강하게 느끼게 해준다-옮긴이)' 같은 것이 있다(나중에 다룰 것이다). 앞으로 계속 보겠지만 입안에서 벌어지는 대부분의 일들이 우리가 알고 있던 것과 전혀 다르다.

우리는 먹는다. 입으로, 마음으로

아마 사람들은 이렇게 물을지도 모른다. "요리사(미슐랭 스타를 받은 최고급 식당의 모더니스트 셰프든 혹은 저녁 파티를 위해 주방에서 뼈 빠지게 일하는 당신이든)가 음식을 먹는 사람의 생각을 알아야만 할까? 요리학교에서 배우는 기술이나 텔레비전에 끝없이 나오는 요리 프로그램의 내용만 알면 되는 것이 아닐까? 제철 재료를 구하고 (하나 더 든다면) 접시 위의 재료를 잘 설명하는 데만 집중하면 안 될까? 이 정도면 충분하지 않을까?" 가스트로피지스트로서 나는 식사하는 사람의 속을 들여다보는 것이 얼마나 중요한지 안다. 그래야만 그들이 음식에 대해 품고 있는 기대를 이해하고 관리할 수 있다. 이것은 최상의 음식과 적절한 기대감을 조화시켜야 가능한 일이다. 그런다면 우리 누구라도 대단히 훌륭한 맛을 경험하게 할 수 있다.

젊은 셰프들이 손님들의 '입'뿐만 아니라 '마음'에도 관심을 갖는 것은 무척 고무적인 일이다. 페란 아드리아 Ferran Adria와 헤스턴 블루멘탈같이 나와 함께 연구한 스타 셰프의 영향이 컸다고 생각한다. 그들이 앞서 가면 다른 사람들이 따라온다. 하지만 애초에 손님의 마음에 가장 관심을 갖게 해준 것은 무엇일까? 어차피 요리 학교에서 손님의 마음에 신경 쓰라고 가르치지는 않으니까.

헤스턴의 경우 모든 것의 시작은 아이스크림이었다. 1990년대 말 헤스턴은 게 리소토와 곁들일 게 아이스크림을 개발했다. 헤스턴이 보기에는 맛이 괜찮았다. 하지만 손님들은 뭐라고 말했을까? (보통은 길을 사이에 두고 레스토랑 건너편에 있는 팻덕 리서치 키친에서 새로운 요리를 시도한다. 그다음 신중하고 엄격한 헤스턴의 승인을 받으면 몇 명의 단골손님에게 요리를 제공한 뒤에 평가를 받는다. 이런 과정을 통과하고 나면 레스토랑의 테이스팅 메뉴에 이름을 올릴 기회를 얻는다.)

이런 장면을 생각해보자. 셰프가 출연하는 텔레비전 프로그램에서 그런 것처럼 헤스턴이 주방에서 기대 어린 눈으로 바라본다. 그가 최근 만든 요리가 단골손님들의 호평을 받아 일반 손님들에게도 제공되기를 기다리며 말이다. 누가 만들었는지 안다면 손님들은 당연히 맛있다고 생각할 것이다. 하지만 최소한 이때만큼은 반응이 기대와는 달랐다. "어우, 역겹네요. 너무 짜요." 음, 내가 좀 과장하긴 했지만…… 하지만 진짜다. 반응이 별로였다.

뭐가 잘못됐을까? 어떻게 세계 정상급 셰프가 맛있다고 생각한 음식을 단골손님들은 너무 짜다고 생각했을까? 내 생각에 답은 이거다. 음식과 음료를 경험할 때는 기대감이 중요하다는 것이다. 다시 말해 맛을 볼 때는 입안이나 접시 위에서 벌어지는 일 못지않게 사람의 마음에서 벌어지는 일도 중요하다는 뜻이다. 손님은 분홍빛 아이스크림을 보고는(팻덕 리서치 키친에서도 훈제 연어 아이스크림 같다는 평가를 받긴 했다) 즉시 마음속으로 자신들이 무엇을 먹게 될지를 예상한다. 당신이라면 그런 요리가 앞에 놓인다면 어떤 맛일 거라고 예상하겠는가?

대부분의 서양 사람들은 분홍빛 아이스크림처럼 보이는 음식을 보고 달콤한 과일 맛을 떠올린다. 아마 딸기 맛 정도를 생각할 것이다. '달콤한 과일 맛이 나겠군. 좋긴 하지만 그렇게 맛있어 보이지는 않네.' 이런 생각이 순식간에 손님의 머릿속을 지나간다. 뇌의 첫 번째 임무 중 하나는 어떤 먹을거리가 영양이 풍부하고, 따라서 관심을 가질 가치(그리고 아마 나무를 올라갈 가치)가 있는지, 어떤 먹을거리가 독이 들어 있을 가능성이 있고 피해야 하는지 판단하는 것이다. 그런데 가끔 예측이 틀리는 경우가 있다. 이때 '기대와의 불일치'는 놀라움이나 충격으로 다가올 수 있다. 아니, 아예 별로 달갑지 않은 경험이 될 수도 있다. 헤스턴의 레스토랑 손님들은 아마 그 디저트가 달콤할 거라고 생각했을 것이다. 하지만 실제로는 짭짤한 맛의 아이스크림이었다. 다시 말하면 그들은 딸기 맛을 기대했지만 실제로는 게 수프 맛이 났다! 한 세기 전이라면 짭짤한 아이스크림이 영국에서 인기를 얻었을 수도 있다. 하지만 요즘의 취향과는 한참 거리가 멀다.

일련의 위대한 가스트로피직스 실험에서 서식스 대학교의 마틴 요먼스 Martin Yeomans 박사팀은 단지 이름만 바꿔도 분홍색 아이스크림에 대한 인식과 호감도를 바꿀 수 있음을 알아냈다. 연구팀은 실험 참가자의 기대를 바꾸기 위해 미리 짭짤한 얼음이라고 알려주거나 '요리 386'처럼 신비감을 불러일으키는 이름을 붙여주었다. 이름이 불러온 기대나 요리에 대한 설명 덕분에 사람들은 실험 전에 아무것도 말해주지 않았을 때보다 훨씬 더 맛있게 아이스크림을 먹었다. 특히 중요한 점은 아무도 짜다는 반응을 보이지 않았다는 것이다.

연구에 따르면 어떤 풍미에 처음 노출된 경험은 다음 경험에 영향을 미친다. 맛보고 있는 것이 무엇인지 정확히 알고 있을 때조차 그렇다. 헤스턴의 분홍색 아이스크림처럼 극적이지는 않을지라도 우리 모두 이런 경험을 해본 적이 있을 것이다. 나는 여전히 기억한다. 15년 전 일본에 처음 갔을 때 길거리 가게에서 엷은 녹색 아이스크림을 샀다. 무척 더운 날이라서 모두가 더위를 조금 물리쳐줄 아이스크림을 하나씩 들고 있었다. 나는 아무 의심 없이 그 아이스크림이 민트 맛일 거라고 믿었다. 영국에서는 그랬으니까. 하지만 나는 맛을 보자마자 진저리를 쳤다. 기대하지 못했던 맛이었다. 바로 녹차 맛. 뭐, 나름대로 맛있었다. 하지만 솔직히 말하면 일본에서 음식을 먹을 때마다 당시의 당혹감을 끝내 떨쳐내지 못하고 있다.

음식의 이름이나 그에 대한 설명이 어떻든, 어떻게 생겼든 그 안에는 항상 어떤 기대감을 불러일으키는 요소가 있다. 그리고 이런 기대는 우리의 판단과 지각에 영향을 미친다. 집에서 사람들에게 음식을 대접할 때도 마찬가지다. 사람들이 당신의 음식을 어떻게 경험하느냐는 그들이 입안에 무엇을 넣는지뿐만 아니라 그들의 마음속에서 어떤 일들이 벌어지는지에 의해서도 결정된다. 물론 단지 음식의 색 같은 시각적 요소만이 기대감을 형성하는 것은 아니다.

음식 이름을 바꾸면 더 맛있어진다?

근사한 레스토랑에 있다고 생각해보자. 뭘 먹을지 메뉴판을 훑어봤다. 생선 요리가 먹고 싶다. 그런데 어떤 메뉴가 생선 요리지? 자, 파타고니아 이빨고기(비막치어, 남태평양과 남극 등에 사는 물고기로 한국에서는 흔히 메로라고 불린다. 깊은 바다에 산다−옮긴이)를 찾았다. 당신은 과연 주문을 할까? 아마 그렇지 않을 것이다. 다른 사람도 마찬가지일 것이다. 지금껏 이 '깊은 바다의 괴물'을 파는 것은 쉽지 않았다. 셰프들이 어떻게 요리하든 손님들은 질색을 하고 다른 메뉴를 주문했다. 그들은 보다 매력적으로 느껴지는 다른 메뉴를 계속 탐색했다.

만약 손님들이 메뉴에서 칠레산 농어를 봤다면 반응이 달랐을까? 훨씬 괜찮아 보인다. 그렇지 않은가? 하지만 사실 두 이름은 하나의 생선을 가리킨다! 현재 지속 가능 어종sustainable fish(생물 종을 위기에 빠지지 않게 하면서 수산물로 활용할 수 있는 어종−옮긴이)으로 분류된 이 생선의 판매량은 (북미와 영국 그리고 오스트레일리아를 포함해) 전 세계적으로 1000퍼센트 이상 증가했다(맞다, 0이 세 개 붙었다). 방법은 간단했다. 이름을 바꿨을 뿐이다. 이것은 행동경제학자들이 말하는 '이름에 의한 넛지nudge(넛지는 강압적이지 않은 부드러운 개입으로 사람들이 나은 선택을 하게 유도하는 것−옮긴이)'의 가장 인상적인 예다. 순식간에 이 생선은 모든 최고급 레스토랑의 메뉴판에 등장하기 시작했고 그런 추세는 지금도 이어지고 있다. 역시 손님의 마음이 관건이었으니, 다른 이름이나 설명이 만들어낸 연상 작용이 핵심이었다.

얼린 게 수프(또는 훈제 연어 아이스크림)와 파타고니아 이빨고기의 사례는 예외적이다. 이들은 특정한 음식과 관련된 경험에서 이름의 중요성을 설명하기 위해 선택되었을 뿐이다. 예를 들어, 황금 무지개 송어가 왜 평범한 브라운 송어보다 훨씬 인기가 많은지 궁금해한 적이 있는가? 전통적으로 훈련받은 셰프는 바로 맛이나 식감의 차이를 떠올릴 것이다. 또는 생선을 어떻게 잡았는지를 생각할지도 모르겠다. 하지만 왜 그런 것만 생각하는가? 어글리 열매^{ugli fruit}(자몽 또는 포멜로와 오렌지 그리고 탄제린을 교배해 얻은 열매)를 마지막으로 먹은 게 언제였는지 기억하는가? 만약 이 감귤류 과실이 다른 이름을 가졌다면 얼마나 인기가 있었을지 궁금할 것이다. 고기 경단^{faggot}(게이를 낮춰 부르는 뜻도 있다-옮긴이), 대구^{pollack}(사람의 성씨-옮긴이), 말린 과일 푸딩^{spotted dick}(바둑이 혹은 달마티안이라는 뜻도 있다-옮긴이)의 인기가 최근 줄어든 데는 이름 탓도 있을 것이다.

맛있게 먹었다는 느낌은 정확히 어떤 것일까?

벌써 독자들 중에는 이름을 바꿈으로써 자신의 음식이나 음료에 대한 인식을 개선할 수 있을지 궁금한 사람이 있을 것이다. 안타깝게도 대부분의 일상적인 음식은 판매가 증가하지 않을 것이다. 파타고니아 이빨고기(이런, 칠레산 농어라고 하자)의 예를 따라 한다고 해도 말이다. 마찬가지로 모더니스트 요리책에 머리를 박고 있지 않은 이상 가정에서 준비하는 요리의 색깔이 진짜 맛이나 풍미를 잘못 전달할 일은 없을 것이다(얼어 있는 헤스턴의 음식에 감돌던 분홍빛이 그랬듯). 내 생각에는 독자들이 다음 파티에 무엇을 대접하든 그것을 보고 오해할 사람은 없을 것이다. 음식의 색은 어떤 맛을 경험하게 될지를 알려주는 꽤 믿을 만한 지표다. 다만 모더니스트 퀴진이나 외국에 있을 때

문제가 생기기 시작한다. 그러니 평소에는 마음 놓으시기를!

그에 반해 요리에 적합한 이름이나 설명을 붙이는 일은 대단히 중요하다. 집에서 요리할 경우에도 그렇다. 이런 예를 생각해보자. 파스타 샐러드^{pasta salad}를 '파스타를 곁들인 샐러드^{salad with pasta}(같은 단어들의 순서를 뒤집었을 뿐이다)'라고 부르기만 해도 사람들이 좀 더 건강한 요리라고 생각할 것이다. 묘사적인 요소들을 더해 '아삭하고 신선한 유기농 정원 채소를 곁들인 나폴리식 파스타'라고 하면 긍정적인 평을 많이 받고 주문도 늘어날지 모른다.

기대감을 관리하는 것은 슈퍼마켓에서도 중요하다. 그렇지 않다면 왜 슈퍼마켓들이 라벨에 붙일 가짜 농장까지 만들까. 로즈덴^{Rosedene}(영국 우스터셔 도드포트에 있는 작은 주거용 건축물로 내셔널트러스트가 소유하고 있다-옮긴이)과 나이팅게일 같은 농장이 그렇다. 이런 이름들은 시골의 소박한 이미지를 떠올리게 하지만 이런 농장은 실제로는 존재하지 않는다. 왜 슈퍼마켓들은 이런 행동을 할까? 샌드위치를 예로 들어보자. 실험 결과 샌드위치 안에 들어 있는 치즈를 컴브리아(영국 북서부 주-옮긴이) 덕스필드 농장의 존 비그스라는 농부가 생산했다고 하면 사람들은 같은 음식에도 돈을 더 많이 내는 것으로 드러났다. 이 글을 읽는 당신이나 나나 이 농부의 치즈 맛이 어떤지 모른다. 왜냐하면 내가 지금 지어낸 인물이기 때문이다. 하지만 이런 설명은 식품에 가치를 더해주고, 마케팅 업계의 용어로 표현하면 고객의 지불 의사 금액을 증가시켜준다. 더불어 샌드위치 맛도 달라진다. 아마 더 맛있을 것이다. 가스트로피지스트들은 이런 실험을 하고 싶어 하고 또 그 결과를 널리 알리고 싶어 한다.

하지만 다른 사람들은 음식의 이름을 관심을 받을 기회로 활용하기도 한다. 헤스턴 블루멘탈은 새로 만든 요리에 '달팽이 포리지(포리지는 곡식에 물이나 우유를 넣고 끓인 죽의 일종-옮긴이)'라는 이름을 붙이고 언론의 큰 관심을 받았다. 그가 이 요리에 프랑스 이름을 붙였다면 언론은 눈꺼풀도 꿈쩍하지 않았을 것이다. 요리의 맛도 훨씬 더 프랑스적으로 느껴졌을 것이다. 덴마크 브로르^{Bror} 레스토랑에서는 노마^{Noma} 레스토랑(순록 등 북유럽 특유의 재료로 요리하는 레스토랑-옮긴이) 출신인 두 명의 셰프가 자신들의 음식에 '볼스^{balls}(경단 모양의 음식이라는 뜻이지만 속어로 고환이라는 뜻도 있다-옮긴이)'라는 이름을 붙이기로 했다. 빵가루를 적갈색이 돌도록 튀겨서 천일염을 묻힌 것이다. 분명히 맛있었다.

중국 상하이에는 다중 감각을 체험할 수 있는 레스토랑인 울트라바이올렛^{Ultraviolet}이 있다. 셰프인 폴 페레^{Paul Pairet}는 레스토랑의 웹사이트에 이렇게 적었다. "'심리적 맛'이란 무엇인가? 심리적 맛은 맛을 제외한, 맛에 대한 모든 것이다. 맛의 인식에 영향을 미치는 모든 요인이다." 세계 최고의 셰프가 자신이 제공하는 뛰어난 식사 경험에서 '다른 모든 것'의 중요성을 솔직하게 인정한 것이다.

물론 우리가 음식과 음료의 맛과 풍미에 대해서만 기대감을 품고 있는 것은 아니다. 어떤 셰프가 음식을 만드는지, 또는 어떤 레스토랑에서 음식을 제공하는지에도 기대감을 품고 있다. 같은 음식이라도 레스토랑에서 제공하는지, 친구 집에서 내놓는지, 비행기 안에서 만나는지에 따라 맛이 다르게 느껴질 것이다. 그리고 예약이라는 제도도 기대감을 높인다. 이것 역시 중요한 즐거움의 일종이다. 좋은 레스토랑을 찾아가는 일도 경우에 따라 즐거움이 된다. 그래서 어떤 셰프들은 경험을 디자인하는 데도 무척 신경을 써서 손님들이 어떤 길을 지나 레스토랑에 도착할 것인지까지 고려한다. 스페인 무가리츠 레스토랑의 셰프 안도니는 이렇게 말한다. "무가리츠는 단순히 레스토랑만이 아니다. 이곳까지 오는 길에서 손님들이 보는 시골 풍경까지 포함한다. 구불구불한 길에서 손님들은 기대를 한껏 하게 된다. 무가리츠는 주위 환경과 별개가 아니다."[2]

스웨덴 교외에 위치한 페비켄Fäviken 레스토랑을 보자. 멀리 떨어진 이 레스토랑까지 찾아왔다면 아무도 세련된 미식 여행가인 당신의 자격을 의심하지 않을 것이다! 세계 최고의 레스토랑 목록에서 꾸준히 첫 번째 또는 두 번째를 기록하고 있는 엘 셀러 드 칸 로카El Celler de Can Roca로 가는 길 역시 힘들기는 마찬가지다. 스페인 지로나(스페인 남부의 소도시로 지로나는 카탈루냐 발음이고, 스페인 발음은 히로나다-옮긴이)의 산업 단지에서 한참 떨어진 구석에 위치하고 있어서다. 그러니 멀리서 친구를 식사에 초대한다면 찾아오는 길에 멋진 경치를 볼 수 있다고 꼭 말해줘야 한다.

"무엇을 먹는지 말해달라. 그럼 당신이 어떤 사람인지 말해주겠다." 장 앙텔름 브리야 사바랭Jean Anthelme Brillat-Savarin이 1820년대에 출간한 고전적인 책《미식 예찬Physiologie du gout》에서 했던 말이다. 나는 이 말을 조금 다르게 쓰겠다. "사람들이 무엇을 먹을 거라고 기대하는지 말해달라. 그럼 그들이 어떤 맛을 느낄지 말해주겠다. 덤으로 그들이 미식의 경험을 얼마나 즐기고 있는지도 예상해주겠다." 기대감이 열쇠다. 무언가 정보를 제공받지 않은 상태에서, 또는 최소한의 예상도

하지 않은 상태에서 먹을 것을 입안에 넣는 경우는 거의 없다. 음식에 대한 우리의 반응, 그러니까 무엇을 주문하고 먹을지, 그리고 일단 우리가 먹기로 했다면 거기에 대해 어떻게 생각하는지는 거의 항상 우리의 믿음(다른 말로 하면 기대)에 영향을 받는다. 나중에 머리에 남는 것은 무엇을 먹는지가 아니라 거기에 대한 생각이고, 따라서 그것은 우리의 미각 경험에 불균형한 영향을 미친다.

가격, 브랜드, 이름, 라벨이 맛에 영향을 미칠까?

보통 우리는 먹거나 마시는 것의 브랜드와 가격을 알고 있다. 많은 경우 식품은 라벨이나 설명과 함께 제공된다. 이런 식품 외적인 단서는 사람들이 식품의 맛이나 풍미 또는 향에 대해 말할 때 큰 영향을 미친다. 물론 음식을 즐기는 데도 영향을 미친다. 가격과 브랜드 그리고 설명을 붙임으로써 사람들이 음식과 음료에 대해 어떻게 말할지에 영향을 미칠 수 있다는 사실은 오래전에 알려졌다. 하지만 최근까지도 뇌에서 맛을 처리할 때 그런 요인이 영향을 미치는지는 알려지지 않았다.

하지만 최근의 신경요리학적 연구에 따르면 이런 정보를 알려줬을 때 뇌 활동은 극적인 변화를 보였다. 활성화된 뇌 영역의 네트워크에서도 차이가 보였고 활성도도 달랐다. 더구나 이런 효과는 때로 인간 뇌의 초기 감각(1차 감각) 영역 가운데 일부에 영향을 미치는 것으로 나타났다. 예를 들어, 브랜드와 관련된 고전적인 실험을 보자. 사람들을 뇌 스캐너에 들어가게 하고 두 가지 콜라 가운데 하나를 주기적으로 마시게 했다. 피험자가 어떤 브랜드의 콜라를 마시고 있다고 생각하는지에 따라 뇌 활성화 패턴이 달랐다.[3] 브랜드 이름이 풍미 지각에 분명한 영향을 미친다는 사실을 알면 상업적인 제품 실험에서 블라인드 테스트가 널리 쓰이는 이유를 알 수 있다. 그럼에도 이런 실험의 진짜 의미가 무엇인지에는 의문이 있다. 잠시 생각해보자. 우리가 어떤 실험인지도 모른 채 입안에 무언가를 넣는 일이 얼마나 자주 있을까? 식품이나 음료의 문제점을 알아내야 하는 사람에게는 연습할 가치가 있을지 모르겠지만 나는 우리가 식품을 구매할 때 보통 알게 되는 단서들을 모두 주고 실험을 해야 한다고 생각한다. 그래야 일상의 자연스러운 조건 하에서 실험할 수 있을 것이다.

비싼 음식이나 음료가 더 맛있을까? 늘 그렇지는 않지만, 그래도 더 맛있을 때가 많다. 여기에서 착안해 캘리포니아의 뇌과학자들이 한 가지 실험을 했다. 와인을 마시는 사람들(이라고 쓰고 학생이라고 읽는다)에게 레드 와인의 가격에 대해 서로 다른 정보를 주고 뇌를 관찰했다. 5달러짜리 와인 병에는 5달러라는 라벨이 제대로 붙어 있거나 45달러라는 라벨이 잘못 붙어 있었다. 90달러짜리 와인 병에는 10달러라는 라벨이 붙어 있거나 90달러라는 라벨이 붙어 있었다. 35달러짜리 와인에는 제대로 라벨이 붙어 있었다. 실험 시에 소량의 와인을 피험자의 입에 넣어주면서 모니터에 가격을 표시했다. 어떤 실험에서 실험 참가자들은 와인 맛의 강도를 표시했고 다른 실험에서는 맛이 얼마나 좋은지를 판단하게 했다.

모두가 싼 와인보다 비싼 와인이 좋다고 했다. 뇌 스캔을 분석한 결

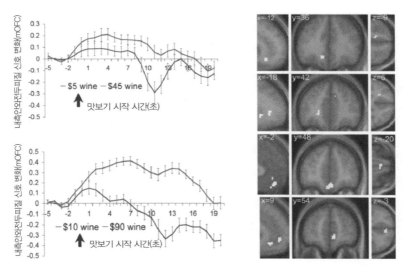

그림 1-1 시간(x축은 초를 의미)에 따른 내측안와전두피질(mOFC, 뇌의 보상 센터) 뇌 활성도의 변화를 표시했다. 뇌 스캐너 안에서 실험 참가자들이 맛보고 있는 와인과 가격의 관계를 알 수 있다.

과 가격 단서와 관련해 뇌의 보상 중추에서 혈류가 증가한다는 사실이 밝혀졌다(그림 1-1). 사람들에게 와인이 더 비싸다고 말하는 것(실제로 마시는 와인이 어떤 와인인지와 상관없이)만으로 눈 뒤에 위치한 뇌 부위인 내측안와전두피질 mOFC이 활성화되었다. 반대로 맛(즉 어떤 음식이 얼마나 단지, 신지 등)을 처리하는 뇌 부위인 1차 미각 피질의 혈류량은 변화가 없었다. 하지만 흥미롭게도 8주 뒤에 아무런 가격 표시를 하지 않고 똑같은 와인을 제공했을 때는 아무런 의미 있는 차이가 보고되지 않았다. 최근의 실험에 따르면 중간 가격대의 와인을 비싸다고 했을 경우 실험 참가자들은 더욱 쉽게 믿었다. 따라서 '투 벅 척 Two-buck Chuck(2달러짜리 음료라는 뜻으로, 찰스 쇼라는 와인 브랜드가 와인을 1.99달러에 판매하면서 유행한 단어-옮긴이)'을 프리미어 등급으로 둔갑시킨다고 해도 사람들은 거의 믿을 것이다.

맑은 용액을 마시게 됐다고 생각해보자. 그중 하나는 아주 쓰고 다른 하나는 조금 쓰다는 말을 들었다. 뇌 스캐너에 누워서 맑은 용액을 차례로 마신다. 이후 감각 수용체가 맛과 냄새 신호를 만들어내면 뇌의 특정 영역에 변화가 나타난다. 특히 연구자들은 대뇌겉질 깊숙이에 위치한 뇌섬엽의 활동이 맛에 관한 설명에 의해 바뀔 수 있음을 알아냈다. 뇌의 보상 중추인 안와전두피질OFC 역시 음료가 얼마나 쓴지에 관한 사람들의 예상에 따라 변했다. 한편 '땀에 젖은 양말'의 냄새를 '치즈 향이 난다'와 같이 말해주면 냄새를 더 좋게 느낀다는 사실도 밝혀졌다. 다시 한 번 말하지만 뇌의 반응은 제품 외적인 단서를 보여주느냐 보여주지 않느냐에 따라 달라진다.

이런 실험 결과들이 매혹적이긴 하지만 실험 참가자들에게 (실험) 상황이 얼마나 부자연스러운지를 잊지 않는 것이 좋겠다. 금요일 밤에 좁은 통에 들어가 머리를 고정하고 반듯이 누워 있는 경우가 자주 있지는 않을 테니까. 뇌 영상장치 안에서는 머리의 움직임을 최소화하기 위해 머리를 고정시켜야 한다. 머리를 움직이면 뇌 영상 자료를 해석하기가 힘들어진다. 게다가 와인을 1~2밀리리터씩 규칙적으로 떨어뜨려주는 튜브를 입에 물고 있어야 한다. 와인은 삼키지 말고 맛을 평가해야 한다. 마지막에는 삼켜도 되지만 대신 인공 타액(이런 것도 있다)으로 입안을 헹구어야 한다. 그런 뒤에 이 과정이 다시 시작된다.

한편 음식이 어디에서 만들어졌다고 믿는지에 따라서도 맛 지각이 달라진다. 최근 어떤 실험에서는 미국 출신의 학생에게 고기(쇠고기

육포나 햄) 시료를 주고 공장식으로 사육된 고기라고 말해주거나, 또는 유기농으로 기른 고기라고 말해줬다. 공장식으로 사육했다는 말을 들은 사람들은 고기가 덜 맛있고 더 짜며 더 기름지다고 평가했다. 그러면서 고기를 더 적게 먹었고 고기의 값도 더 적게 매겼다. 서로 관련이 없는 세 건의 연구에서 같은 결과가 나왔다. 한 연구에서는 유기농 식품이라고 말하는 경우 사람들이 똑같은 반응을 보였다. 블라인드 테스트에서는 대부분의 사람들이 차이를 느끼지 못했는데도 말이다. 그러니 유기농 재료로 만든 음식을 판다면, 그리고 손님들이 그 맛의 차이를 느끼게 하고 싶다면 그 음식을 유기농으로 만들었다는 사실을 반드시 밝혀야 한다.

같은 맥락에서 식음료 회사가 마주하는 수많은 어려움 중 하나는 이런 것이다. 식음료 회사는 몸에 좋지 않은 재료를 줄여나가는, 실질적이고 지속적인 공정을 만들더라도 '저지방'이나 '저당'이라는 단어는 라벨에 쓰지 말라는 조언을 듣는다. 그러면 소비자들이 맛을 다르게 느낄 수도 있다는 이유 때문이다. 말하지 마라, 그러면 소비자들은 뭐가 바뀌었는지 모른다. 몸에 좋은 것은 조용히! 이것이 정답이다. 이쯤에서 식음료 회사에 좋은 일과 모더니스트 셰프에게 좋은 일이 꽤 다르다는 사실을 강조해야겠다. 모더니스트 셰프는 놀랍고 때로는 충격적인 결과를 창출한다. 상당수의 정상급 레스토랑은 자신들이 제공하는 식사의 건강함이나 영양에는 별로 신경 쓰지 않는다(손님들이 어쩌다 한번 먹을 거라고 여긴다). 오히려 셰프들은 놀라움과 새로움을 추구하는 일에 더 관심이 많다. 반면 식음료 회사는 대개 이미 잘 팔리고 있는 자사의 식품들을 조금씩 몸에 덜 나쁘게 만드는 동시에 소비자들이 맛의 차이를 느끼지 못하게 하는 일에 관심이 많다.

이제 이름, 라벨, 브랜드, 가격이 얼마나 중요한지 알았을 것이다. 그렇다면 이들이 미뢰 수준에서 실제로 어떻게 작용하는지 설명하려고 한다. 실제로 뭔가 작용이 있다면 말이다. 결국 입안과 마음속에서 벌어지는 일들의 상호작용이 최종적인 맛 경험을 결정한다. 음식과 가스트로피직스를 모두 섭렵한다면 당신이 누구든, 누구를 위해 요리하든 인상적인 요리를 할 유리한 고지에 올라설 수 있다.

우리는 모두 다른 미각의 세계에 살고 있다

고수 맛에 대해 어떻게 생각하는가? 좋아하는가 혹은 질색하는가? 대부분의 사람들은 고수에서 감귤같이 신선하고 향기로운 냄새가 난다고 말한다. 반면 일부 사람들은 고수에서 비누 맛이 난다고 말한다 (심지어 어떤 사람들은 시금치에서도 비누 맛이 난다고 말한다). 그들에게 고수는 먼지나 벌레 또는 곰팡이를 연상시킨다. 1597년 소설가 존 제라드 John Gerard 도 고수를 '혐오스러운' 잎을 가진 '악취 나는 풀'이라고 불렀다.[4] 그럼 누가 맞는 것인가? 고수는 정말 어떤 맛인가?

둘 다 맞다. 다만 좀 더 많은 사람이 고수를 좋아하는 쪽에 속하지만. 대부분의 사람들(80퍼센트 이상)이 고수를 좋아한다. 정확한 수치는 인구 집단에 따라 다르다. '비누파'는 그저 고수의 독특한 향을 내는 수많은 성분 가운데 하나를 감지하지 못하는 것일까? 또는 '감귤파'가 특정 냄새에 대한 후각을 상실한 것일지도 모른다('후각 상실증'

은 일부 휘발성 물질이나 기타 물질의 냄새를 맡지 못하는 증상을 지칭하는 전문 용어다). 아무도 확실히 모른다! 더구나 비누 느낌 자체가 맛이나 향 등으로 온전히 특징지어지는지도 불확실하다. 어쨌든 흔히 구분할 수 있는 기본 맛과 일치하지는 않는다.

다음 장에서 다루겠지만 둘 중 한 명은 테스토스테론으로 만들어지고 독특한 냄새가 나는 스테로이드 물질인 안드로스테론의 냄새를 맡지 못한다는 사실도 알아둘 만하다. 그들은 이 휘발성 유기물질에 대해 후각 상실 증세를 보인다. 35퍼센트의 사람들은 이 냄새를 아주 강하고 대단히 불쾌한 썩은 냄새나 땀 냄새 또는 오줌 냄새로 느낀다. 게다가 이런 사람들은 절묘하리만치 이런 성분에 민감하다. 어떤 사람들은 200ppt$^{part\ per\ trillion}$(1ppt는 1조 그램의 기체 또는 액체에 특정 물질이 1그램 섞여 있다는 뜻이다-옮긴이)의 농도에서도 그 냄새를 감지할 수 있다. 나머지 15퍼센트 남짓의 사람들은 이 냄새가 달콤하고 향긋해서 사향 또는 나무 냄새 같다고 답한다. (나를 비롯한) 어떤 사람들은 그냥 화학물질 냄새로 느낀다. 같은 분자에 대해 경험은 완전히 다르다!

맛이나 풍미의 지각에 관여하는 유전적 차이 가운데 어떤 것이 우세한지는 지역이나 문화에 따라서도 달라진다. 한번 추측해보자. 전 세계에서 비거세 수퇘지의 오줌 냄새에 민감한 사람들의 비율이 높은 지역은 어디일까? 중동이다. 종교적인 이유로 돼지고기를 먹지 못하게 하는 곳과 정확히 일치한다. 단순한 우연일까? 우연이 아닐 가능성이 높지 않을까?

고수와 안드로스테론은 유전적 차이와 관련된 수많은 사례 가운데 빙산의 일각에 불과하다. 다시 말해 모든 사람이 수많은 성분의 냄새를 맡지 못한다는 뜻이다. 그중 상당수는 음식과 관련이 있다. 예를 들어 이소발레르산 isovaleric acid(치즈에서 나는 독특한 땀 냄새로 정식 명칭은 3-메틸부탄산-옮긴이), 베타아이오논 Betha-ionone(많은 음식과 음료 제품에 첨가되는 향긋한 냄새다. 바이올렛 향을 떠올려보라), 이소부티르알데히드 isobutyraldehyde(맥아향) 그리고 시스-스리-헥센-원-올 cis-3-hexene-l-ol(음식이나 음료에서 풀 냄새가 나게 한다) 같은 물질을 느낄 수 있는지의 여부는 유전적으로 큰 차이를 보인다. 약 1퍼센트의 인구는 바닐라 냄새를 맡지 못한다. 이런 성분을 느끼는 능력은 개인별로 심한 차이를 보인다.

와인 전문가들의 논쟁 가운데 상당수는 이런 유전적 다양성 때문에 일어났을 것이다. 미국의 저명한 와인 비평가인 로버트 M. 파커 주니어 Robert M. Parker Jnr와 영국의 와인 마스터 잰시스 로빈슨 Jancis Robinson이 2003년 샤토 파비 Château Pavie에 대해 벌인 유명한 논쟁을 예로 들어보자. 로버트 파커는 이 와인을 좋게 평가했지만 잰시스 로빈슨은 병에 담기기 전의 이 와인에 대해 20점 만점에 12점을 주며 혹평했다. 로빈슨은 "입맛을 전혀 자극하지 않는 너무 익은 향"이라며 "왜 이런 일이 일어났을까? 포트와인(포르투갈산의 단맛이 나는 와인-옮긴이) 풍의 단맛 때문이다. 포트와인은 도우로강(유럽 이베리아반도의 큰 강-옮긴이)에서 생산된 것이 최상품이지, 생테밀리옹(프랑스 보르도와인 산지-옮긴이)산은 최상품이 아니다. 맛없는 풀내음은 보르도산 레드 와인이라기보다는 최근 수확한 진판델 Zinfandel(미국 캘리포니아산 포도-옮긴이)을 연상시킨다. 어처구니없는 와인이다." 파커는 파비에 대해 "(내가 맛을 봤을 때는) 잰시스가 묘사한 맛이 전혀 안 난다"고 답했다. 그렇다면 세계적인 전문가들이 같은 와인을 다르게 맛봤다는 것일까? 같은 특성을 느꼈지만 한 명은 찬사를 보내고 다른 한 명은 마음에 들지 않는다고 느낀 걸까? 아니면 이 와인이 정말 두 스타 와인 작가에게 다른 맛으로 느껴진 것은 아닐까?[5]

나는 와인에서 코르크 향이 나게 하는 물질인 트리-클로로-아니솔 tri-chloro-anisol(줄여서 TCA)의 향을 전혀 못 느낀다. 내 친구들은 이런 종류의 '후각맹'을 무척 재미있어한다. 아마 이 글을 읽는 독자들도 상상할 수 있을 것이다. 코르크 향을 입힌 와인이 테이블에 오면 친구들은 코르크 향을 입히지 않은 똑같은 와인을 한 병을 더 주문한 뒤에 각각의 병에서 와인을 한 잔씩 따라 내 앞에 놓는다. 대개 나는 두 와인이 같은 와인이라고 느낀다. 하지만 내 친구 중에는 두 잔의 와인 중 하나를 마시지 못하는 사람이 있다. 다시 말하지만, 사람마다 TCA에 대한 민감도가 크게 차이난다. 대개 최후의 승자는 내가 된다. 코르크 냄새가 나지 않는 와인을 모두 마신 뒤에도 오직 나만 마실 수 있는 와인이 아직 많이 남아 있기 때문이다!

요점은 이것이다. 우리 모두 아주 다른 미각의 세계에 살고 있다는 것. 어떤 사람들은 음식이나 음료에서 쓴맛을 감지할 수 있는 반면 다른 사람들은 아무것도 느끼지 못한다. 이때 쓴맛을 느끼는 사람을 보통 슈퍼테이스터supertaster(초미각자)라고 부른다. 슈퍼테이스터는 다른 사람보다 혀의 앞부분에 미뢰가 16배나 많다. 쓴맛에 대한 민감도만 다양한 것이 아니다. 차이가 그 정도로 심하지는 않지만 짠맛, 단맛, 신맛 그리고 조직감에 대한 민감도 역시 사람마다 다르다. 냄새에 대한 민감도와 마찬가지로 맛에 대한 민감도도 대개 유전된다(즉 유전적으로 결정된다). 사실 1930년대만 해도 과학자들은 맛 실험을 친자 확인에 활용할 생각까지 했다. 기본 맛에 대한 민감도가 개인마다 다르다는 것은 쾌락 반응 역시 대단히 차이가 크다는 의미다. 그래서 단것을 좋아하는 사람이 있는 반면 단맛에 대해 좋은 감정과 싫은 감정을 모두 품는 사람도 있다(나도 여기에 포함된다).

하지만 왜 쓴맛이 개인차가 가장 두드러진 맛인 걸까? 짠맛이나 단맛 또는 신맛은 왜 개인차가 두드러지지 않는 걸까? 쓴맛에 대한 개인별 민감도 차이가 우리 조상들에게는 더욱 중요했던 것 같다. 풍요의 시대에 슈퍼테이스터는 경쟁에서 유리해졌다. 왜냐하면 쓴 것, 즉 잠재적으로 독성이 있는 것을 섭취할 가능성이 적기 때문이다. 반대로 경제적으로 어렵던 시기에는 맛을 느끼지 못하는 사람이 조금 더 경쟁적 우위에 있게 된다. 독이 없지만 맛이 쓴 먹을거리를 섭취할 수 있고, 따라서 굶어 죽을 가능성이 줄어들기 때문이다. 다른 맛에 대해서는 이런 주장을 하기가 좀 더 어렵다.

다른 한편 쓴맛을 좋아하는 것(슈퍼테이스터 상태와 관련이 있다)은 정신병적인 경향과도 관련이 있다! 최근 연구 논문을 발표한 저자로서 이렇게 말하겠다. "쓴맛 선호는 마키아벨리즘, 정신병, 나르시시즘, 일상적인 사디즘의 전조로서 발생했다."[6] 물론 상관관계가 인과관계는 아니다. 쓴맛이 나는 음식과 음료를 좋아하는 사람이 반드시 정신질환자인 것은 아니다. 재미있게도 최신 연구 결과에 따르면 쓴맛을 느끼는 경우 적대감이 상승하게 된다. 반대로 달콤한 것을 맛보면 사람들은 더 로맨틱해지고 데이트에 동의할 가능성이 높아진다. 더욱 놀랍게도 사랑에 대해 생각을 하는 사람은 물도 달게 느낀다. 한편 자신이 응원하는 하키 팀이 이겼을 경우 레몬 라임 셔벗이 더 달게 느껴진다. 좀 더 나아가볼까. 캘리포니아의 마케팅 교수인 바바 시브^{Baba Shiv}의 연구팀은 큰 돈을 만지는 사람은 맛의 역치(맛을 느끼는 물질의 최저 농도-옮긴이)가 변할 수 있다는 사실을 발견했다. 다시 한 번 말하지만 맛의 감각은 단순히 맛의 문제가 아니라 훨씬 더 큰 범주의 이야기다.

일부 세계적인 식품 회사들은 이런 차이를 이용해 두 가지 버전의 제품을 시장에 내놓고 있다. 하나는 슈퍼테이스터를 위한 것이고 다른 하나는 맛을 느끼지 못하는 사람을 위한 것이다. 물론 라벨에 이렇게 적혀 있지는 않을 것이다. '우리 회사는 시장을 나눌 것입니다.' 명심하자. 맛에 대한 민감도는 가족들도 다투게 한다. 나의 어머니와 형제들 그리고 조카들은 모두 슈퍼테이스터다. 그렇다 보니 아버지에게는 하나도 쓰지 않은 브로콜리를 다들 쓰다고 느낀다. 아버지는 자식들이 채소를 다 먹기 전에는 식탁에서 일어서지 못하게 하셨다. 아버지는 이해하지 못하셨을 것이다. 나머지 가족들이 이 녹색 채소에서 얼마나 끔찍한 맛을 느꼈는지. 우리가 그때 사람들마다 다른 맛의 세계에 산다는 사실을 알았다면 좋았으련만.

맛, 그 이상의 맛(There is more to taste)*

맛은 생존에 필수적이다. 어떤 면에서 사람들은 모든 감각 가운데

---

* 이 소제목은 라바자 커피의 최근 광고에서 따왔다.

미각이 가장 중요하다고 생각하기도 한다. 영양이 되는 것과 독이 되는 것을 구분해준다는 것이다. 하지만 자세히 연구해본 결과 그렇게 중요하지는 않다는 사실이 밝혀졌다. 최소한 지각의 측면에서는 그렇다. 대뇌겉질이 각각의 감각을 얼마나 담당하는지를 보면 이해될 것이다. 뇌의 절반 이상은 우리가 보는 것을 처리하는 과정과 관련되어 있고 겉질의 1퍼센트 정도만이 맛 지각과 직접적으로 연관돼 있다. 그 이유는 이렇다. 뇌는 주변 환경의 통계적 질서를 알아낸 다음 잠재적 먹을거리의 맛과 영양 성분을 색이나 냄새 같은 감각 단서로 예상하는 법을 학습한다. 우리는 분홍빛 음식은 달콤할 거라고 예측하도록 학습한다. 이를 통해 우리는 음식을 입에 넣지 않고도 어떤 맛일지 알고, 먹어도 되는지를 평가할 수 있다.

결국 각기 다른 감각이 어떤 예상을 만들어낼지 알고 있다면 좀 더 유리한 위치에서 사람들의 맛 지각도 향상시킬 수 있다. 이것은 자녀들에게 채소를 더 많이 먹일 방법이 궁금한 부모도 도울 수 있다. 맛을 무엇이라고 정의하든 (혹은 생각하든) 이 점만은 분명하다. 우리가 무엇을 맛보고 있다고 생각하는지, 그것을 먹는 것이 얼마나 즐거운지를 결정하는 과정에서 다른 감각이 생각보다 큰 역할을 한다는 사실이다. 마지막으로 온라인 건강식품 회사인 그레이즈 Graze 의 수석 스낵 발명가 엘리너 프리먼 Eleanor Freeman 을 소개한다. 그녀의 미뢰는 300만 파운드의 보험에 들어 있다. 영국 코스타 커피 체인의 이탈리아 출신 커피 마스터 겐나로 펠리치아 Gennaro Pelliccia 는 1000만 파운드의 보험에 들어 있다. 캐드버리 Cadbury 초콜릿에서 일하는 헤이레이 커티스 Hayleigh Curtis 의 미뢰는 조금 적은 100만 파운드의 보험에 들어 있다.

하지만 내게 이런 소식들은 신문의 헤드라인에 오르기 위한 곡예로 보일 뿐이다. 왜냐하면 다음 장에서 보겠지만 최고의 맛 감별사들이 진짜로 염려해야 할 것은 코이기 때문이다.

코로 맛보다
Smell

2

냄새만으로
배부르지는
않겠지만

코감기로 코가 꽉 막혔던 때를 생각해보자. 음식과 음료에서 제 맛이 나지 않았을 것이다. 왜 그런지 궁금하지 않은가? 사실 코감기로 잃어버린 것은 맛이 아니었다. 믿어도 좋다, 우리의 미뢰는 아주 잘 활동하고 있었다. 문제는 향이다. 감기에 걸리지 않았을 때 실험을 하나 해보자. 우선 코를 꽉 쥐고 친구에게 무엇이든 먹을 것을 입안에 넣어달라고 한다. 아주 자극적인 음식이 아닌 이상(만약 그런 음식을 줬다면 좋은 친구는 아닐 것이다) 자신이 무엇을 먹고 있는지 거의 모를 것이다. 양파인지 사과인지, 레드 와인인지 차가운 커피인지 헷갈릴 것이다. 이들 조합은 후각이 작동하지 않으면 놀라울 정도로 구분하기 어렵다.*

냄새를 맡는 두 가지 방법을 구분하는 것이 중요하다. 하나는 '전비강^{orthonasal}' 쪽의 경로로, 외부의 냄새를 맡을 때 이용한다. 한편 '후비

---

* 좀 더 짓궂은 장난(평범하지 않은 젤리 가게인 봄파스앤파^{Bompas&Parr}의 개성 있는 설립자인 샘 봄파스에게서 아이디어를 얻었다)을 치고 싶다면 양배추 삶은 물을 찻주전자에 부어보자. 차와 비슷해 보이지만 가장 맛없는 향을 지닌 액체로 친구를 놀려주는 방법!

강^{retronasal}' 쪽의 경로로, 우리가 음식이나 음료를 삼킬 때마다 휘발성 분자들은 입의 안쪽에서 코의 안쪽으로 규칙적으로 흘러간다. 전비강으로 들어오는 냄새를 통해 우리, 보다 정확하게는 우리 뇌가 맛에 대한 기대를 형성한다. 하지만 진짜 맛을 경험하게 해주는 것은 후비강 쪽으로 인지되는 냄새다. 우리가 혀로 들어온다고 착각했던 수많은 정보가 실제로는 후비강 쪽의 경로로 흘러드는 것이다. 이런 착각은 음식의 향이 입으로 들어오는 것처럼 느껴지기 때문에 벌어지는 것이다. 마치 혀 혼자서 감각하는 것처럼 말이다. 이런 이상한 현상에는 '구강 참조'라는 이름이 붙어 있다.

이해를 돕기 위해 엄지와 검지로 코를 잡은 채 젤리 과자를 먹어보자. 어떤 맛이 나는가? 달콤함 가운데 약간의 신맛이 느껴질 것이다. 혹시 약간의 매운맛도 느낄지 모른다(최소한 시나몬 젤리 과자를 먹었다면). 몇 입 먹고 나서 콧구멍을 열어주자. 갑자기 오렌지나 체리 등 과일 풍미가 느껴질 것이다. 하지만 이런 풍미는 콧구멍이 아니라 입에서 온다. 이것이 바로 향이 입으로 엉뚱하게 이동된 구강 참조의 사례다.

바닐라 '향' 아이스크림

바닐라향이 달콤하게 느껴지느냐고 물으면 대부분의 사람이 '그렇다'고 대답한다. 캐러멜 향과 딸기 향에 대해서도 마찬가지다. 이제 헷갈릴 것이다. 어쨌든 앞 장에서 '달콤함'은 맛을 설명하는 단어라고 말하지 않았던가? 그럼 어떻게 향에서 달콤한 '냄새가 난다'고 말할 수 있을까? 몇몇 사람들은 이게 일종의 공감각이라고 주장했다. 내가 보기에는 그렇지 않지만. 흥미롭게도 식품 회사들은 단맛을 내기 위해 아이스크림에 바닐라 향을 첨가한다. 아주 낮은 온도에서는 혀의 미뢰가 제대로 작동하지 않아 단맛을 제대로 느낄 수 없기 때문이다. 하지만 여전히 냄새를 맡을 수는 있다. 아마 실수로 미지근해진 콜라를 마셔본 경험이 있을 것이다. 몸서리칠 정도로 달았을 것이다. 콜라의 조성 자체는 변하지 않았지만 미뢰가 뇌에 보내는 신호가 온도에 따라 변했기 때문이다. 콜라라는 음료는 대개 차갑게 제공되기 때문에 공장에서는 코를 통해 달콤함을 느끼도록 단맛을 추가했다. 혼란스러운가? 그게 당연하다.

다른 측면에서 보자. 맛이 향과 풍미 지각에 미치는 영향이라는 측면에서는 사정이 좀 다르다. 이 분야의 고전적인 연구를 소개한다. 사람들이 단맛을 느낄 수 있는 수준 미만으로 용액의 농도를 낮춘 뒤 용액을 맛보게 했다(다시 말해 이 용액의 맛은 그냥 물과 같다). 그럼에도 불구하고, 맛이 없는 이 용액을 입에 조금 물 경우 다른 용액에서 체리-아몬드 향을 감지하는 능력이 극적으로 향상됐다. 하지만 더 중요한 사실이 있다. 이후 이어진 연구에 따르면, 이런 효과가 나타나기 위해서는 맛이 냄새와 조화를 이뤄야 했다. 서양 출신의 실험 참가자들 입안에 역치 이하의 MSG를 넣었을 때는 같은 효과가 나타나지 않았다. 하지만 일본인들 사이에서는 다른 반응이 나타났다. 다시 말해 사람의 뇌는 같은 규칙을 통해 감각을 통합하지만 특정한 맛과 냄새의 결합은 개개인이 속한 음식 문화에 따라 풍미를 강화하거나 억제하는 역할을 한 것이다.

놀랍게도 이런 학습은 아주 빨리 이루어지고 평생 계속된다. 밤 향이 나는 새로운 액체 방향제를 생각해보자(몇 년 전에 오스트레일리아에서 실시한 어떤 연구에서 사용되었다). 이것을 단맛이나 쓴맛이 나는, 입에 넣는 시약과 함께 제공했다. 불과 세 번 만에 냄새가 그에 걸맞은 맛을 나타내기 시작했다. 더욱 놀라운 것은 시약의 농도가 지각되지 않을 만큼 낮은 수준이었는데도 이런 일이 일어났다는 사실이다.

금방 분쇄한 커피는 향이 아주 좋지만 맛은 좀 실망스러운 경우가 있다. 왜 그럴까? 잘 숙성된 프랑스 치즈를 먹을 때는 상반된 일이 일어난다. 운동선수의 운동화에서 날 것 같은 냄새가 난다(비유가 불편하다면 사과한다). 하지만 어떻게든 일단 입안에 넣으면 꽤나 즐거운 경험을 하게 된다. 무슨 일이 일어난 걸까? 냄새를 맡는 두 가지 방법의 차이 때문이다. 보통 전비강(코로 숨을 들이쉴 때)으로 들어오는 냄새만으로 후비강(코 뒤로 숨을 내쉴 때)을 통해 느껴질 음식의 풍미를 놀라울 정도로 정확하게 예측할 수 있다. 다행히도 우리는 그러고 있다는 사실을 모른다.

분위기 있는 식당에는 특별한 냄새가 난다

최고의 모더니스트 퀴진과 분자 믹솔로지스트의 세계를 보면 장면을 연출하는 냄새와 분위기를 유도하는 향을 점점 더 많이 쓰고 있다는 사실을 알 수 있다. 요리, 음료, 식탁, 때로는 식당 전체(특히 모두

그림 2-1 팻덕 레스토랑에서 제공하는 향기 나는 요리. 이끼 향이 테이블을 덮고 손님의 코 속을 채운다.

가 동시에 같은 코스를 먹도록 셰프가 요리를 제공하는 호사스러운 레스토랑) 등 여러 곳에 쓰이고 있다. 대개는 음식과는 상관없이 특별한 분위기를 만들거나 특별한 기억을 심어주는 것이 목적이다. 예를 들어 헤스턴 블루멘탈은 팻덕 레스토랑에서 이끼 향이 나는 '새우 크림과 떡갈나무 이끼를 곁들인 메추라기 젤리' 메뉴를 내놓는다. 테이블 가운데 설치된 장치에서 이끼 향을 품은 뜨거운 증기가 뿜어져 나온다(그림 2-1). 내가 보기에는 아무도 그 녹색 이끼를 먹을 생각에 군침을 흘리진 않을 것이다. 하지만 냄새를 일종의 연극적인 장치로 활용하여 손님을 완전히 다른 장소로 데려가고 요리를 더욱 제대로 체험하게 해준다. 시카고의 레스토랑인 앨리니아^{Alinea}에서는 '자연산 돌광어, 조개, 마름, 히아신스 증기'라는 요리를 시키면 꽃바구니 위로 뜨거운 물이 뿜어져 나온다. 셰프인 그랜트 애커츠^{Grant Achatz}는 셜롯(백합과 파

속의 식물-옮긴이)과 발효 사과즙으로 만든 젤을 곁들인 꿩요리로도 유명하다. 이 요리 역시 불붙인 떡갈나무 잎과 함께 나온다. 냄새로 어린 시절의 행복했던 가을날의 기억을 떠올리게 하는 것이 목적이다.

물론 특정 장면을 연상시키는 향은 과하게 사용하지 않아야 한다. 어떤 손님은 '트립어드바이저'에 팻덕 레스토랑을 이렇게 평가했다. "마지막 요리는 '잠자리로('양 세기')'였다. 아기였을 때를 떠올린다는 뜻이었던 것 같다. 하지만 식사에 필요하지도 않은 아기 파우더 냄새가 너무 심했다." 내 기억 속의 요리는 이렇진 않았다. '트립어드바이저'에 실린 이 평가는 사람들이 음식 자체의 향을 완성해줄 배경 향을 이용할 때의 잠재적 위험을 알려준다. 주의하지 않으면 배경 향이 구강 내로 잘못 들어와 (음식의) 맛이나 풍미로 경험될 수 있다(그렇다, 이번에도 구강 참조가 문제다!).

다행히 가스트로피지스트들은 배경의 냄새와 음식(또는 음료)의 향을 분리시킬 방법을 한두 개씩은 가지고 있다(물론 셰프가 의도한 냄새일 경우의 이야기다). 우선 손님에게 다양한 냄새가 각기 다른 시간에 느껴진다는 점을 확인시켜주면 도움이 된다. 그러면 손님의 뇌가 배경 향기를 음식이나 음료의 향과 구분해내기 쉽다. 아마 애커츠도 이를 위해 떡갈나무 잎과 히아신스를 잘 보이는 곳에 두었을 것이다. 결정적으로 이런 접근법을 통해 지각된 냄새는 음식 냄새와 분리되어 올바르게 자리할 수 있다.

장미 오일 한두 방울을 흡수한 각설탕이 있다고 하자. 이 각설탕을 샴페인 잔에 넣었다. 이 음료가 부드러운 거품이 가득한 모습으로 당신 앞에 놓여 있다. 잔에서 풍기는 장미 정원의 향기가 당신을 사로잡는다. 당신은 좋은 향기가 어우러진 어느 여름 오후를 떠올리게 될 것이다. 이것이 69 콜브룩 로[69 Colbrooke Row]의 세계 정상급 믹솔로지스트인 토니 코니글리아로[Tony Conigliaro]가 제공하는 경험이다.

코니글리아로는 1차적인 긍정적 기억과 향기를 연결 짓고 있다. 이런 접근에는 특별한 이점이 있다. 냄새는 무척 친근하다. 게다가 후각은 다른 감각과는 달리 뇌의 감정 및 기억 회로에 직접적으로 연결된다. 코의 후각 수용체는 뇌의 연장인 셈이다. 코의 후각 상피세포에서 우리의 감정을 조절하는 뇌 부위인 둘레계통(변연계)까지는 고작 두 개의 시냅스로 연결돼 있을 뿐이다. 반대로, 다른 감각으로 들어오는 정보는 훨씬 긴 경로를 거쳐 뇌의 지각 중추에 도달한다. 이는 중간에 쉽게 걸러질 수도 있다는 뜻이다. 여러 코스로 구성되고 냄새를 강화한 테이스팅 메뉴를 먹을 때는 어려운 점이 있다. 다음 코스 요리를 먹기 전에 이전의 냄새를 없애야 하기 때문이다. 예전에 관객에게 냄새를 느끼게 하는 영화를 만들고 싶어 했던 사람들(스멜오비전[Smell-O-Vision]을 기억하려나?)은 이런 어려움 때문에 도전을 포기했었다.

정말 냄새가 맛에 그렇게 중요한 부분이라면, 그리고 냄새가 분위기를 느끼게 하고 감정과 기억을 되살리는 효과적인 방법이라면 이 장에서 소개한 혁신적인 방법들은 가스트로피직스의 관점에서 모두 타당하다. 하지만 가스트로피직스의 성지들에서 먹거나 마셔보지 못했다면 이렇게 생각할 것이다. '어떻게 해야 이런 지식을 사용할 수 있지?' 이제부터는 풍미가 더욱 강해진 새로운 맛의 세계를 만날 흥미로운 방법들을 공유할 것이다. 식음료 제조사들이 모더니스트 셰프와 분자 믹솔로지스트 그리고 식기 디자이너에 비해 크게 뒤떨어진 것은 아니라는 사실을 다들 알게 될 것이다.

디자인을 바꾸면 맥주 향이 더 진해진다?

다시 말하지만 음식과 음료를 즐기기 위해 냄새는 무척 중요하다. 이 사실을 감안하면 매일 음식, 특히 음료를 먹을 때의 경험이 전비강 쪽으로 향을 제공하는 데 최적화되어 있지 않다는 사실을 깨닫게 된다. 아마 후각적으로 잘못 디자인된 대표적인 사례는 뜨거운 커피를 담은 종이컵의 플라스틱 뚜껑일 것이다. 물론 이 뚜껑 덕분에 음료가 넘칠 염려는 없지만 하나 놓치고 있는 것이 있다. 바로 커피 향이 전비강으로 전해지는 것을 막는다는 점이다. 금방 갈아낸 신선한 원두로 내린 커피를 마실 경우에는 정말 불행한 일이다. 이 향은 거의 모든 사람이 좋아하기 때문이다. 병이나 캔으로 직접 음료를 마실 때도 똑같은 문제가 발생한다. 즉 전비강으로 전해지는 냄새를 놓치게 된다. 병이나 캔에 코를 대고 냄새를 맡을 수도 있고 입을 대고 맛을 음미할 수도 있지만 둘을 동시에 즐길 방법은 없다. 그렇다고 빨대로 마시는 것은…… 음, 그건 더 나쁘다!

이제 문제를 알게 되었다. 어떻게 해야 할까? 디자인의 관점에서 몇 가지 단순한 해결책이 있다. 예를 들면, 뚜껑의 형태를 바꾸거나 향을 맡을 구멍을 하나 더 뚫어주는 것이다. 비오라Viora 사의 인체공학적 뚜껑처럼 말이다. 비오라 사의 새로운 디자인 덕분에 고객들은 뚜껑을 열지 않고도 커피 향을 맡을 수 있다. 그냥 상식적인 것이다.

그림 2-2 후각적 경험을 강화하는 디자인들. 비오라의 뚜껑(왼쪽)과 크라운의 '360엔드' 캔.

그런데 왜 이런 해결책이 나오기까지 오랜 시간이 걸린 것일까? 내 생각에는 모두 구강 참조 탓인 듯하다. 전비강으로 전해지는 냄새가 맛과 관련이 있는지는 불분명하고, 따라서 아무도 디자인의 중요한 변수로 넣지 않았다.

크라운 패키징 사는 호기심을 자극하는 또 다른 해결책을 만들었다. 뚜껑이 완전히 열리는 캔을 설계한 것이다(그림 2-2). 이로써 음료를 마시면서 기존의 캔(작은 눈물 모양으로 열리는 캔)보다 내용물을 잘 볼 수 있고 향도 더 잘 맡을 수 있게 됐다.

맥주잔은 기존의 뚜껑이나 병 또는 캔과는 상반된 사례다. 예전에 모두 같은 맛을 내는 라거 맥주만 수입되었을 때는 유리잔의 음료 위에 (빈) 공간이 없어도 별로 문제되지 않았다. 하지만 최근 몇 십 년간 수제 맥주 혁명이 일어나면서 사람들이 기꺼이 비싼 값을 지불할 맥주가 늘어났다(왜냐하면 정말 맛있기 때문이다). 잔을 끝까지 채워야 하는 기존 유리잔은 맥주 위를 보호할 (빈) 공간이 없다는 점이 문제였다. 이는 맥주의 향을 농축시킬 방법이 없다는 뜻이기도 했다. 사람들이 강렬한 맥주 향을 선호한다면 맥주잔의 디자인을 다시 생각해보는 것이 나을지도 모르겠다. 그렇다면 누군가 이렇게 물을 것이다. 가스트로피지스트들은 무엇을 추천하느냐고.

먼저 와인의 세계에서 어떤 일이 일어나는지 생각해보는 것이 좋겠다. 와인을 대상으로 하는 연구가 다른 음료에 비해 10배 정도 많기 때문이다(아마 연구자들이 와인을 좋아하나 보다). 먼저 와인잔을 가득 채우지 않는 이유를 생각해보자. 누군가는 맞든 틀리든 음료나 술 위의 빈 공간이 중요하다고 믿을 것이다. 이런 공간은 음료나 술의 향을 보존하여 우리의 코를 기쁘게 하려는 의도로 마련됐다. 사실 좋은 와인일수록 유리잔에 조금만 따른다. 또는 최소한 그래 보인다.

당연히도 누군가는 술잔을 가득 채우는 것이 문제가 아니라고 주장할 것이다. 술을 한두 모금만 마시면 곧바로 술잔 위에 향을 모으는 공간이 만들어지니까. 하지만 명심하자. 첫 냄새는 기대감을 형성하는 경우가 많다는 것을. 이런 기대감은 고착되어 이후의 미각 경험에 영향을 미친다. 첫 한 모금이 중간의 한 모금보다 훨씬 중요하지 않겠는가(더 맛있는 건 말할 것도 없고)? 그리고 첫 한 모금이나 중간의 한 모금이 마지막 한 모금보다 나아야 한다. 마지막 한 모금은 잔 바닥에 남은 미지근한 찌꺼기일 뿐이니까. 그래서 우리가 풍미와 향을 귀하게 여긴다면(그래야 한다) 맥주잔은 가득 채우지 말아야 한다.

물론 맥주 애호가들은 맥주로 가득 채워진 잔에 익숙해서 잔이 조

그림 2-3 **뚜껑을 덮은 스테인글라스 맥주 잔. 지능형 후각 강화 디자인의 초기 사례라고나 할까.**

금 비어 있으면 맥주를 적게 받았다고 느낄 수도 있다. 이 문제에 대한 해결책은 뚜껑이 달린 옛날 맥주잔을 다시 꺼내는 것이다(그림 2-3). 1886년 비평가의 말에 따르면 이런 뚜껑은 맥주 표면에서 방출된 기체를 보존하기 위한 것이라고 한다.[1] 이것이 바로 130년 전의 지능형 후각 강화 디자인이다!

음식에 향수를 뿌려 먹은 적 있나요?

혹시 공항에 냄새가 얼마나 없는지 알아챘는가? 기차역이나 서점에 들어가면 거의 항상 콧구멍이 커피 향의 공격을 받는다. 하지만 대조적으로 공항은 후각의 중립 지대로 보인다. 다음번에 런던 히스로 공항 제2터미널을 지날 때는 퍼펙셔니스트 카페^{Perfectionist's Café}에 들러서 음식을 먹어보라. 피시 앤 칩스를 추천하겠다. 이 요리의 놀라운 점은 식초 향을 내기 위해 분무기를 사용했다는 사실이다. 아래에서도 보겠지만, 이것은 창의적인 개개인이 어떻게 냄새로 식탁을 바꾸기 시작했는지를 보여주는 하나의 예일 뿐이다.

몇 년간 런던의 셰프 조제프 유세프^{Joseph Youssef}는 자신의 요리 몇 가지에 분무 방식으로 향미를 제공하는 실험을 해왔다. '엘리먼츠^{Elements}'라는 저녁 메뉴를 예로 들면, 부추 콩소메(고기와 채소를 진하게 우려낸 다음 맑게 걸러낸 수프-옮긴이), 리크 애시^{leekash}(부추 속 식물 리크를 강한 불에 태운 뒤 식혀 부순 요리. 익힌 채소들과 곁들인다-옮긴이), 염소 치즈로 만든 크림 등에 이끼와 흙의 냄새를 내는 지오스민(탄소, 수소, 산소로 만들어져 흙냄새를 내는 천연 물질-옮긴이)을 분무했다. 한편 이 셰프의 인기작인 '공감각^{Synaesthesia}'의 경우 버터를 넣은 바닷가재와 미소 된장 벨루테(닭고기나 송아지 고기의 육수로 만든 흰 소스-옮긴이)에 사프란 꽃향기를 분무했다. 간단해 보인다. 그렇지 않은가? 그러니 다음번에 친구들을 저녁 식사에 초대할 때 한번 해보면 (그러니까 손님의 식사에 분무해보면) 어떨까? 제대로만 하면 그들의 감각을 깨우고 그들은 음식이 맛있었다며 당신에게 고마워할 것이다. 필요한 것은 당신의 '음식 향수'를 넣을 작고 깨끗한 스프레이병뿐이다.

저녁 식탁에 분무 장치를 들인 선구자는 이탈리아 미래파 F. T. 마리네티^{F. T. Marinetti}다. 식사 중에 접시에서 고개를 든 어리석은 손님의 얼굴에 향수(카네이션 향이 났다)를 더 많이 뿌리기는 했지만. 안타깝

그림 2-4 스모킹건. 이봐요, 너무 놀라지는 마세요.

게도 이런 일이 공감각적인 맛 경험에 어떤 영향을 미쳤는지는 기록으로 남아 있지 않다! 어쨌든 미래파들은 최고의 다중 감각적 식사를 제공하는 것보다는 손님을 도발하는 것에 더 관심이 많았던 것 같다.

오늘날 창의적인 셰프들과 믹솔로지스트들은 음식과 음료에 필수적인 향을 주기 위해 스모킹 건을 이용한다(그림 2-4). 창의적인 향미 제조자들은 드라이아이스 분무기로 요리나 음료에 농축된 향을 더할 수 있게 되었다. 이 향은 미세한 물방울 형태로서 테이블이나 바에서 눈을 크게 뜨고 입을 벌린 손님 바로 앞으로 뿜어져 나온다.(이봐요, 놀라지는 마세요…….)

알아차렸는지 모르겠지만 수년간 시장에서는 향을 이용한 포장이 활용되어왔다. 대중적인 초콜릿 아이스크림을 예를 들어보자. 모든 사람이 초콜릿 냄새를 좋아하지만 문제가 있다. 초콜릿을 얼리면 맛있는 향기가 사라진다는 점이다. 한 제조사는 포장의 접착제에 약간의 합성 초콜릿 향을 첨가하여 사라진 냄새를 보완했다. 그러면 고객이 포장을 뜯었을 때 초콜릿 냄새를 맡을 수 있게 된다. 물론 모두가 향기 나는 포장을 해법으로 사용하는 것은 아니다. 사실 진짜 초콜릿 향기를 캡슐화해 전달하는 것은 까다로울 수 있다.

물론 커피 회사들이 다양한 향미 물질(일부는 믿기 힘든 이야기지만 스컹크의 꽁무니에서 추출했다는 '가설'도 있다)을 커피 포장의 빈 공간에 주입한다는 이야기도 있다. 그래서 커피 포장을 뜯었을 때 그렇게 멋진 향이 나는 것이다. 당신의 콧구멍은 이처럼 더없이 좋은 냄새에 날카롭고 예민하게 반응할 것이다. 하지만 당신은 물을 것이다. 왜 나중에 포장을 다시 열었을 때는 그런 향이 나지 않는지.

2016년 출시된 더 라이트 컵 the Right Cup은 디자인을 활용하여 향기를 개선한 또 다른 흥미로운 사례다. 이 유리잔은 색깔에 따라 다양한 과일 향기를 냈다. 사과 맛은 연두색, 레몬 맛은 녹색, 오렌지 맛은……음, 당연히 오렌지색이었다. 이 컵으로 물을 마시면 과일 맛을 느낀다는 것이었다. 내가 보기에 컵의 색깔은 시음 경험에 대단히 중요한 듯하다. 비슷하게 2013년 펩시 Pepsi 사는 향기 캡슐을 사용한 음료 포장을 특허 출원했다.[2] 소비자가 뚜껑을 돌리는 순간 향이 나는 캡슐이 깨져서 향을 방출하는 것이다. 포장에 향을 추가하면 더욱 좋은 향을 경험할 수 있다는 생각에서 나온 아이디어다.

캐나다 회사인 몰레큘-R Molecule-R은 아로마포크를 판다. 미국 돈으로 50달러를 보내면 네 개의 금속 포크를 받을 수 있다. 또 포크에 넣을 수 있는 둥근 압지(액체를 흡수해주는 종이-옮긴이)와 20가지 향을 담은 작은 유리병도 받을 수 있다. 음식을 먹을 때 한 입 한 입 풍미를 증진시키는 것이 목적이다. 더 라이트 컵은 아직 체험해보지 못했지만 아로마포크는 써봤다. 아로마포크는 아주 주의하지 않으면 향이 너무 빨리 사라졌고 합성처럼 느껴졌다. 내가 BBC 라디오4의 프로그램 〈키친 캐비닛 The Kitchen Cabinet〉의 게스트들에게 향이 나는 포크를 시험했을 때 그들이 보인 반응도 그랬다. 우리가 언제나 자연 향과 합성 향을 구분한다는 말이 아니다. 오히려 구분하지 못하는 경우가 많다. 문제는 아로마포크와 함께 팔리는 향들이 인공적인 싸구려 냄새를 풍기며, 대부분의 사람들이 인공적인 맛을 좋아하지 않는다는 것이다.

나는 여전히 몰레큘-R의 시도에 설득력이 있다고 본다. 그들의 혁신적인 포크는 요리에 뭔가 넣는 것을 잊어버린 가정의 요리사들에게 이상적인 대안이 되어줄 것이다. 내가 생각하기에 이 포크로 값비싼 성분을 대체하는 것이 가장 유리한 활용법일 듯하다. 예를 들면, 비싼 고급 트러플(송로버섯) 오일 한두 방울을 포크에 떨어뜨리는 것이다. 그러면 단순히 음식 자체에 같은 양의 트러플 오일을 뿌렸을 때보다 훨씬 효과가 좋다. 사프란 향도 그런 식으로 사용할 수 있다(사프란은 금보다 비싸서 1그램 단위로 사용된다). 손님에게 음식을 내놓기 전에 나무 스푼이나 포크의 중간에 향이 나는 뭔가를 한두 방울 떨어뜨려보라. 분명 식사가 완전히 달라질 것이다!

이것들이 슬로푸드는 절대 아니다. 하지만 소비자에게 더 좋은 경험을 하게 하는 건 분명하다. 또는 아주 적은 가격으로 같은 향미를 느끼게 할 수 있다(최소한 트러플이나 사프란같이 비싼 재료들에 대해서는).

혹시 아는가, 아로마포크(또는 더욱 미학적인 즐거움을 줄 그 이후의 물품)가 몇 년 안에 우리의 식사를 혁신할지.*

이렇게 강화된 접근이 계속되려면 합리적인 가격에 수준 높은 향을 제공해야 한다. 아로마포크의 향을 (자연 향이 아니라) 합성 향으로 인지했다는 사실을 기억하자. 냄새를 맡은 사람이 그 냄새가 음식이나 음료가 아니라 식기나 컵 또는 포장지에서 난다는 것을 알게 되면 당연히 인공적인 향이라고 믿게 된다. 맞든 틀리든, 향이 들어간 초에서 가공식품에 이르기까지 합성 향을 두려워하는 사람들이 많다. 냄새가 인공적이거나 '화학적'이라는 것은 믿음 아니면 걱정의 문제다(당연히 모든 향은 화학적이다). 내가 보기에 코로 냄새를 맡기 전에 이미 알고 있던 정보가 해당 제품들을 실험할 때 점수를 깎는 요인이 되었다.

모더니스트 셰프들은 자신들이 사용하는 향이 자연에서 왔음을 대놓고 또는 은근히 강조한다. 시카고의 레스토랑 앨리니아에서 히아신스 위에 뜨거운 물을 붓거나 고故 호마로 칸투 Homaro Cantu가 운영하던 시카고의 모토 Moto에서 식기 손잡이에 신선한 허브를 감은 것이 그런 경우다. 우리는 이렇게 후각을 강화한 식음료의 포장, 잔, 식기가 열어가는 완전히 새로운 세계에 소비자가 어떤 반응을 보일지 지켜볼 것이다. 식음료 회사와 향기 제조사들은 틀림없이 셰프와 믹솔로지스트의 선례를 따를 것이다. 그리고 후각적으로 강화된 디자인 해법이 자연주의를 따르고 있음을 강조할 방법도 찾아낼 것이다.

---

* 이런 값비싼 성분에 대한 갈망이 다른 사람에게 부를 과시하려는 베블런 효과 때문이 아니라 정말 맛을 위해서라고 가정했을 때의 이야기다.

향이 강한 음식으로 다이어트하기

지금까지는 냄새로 식사 경험을 개선하는 방법에 초점을 맞췄다. 이를 통해 다중 감각적인 풍미를 경험하게 하거나 특정한 분위기와 기억 그리고 감정을 환기시켰다. 하지만 맛과 관련 있는 냄새를 활용하여 건강한 식습관을 촉진할 수는 없을까? 1930년대 이탈리아 미래파(맞다, 다시 등장했다)가 이런 제안을 했다. "이상적인 미래파의 식사에서 요리는 식사하는 사람의 코 아래를 지나가게 된다. 호기심을 자극하거나 차이를 느끼게 하기 위해서다. 그리고 이런 요리들은 먹는 것이 아니다."[3] 같은 내용이 에벌린 워 Evelyn Waugh의 1930년 소설 《타락한 사람들 Vile Bodies》에도 나온다. "그는 잠시 침대에 등을 대고 누워 음식의 냄새에 대해 생각했다. 튀긴 생선의 기름지고 불쾌한 느낌과 거기에서 나오는 진한 감동을 주는 냄새를. 빵집에서 나오는 매혹적인 향과 작은 롤빵의 담백함을……. 그는 저녁 식사를 계획했다. 매혹적인 향기가 나는 음식은 코에 대고 냄새를 맡은 뒤에 개에게 줘버린다……. 일몰에서 여명까지 이어지는 끝없는 만찬에서 누군가는 지치지도 않고 하나의 향을 다른 향으로 바꾸고 누군가는 오래된 브랜디의 향을 한껏 들이마신다……."[4]

냄새(후각)는 맛을 느끼는 데 중요한 역할을 한다. 아마 이런 생각을 할 것이다. 실제 칼로리를 소비하지 않으면서 맛있는 음식의 향을 그냥 즐기기만 하면 어떨까? 그래서 후각 파티를 생각하게 되었다. 하지만 가스트로피지스트를 소환하지 않더라도 절대 음식 냄새만 맡고 만족할 수는 없다고 단언할 수 있다.

한편 향기 자체를 상품으로 제공하는 회사도 늘고 있다. 커피 흡입기를 생각해보자. 당신은 어디에서든 커피 가게를 찾지 않고도 카페인을 충전할 수 있다. 초콜릿 향도 흡입할 수 있다. 요리 아티스트인 샘 봄파스 Sam Bompas와 해리 파 Harry Parr의 '알코올 건축'이라는 설치 미술이 이런 예다. 영국 출신의 젤리 제조업자인 두 사람은 실험적인 '클라우드 바'를 설치했다. 손님들은 진토닉 안개가 자욱한 공간에서 15분 남짓 시간을 보낸다. 이어 '베이퍼티니 Vaportini'(기화시킨 술을 폐로 흡입하는 기구-옮긴이)가 등장했다. 베이퍼티니는 음료에 부드러운 열을 가해 향을 기화시켜 향을 들이마신 사람의 경험을 강렬하게 만들어준다.

모든 것이 충분히 흥미롭기는 하지만 후각 파티가 인기를 얻을지는 잘 모르겠다. 뇌가 진짜로 뭔가를 먹지 않고도 만족할 수 있는지에 대해서는 의문이 많다. '이터닷컴 eater.com'의 설립자인 록하트 스틸 Lockhart Steele이 썼듯, "새로움은 음식의 세계 어딘가에 언제나 있는 것이다. 아무리 피하더라도 만날 수밖에 없다……. 어둠 속에서도 밥을 먹어봤고 대화 없이도 밥을 먹어봤다. 남은 것은 오직 먹지 않고 먹는 것뿐이다."[5] 5장 '토끼 스튜는 토끼 가죽 스푼으로'에서 보게 되겠지만 구강체성감각(예를 들면, 입에 닿는 것)과 미각(또는 맛) 자극은 우리 뇌를 만족(예를 들면, 배부른 느낌)으로 이끄는 핵심 요소다.

실제로 먹고 마실 때 음식 향을 강화하는 것(나는 '증강된 풍미'라고 부른다)은 괜찮은 생각이다. 최근의 실험에서 여성들은 향을 강화한 토마토 수프를 먹을 경우 더 빨리 배가 부르다는 느낌을 받았다. 요리의 후각 성분을 늘리는 것만으로 식사량이 거의 10퍼센트 감소했다.[6]

그러므로 우리 모두는 감각을 어떻게 효율적으로 자극하는지만 알면 더 빨리 만족에 이를 수 있을 것이다. 이런 발견은 (식음료의 포장을 통해, 또는 향기 나는 식기를 통해) 전비강으로 전해지는 향을 증강시키면 허리 치수가 줄고 즐거움은 커진다는 사실을 보여준다.

향기 마케팅의 빛과 그림자

힐튼 더블트리 Hilton Doubletree 호텔에 가본 적이 있는가? 만약 그랬다면 군침 넘어가게 달콤하고 향긋한 쿠키 냄새가 가득한 로비가 친숙할 것이다. 카운터 뒤에 서 있는 사람에게 미소를 지어 보이면 갓 구운 쿠키를 내어줄 것 같다. 이것 역시 좋은 음식 냄새를 (최소한 처음 방문한 손님은) 예상치 못했던 상황에 결합시킨 아이디어다. 감각 마케팅의 관점에서 대단히 좋은 생각이다. 고백하건대 나는 그 호텔의 단골로서 고칼로리의 달콤한 디저트 향에 노출된 나머지 평소에는 먹지 않던 쿠키를 사먹게 될까 걱정스럽다.

나의 할아버지는 영국 북부에서 작은 상점을 운영하면서 카운터 뒤에 질 좋은 커피 원두를 뿌려놓곤 하셨다. 손님이 가게에 오면 할아버지는 발로 커피 원두를 밟아 으깨셨다. 커피 향이 풍기면 손님은 진짜로 커피 원두를 사가곤 했다. 여기까지 읽은 독자라면 최근 식료품 가게들이 손님을 끌어들이기 위해 자신들이 파는 제품의 매혹적인 향을 가게에 풍기는 이유가 이해될 것이다. 그런데 이런 향기 마케팅이 정말 사지 않았을 제품에 대한 욕망을 불러일으킬까?

향과 맛 마케팅 속에 어렴풋이 보이는 상업화의 그림자를 직시해야 한다. 고의로 뿌려놓은 식품 향에 노출됐을 때 식욕이 증가하는 것은 사실이다. 하지만 특정 향과 직접 관련 있는 식품이나 음료만이 아니라 주요 영양 성분이 비슷한 다른 식품과 음료에 대한 식욕 역시 돋운다. 다시 말해 하나의 고칼로리 디저트에 노출되면 비슷한 향의 다른 식품에 대한 식욕도 증가한다는 뜻이다. 이제 눈치챘는가? 식료품 체인점은 쇼핑몰에 매장을 내는 경우 대표적인 식품의 냄새를 가장 쉽게 퍼뜨릴 수 있는 지점에 자리 잡는 경향이 있다. 여기에 가장 형편없는 환기팬을 사용하는 전략이 더해진다. 그래야만 손님들의 콧속에 음식 냄새가 더 많이 들어갈 테니까.[7]

지금부터 무서운 이야기를 하겠다. 기후 변화와 남획 그리고 각종 질병으로 식량이 고갈된다면 어떤 일이 벌어질까? 아티스트 미리엄 시먼 Miriam Simun과 미리엄 송스터 Miriam Songster는 오늘날 위험에 빠진 세 가지 식품, 그러니까 초콜릿과 대구 그리고 땅콩버터를 미래에는 어떻게 즐길 수 있을지 상상했다. 그리고 2013년 필라델피아에서 뉴욕까지 '유령 푸드 트럭 Ghost Food Truck'을 끌고 다녔다. 예사롭지 않은 푸드 트럭을 찾은 사람들은 음식 냄새를 맡을 수 있는 마스크를 지급받았다. 어떤 평론가는 이렇게 말했다. "병원에서 쓰는 호흡기처럼 생긴 마스크를 얼굴에 썼다. 코 옆에 합성 초콜릿·대구·땅콩버터 향에 적신 작은 통이 달려 있었다. (채소로 만든 단백질과 해조류로 구성된) 음식을 다 먹으면 안내인이 작은 통을 떼어간다. 다음 손님에게 제공하기 위해 씻으러 가는 것이다."[8] 이런 디스토피아적인 미래 풍경을 언젠가 맞아야 한다면 냄새는 맡을 수 있지만 먹을 수는 없다는 마리네티의 말(13장 '완벽한 식사의 조건' 참조)이야말로 우리 모두가 깨달은 것보다 훨씬 진실에 가까웠다는 사실을 알게 될 것이다. 요약하면 후각을 이해함으로써 우리는 음식을 더욱 잘 이해하게 되었다.

다음 장에서는 시각을 탐구할 것이다. 우리는 '미식 포르노' 현상에 대해 자세히 살펴볼 것이다. 또 한국에서 최근 출현한 '먹방'도 들여다볼 것이다. 그게 뭐냐고? 글쎄, 이해하려면 조금 시간이 필요한데…….

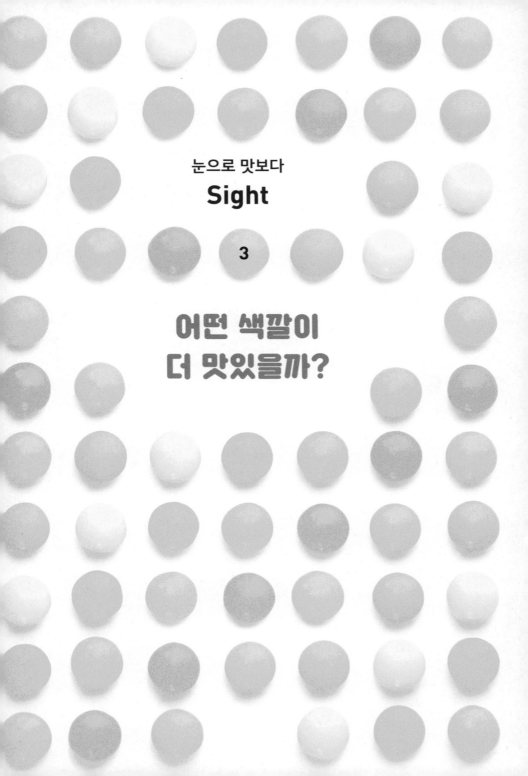

눈으로 맛보다
Sight

3

어떤 색깔이
더 맛있을까?

뇌는 몸 전체에서 가장 피에 목마른 기관이다. 전체 혈류량(또는 에너지)의 약 25퍼센트를 사용한다. 질량 기준으로 뇌는 몸 전체의 겨우 2퍼센트만 차지하는데도 말이다. 뇌가 먹을 것을 찾도록 진화했다고 하면 영양분이 부족해진(굶주린) 뇌가 먹음직스러운 음식 이미지를 보는 것만으로 대뇌 혈류량이 크게 증가한다는 사실이 그리 놀랍지도 않을 것이다. 여기에 맛있는 음식 냄새가 추가되면 혈류량은 더욱 늘어난다. 말 그대로 눈 깜짝할 사이에 뇌는 우리가 보고 있는 음식을 우리가 얼마나 원하는지, 그게 얼마나 영양에 도움이 될지를 판단한다. 미식 포르노를 이해하려면 이런 사실부터 알아야 한다.

물론 맛있는 음식을 생각하면 배가 꼬르륵 소리를 낸다. 푸드 포르노를 보면 침이 고인다. 곧 들어올 음식을 소화시키기 위해 위에서 소화액이 분비되는 것은 말할 필요도 없다. 맛있는 음식에 대한 글을 읽는 것도 비슷한 효과를 낸다. 맛있는 또는 몹시 먹음직스러운 음식(다시 말해 푸드 포르노) 이미지에 대한 뇌의 반응을 보자. 연구에 따르면 뇌 전반에서 광범위한 활동이 나타난다. 미각 영역과 보상 영역(뇌섬

엽과 덮개^{operculum} 그리고 안와전두피질)이 특히 그렇다. 이런 뉴런의 활동 증가는 서로 다른 뇌 영역의 연결성을 증가시킨다. 뉴런의 활동량은 음식 이미지를 보는 사람이 배가 고픈지, 다이어트 중인지(그러니까 제한된 식사를 하는 사람이라는 뜻이다), 비만인지 등에 따라 달라진다(예를 들어, 비만일 경우 배가 부를 때도 음식 이미지에 뇌가 꽤 많이 반응한다).

1세기 로마의 미식가이자 작가인 아피키우스^{Apicius}는 이런 아포리즘을 만들었다. "첫 맛은 눈으로 즐겨야 한다." 이제 요리의 외양은 맛이나 풍미 자체만큼 또는 그보다 더 중요하다. 우리는 광고, 소셜미디어, 텔레비전 요리 프로그램을 통해 어디에서나 음식 이미지를 접한다. 도망칠 곳은 없다. 안타깝게도 가장 맛있어 보이는 (또는 우리 뇌가 가장 끌리는) 음식은 대개 가장 건강에 좋은 음식이 아니다. 나중에 보겠지만 사실은 꽤나 반대다.

최근 들어 점점 늘어나는 매우 먹음직스러운 음식 이미지들 때문에 사람들은 건강에 해로운 식습관으로 이끌려가고 있다. 2015년 음식은 인터넷에서 사람들이 두 번째로 많이 검색한 카테고리였다(첫 번째는 포르노였다). 그러므로 마케터와 식품 회사 그리고 셰프의 책임만은 아니라는 말이다. 점점 많은 사람들이 음식 이미지를 열심히 찾는다. 일종의 '디지털 채집'이라고나 할까. 얼마 만에 음식이 인터넷 검색 순위에서 첫 번째 자리를 차지할지 궁금하다.

색깔을 맛볼 수 있을까?

맛은 시각의 영향을 크게 받는다. 향과 풍미를 지각하는 것도 비슷하다. 이 둘은 음식과 음료의 색조(그러니까 빨간색인지 노란색인지 녹색인지 등)와 채도에서 모두 영향을 받는다. 예를 들어, 와인의 색을 바꾸면 사람들의 기대감(그리고 맛 경험 역시) 역시 금세 바뀐다. 때로는 전문가들도 속곤 한다. 검붉은 색소를 섞은 화이트 와인을 잔에 받아들고는 레드 와인 냄새가 난다고 생각하는 식이다.

역사적으로 많은 과학자들이 색과 맛 사이에는 아무 관계도 없다고 자신 있게 주장해왔다. (그중 일부는 정말 뛰어난 사람들이다. 예를 들면, 심리학의 대부인 헤르만 루트비히 페르디난트 폰 헬름홀츠 Hermann Ludwig Ferdinand von Helmholtz 같이. 이렇게 긴 이름을 가진 사람을 헷갈릴 리가 없다!) 반면 요즘에는 사람들에게 '색을 맛보게' 하는 아티스트도 있다.[1] 내가 보기에는 양쪽 모두 현실을 정확하게 이해하지 못하고 있다. 색은 맛과 분명 아주 많이 연결돼 있다. 하지만 아무것도 없는 곳에서 그저 적당한 색을 보여주는 것만으로 맛을 만들어낼 수는 없다.

런던에서 활동하는 셰프인 조제프 유세프가 '키친 시어리 Kitchen Theory 의 공감각'이라는 식사 이벤트에 내놓는 전채요리를 보자. 이 요리는 나의 통합 감각 연구소의 최신 연구 결과를 바탕으로 개발되었다. 우리는 지난 일이 년 동안 각각의 색이 전 세계 사람들에게 어떤 맛을 느끼게 하는지 연구했다. 색은 우리가 가장 많이 이야기하는 네 가지 기본 맛과 자연스럽게 연결되었다. 그리고 이 연구의 결과가 유세프의 요리에 직접 이용됐다. 그의 레스토랑에 가면 무작위로 네 개의 스푼을 받게 된다. 각 스푼에는 동그랗게 뭉쳐진 색이 있는 음식이 담겨 있다. 이 음식은 각각 빨간색, 흰색, 녹색, 진갈색을 띠고 있다. 셰프는 사람들에게 짠 음식부터 먹으라고 한다. 이어서 쓴맛, 신맛, 단맛의 순서로 먹으라고 한다. 사람들은 스푼에 담긴 음식을 어떤 순서로 먹어야 하는지 조금 혼란스러워한다. 사람들은 스푼을 왼쪽에서 오른쪽으로 짠맛, 쓴맛, 신맛, 단맛의 순서로 늘어놓는다. 그러고는 대개 주변을 둘러보면서 스푼을 놓은 순서를 서로 비교해본다. 식당에서 또는 온라인에서 75퍼센트의 사람들이 셰프(와 가스트로피지스트)가 의도한 순서대로 스푼을 늘어놓았다. 이런 결과를 바탕으로, 나는 맛이 특정한 색과 분명히 연결돼 있다고 주장하는 것이다.

색을 이용하면 사람들이 이미 입안에 들어온 음식의 맛을 인지할 때 도움을 줄 수 있다. 예를 들어, 붉은색을 첨가해서 음식이나 음료를 더 달게 느껴지게 한다. 하지만 나는 아직까지 이런 시도를 본 적이 없다. 물을 와인으로 바꾸는 것은 너무나 머나먼 일이다. 최고의 가스트로피지스트에게도 말이다(기억할지 모르겠지만 앞 장에 소개되었던 더 라이트 컵의 발명가들이 이런 일을 해내겠다고 했다)! 그럼에도 식음료 회사는 제품이나 포장의 색만 제대로 바꿔도 인지되는 단맛의 강도를 10퍼센트까지 올릴 수 있다. 작아 보이지만 이런 것이 모이면 큰 힘을 발휘하는 법이다.

어떤 사람들은 색을 첨가하는 것이 설탕을 넣는 것과 같은지 궁금해한다. 분명 심리적 달콤함은 화학적 달콤함과는 다르겠지? 글쎄, 실험 결과를 보면 사람들은 적절한 색의 음료(분홍색)가 그렇지 않은 음료(예를 들어, 녹색)에 비해 더 달다고 평가한다. 녹색 음료에 설탕을

10퍼센트나 더 넣었을 때도 마찬가지였다. 다시 말해 어떤 경우에는 심리적으로 맛을 강화하는 것이 진짜로 맛을 강화한 것과 전혀 구분되지 않은 것이다. 칼로리 없이 단맛을 낸다니, 누가 이를 마다할까?[2]

음식과 음료의 색에 대한 반응은 늘 변해왔다. 예를 들어, 10~20년 전만 해도 마케터와 문화평론가들은 파란색 음식은 팔리지 않는다고 떠들었다.[3] 그런데 지금은 게토레이도 슬러시 퍼피 Slush Puppy도 런던 진컴퍼니 London Gin Company도 파란색 음료를 잘만 팔고 있다. 심지어 2016년 스페인 회사는 파란 와인도 출시했다.* 자연적으로 희소한 이색은 오로지 마케팅 전략으로 도입되어 상품 진열대에서 소비자의 시선을 사로잡았다. 문제는 종종 늦게 찾아온다. 사람들이 음료를 정말로 맛볼 때 말이다. 투명한 파란색을 보면 소비자는 특정한 맛을 떠올린다. 그리고 그 기대감이 실제와 일치하지 않으면 제조자는 곤란에 빠지게 된다.

사실 수많은 회사들이 여러 해에 걸쳐 해결책을 찾아왔다. 바뀐 것이라고는 제품이나 포장의 색뿐인데도, 회사의 소비자 패널과 포커스 그룹들은 자신들의 브랜드가 맛이 다르다고 말했다. 하지만 예를 들어, 구강청결제 회사들은 오렌지색 제품이 파란색 제품만큼 떫지 않다고 말했다. 실제 효과를 내는 성분의 화학식은 그대로인데도 말이

---

* 별로 좋은 아이디어가 아니라서 독자들이 이 글을 읽을 순간까지도 이런 일은 일어나지 않을 거라고 확신한다. 아마 나이 든 마케터들이 완전히 틀린 것은 아니었을 것이다. 이 와인은 밀레니엄 세대를 노렸을 것이다. 발랄한 색깔의 알코팝 alcopops(알코올이 함유된 청량음료-옮긴이)처럼 말이다. 하지만 사람들이 정말 파란 와인을 먹고 싶어 할까? 아이러니하게도 이탈리아 미래파는 손님들을 충격에 빠뜨리기 위해 파란 와인을 내오곤 했다. 그리고 이제는 그게 팔릴 거라고 믿는 사람들이 있다!

다. 뇌에서 다중 감각이 어떻게 결합되는지를 알지 못하면 이해되지 않을 것이다. 자, '감각 우세 sensory dominance'를 떠올려보자. 감각 우세란 뇌가 하나의 감각을 이용하여 다른 감각들이 느끼는 것을 추론하는 것이다.

색의 효과는 음식에 따라 다르다. 파란 고기와 생선은 혐오스러운 반응을 불러일으킨다. 내가 했던 '사악한' 실험을 하나 소개하겠다. 휘틀리라는 이름의 마케터가 친구들을 초대하여 스테이크와 튀김 그리고 콩을 대접했다. 처음에 손님들이 느꼈던 이상한 점은 불빛이 너무 어둡다는 것이었다. 이는 음식의 실제 색을 감추기 위한 것이었다. 식사 도중 불이 켜지자 휘틀리의 손님들은 자신들이 파란색 스테이크와 녹색 튀김 그리고 선홍색 콩을 입에 넣고 있었음을 깨달았다. 실험에 참가한 상당수의 사람들이 심한 메스꺼움을 느꼈고 일부는 화장실로 달려가기도 했다![4]

둥근 맛, 각진 맛

모양을 맛볼 수 있을까? 이것은 통찰력 있는 답이 필요한 또 다른 질문이다. 답은 '물론 아니다'다. 하지만 지난 수십 년간 나는 세계 곳곳의 음식과 과학 축제를 찾아다니면서 사람들에게 음식을 주고 맛을 보게 했다. 그러면서 맛이 '보우바'에 가까운지, 아니면 '키키'에 가까운지 물었다. 무슨 말인지 하나도 모르겠다고? 걱정하지 마시라. 그림 3-1의 양끝에 있는 모양을 그냥 쳐다보라. 그리고 스스로에게

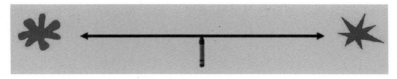

그림 3-1 맛이나 향, 풍미에도 모양이 있을까? 이 그림은 내 연구팀이 자주 사용하는 단순한 모양의 척도다. 크레용은 이 척도의 중간 지점을 나타낸다.

물어보자. '보우바'와 '키키'라는 이름을 어디에 붙일 것인가? 대부분의 사람들은 '키키'가 좀 더 각이 지고 '보우바'는 분명 좀 더 부드러울 거라고 말한다.

다음으로 다크 초콜릿이나 체다 치즈 또는 탄산수의 맛을 상상해보라. 각각의 맛이 불러올 감각적 특성을 그림 3-1의 직선 위에 표시해보라. 어쩌면 바보 같은 말로 들릴 것이다. 하지만 한번 해보라. 밀크 초콜릿, 잘 숙성한 브리 치즈 또는 그냥 생수의 맛에 대해서도 표시해보라. 어떻게 하든 당신 마음이다. 나의 가스트로피직스 연구에 따르면 아마 후자의 세 가지 음식은 왼쪽(보우바)에 표시되고, 전자의 세 가지 음식은 좀 더 오른쪽에 표시될 것이다.

이런 연구에서 매혹적인 점은 사람들의 답이 얼마나 일치하는가다(질문에 객관적인 정답은 없다고 했다). 대부분의 사람들은 탄산이 들어 있고 쓴맛, 짠맛, 신맛이 함께 나는 음식과 음료를 척도의 오른쪽에 표시한다. 반대로 달콤하거나 부드러운 느낌은 둥글둥글한 모양과 짝을 짓는다. 바꿔 말하면 우리는 특정한 맛이나 풍미, 심지어 질감을 어떤 모양과 연결하려고 하는 경향이 있다.

도대체 왜 사람들은 맛과 모양을 연결하는 걸까? 진화론적 설명에 따르면 각진 모양과 쓴맛 그리고 탄산은 위험이나 위협과 연결돼 있다고 한다. 각진 모양은 무기를, 쓴맛은 독을 의미하며, 신맛과 탄산은, 적어도 옛날에는 지나치게 익거나 썩은 음식을 알려주는 경고 신호였다. 반대로 단맛과 둥근 모양은 긍정적인 의미였다. 그러므로 사람들은 이런 신호를 한데 모으게 되었을 것이고, 그래서 똑같은 방식으로 느끼게 됐을 것이다. 비록 이전에는 이들을 함께 경험하지 않았더라도 말이다. 다른 설명도 있다. 우리가 (그보다는 우리 뇌가) 모양과 맛이라는 특성을 연결 짓게 하는 뭔가가 환경에 있었을 수도 있다. 나는 가끔 치즈의 산도가 치즈의 질감과 관련 있지 않은지 궁금하다. 단단한 치즈는 부드럽고 흐물흐물한 치즈에 비해 평균적으로 더 실까? 다크 초콜릿은 밀크 초콜릿에 비해 더 각진 모습으로 부러질까?

다음에 슈퍼마켓에 가면 맥주나 생수 선반을 보시길. 맥주와 탄산수 브랜드의 로고는 대부분 각져 있고 둥글지 않다. 물론 예외가 있긴 하지만 병과 캔 앞에 빨간 별이나 삼각형이 얼마나 많은지 놀라울 정도다. 산 펠레그리노 San Pellegrino 탄산수를 장식하는 붉은 별들이나 하이네켄 Heineken 의 인상적인 붉은 별이 그 예다. 식음료 산업이 어떻게 사람들의 잠재의식과 커뮤니케이션하는지 이해되는가? 마케팅적인 관점과는 별도로, 모양의 상징성을 아는 것이 얼마나 중요할까? 나는 음식 자체의 형태를 조작하면 맛이 어떨지 항상 궁금했다. 2013년 캐드버리 Cadbury 사는 대표 상품인 밀크 초콜릿 바의 모양을 바꾸기로 했다. 이에 따라 모서리를 둥글게 깎아내는 과정에서 초콜릿의 무게가 1~2그램 줄어들었다. 소비자들은 편지와 전화로 불평을 쏟아냈지만 이내 인정하고 말았다. 회사가 제조 공법을 바꿈으로써 그 초콜릿이 전에 비해 더 달고 부드러워졌다는 것이다. 하지만 (캐드버리 사의 미국 소유주인) 몬델레즈 인터내셔널 Mondelez International 사의 대변인은 이렇게 말했다. "지난해에 각진 모양에서 둥근 모양으로 형태를 바꿨지만 널리 사랑받는 캐드버리 밀크 초콜릿의 레시피는 바뀌지 않았다."[5] 이제 회사들이 (설탕 값이 비쌀 경우) 제품의 모양을 좀 더 둥글게 만들어서 설탕의 함량을 줄인다는 사실을 알게 되었다. 그러면 제품 자체는 몸에 조금 덜 나쁠 수도 있다. 그러면서 동시에 소비자의 마음속에서 맛이 변하지 않는 것도 가능하다. 회사들이 제품의 제조 방법을 효율적으로 바꾸는 것은 분명 무척 어려운 일이지만 완전히 불가능한 목표는 아니다.

초콜릿에 적용되는 진실은 다른 식품에도 적용된다. 비트 젤리나 초콜릿 과자를 둥근 모양으로 만들어보자. 사람들은 똑같은 젤리와 초콜릿이라도 각진 것보다는 둥근 것을 더 달콤하다고 평가할 것이다.

음식을 먹기 전에 각진 모양의 종잇조각을 골라내게 했더니 (둥근 모양을 골라내게 했을 때보다) 체다 치즈의 맛을 더 강하게 평가했다는 북미 지역의 연구도 있다.[6] 카페라테 위에 다양한 모양의 초콜릿을 뿌림으로써 맛에 대한 기대를 바꿀 수도 있다. 나는 오스트레일리아의 바리스타와 함께 별 모양이 뿌려진 카페라테가 둥근 모양이 뿌려진 카페라테보다 더 쓰게 느껴진다는 사실을 밝혀냈다.[7] 비록 그런 기대의 변화가 인지된 맛을 대체할지는 음료의 맛이 소비자가 예상한 맛과 얼마나 비슷한가에 달려 있지만 말이다.

맛이 예상했던 것과 비슷할 경우 모양은 사람들의 맛 평가에 영향을 미친다. 하지만 맛이 예상과 크게 다르다면 뇌는 모양에서 얻을 수 있는 정보를 그다지 중요하지 않다고 판단한다. 이것이 실험을 통해 내가 세운 가설이다. 그리고 모양이 맛을 바꾼 경우조차 그 결과가 호감도를 높일지 말지는 식품 자체의 맛과 먹는 사람에게 달려 있다. 사람들은 대개 단맛을 좋아한다. 하지만 스코틀랜드 호텔 레스토랑에서 나의 연구팀이 했던 실험에 따르면 사람들은 '더 달콤해' 보이는 접시에 담았을 때 호감도가 더 떨어지는 것으로 나타났다.[8]

접시의 색이 바뀌면 맛이 달라질까?

대부분의 사람들은 접시의 색이 바뀌면 음식 맛이 달라질 것 같냐는 물음에 고개를 흔들 것이다. 하지만 스페인의 알리샤 재단 Alicia Foundation과 함께 연구한 결과 똑같은 딸기 무스라도 검은 접시보다 흰 접시에 담아냈을 경우 10퍼센트 더 달고 15퍼센트 더 풍미가 좋으며 훨씬 더 마음에 든다는 평가를 받았다(그림 3-2). 그린란드의 과학자들이 실시한 후속 연구에서는 결과 접시의 색과 모양을 다양하게 바꾸자 더 놀라운 결과가 나타났다. 이상해 보일지 모르지만 둥근 접시가 각진 접시보다 더 '달콤했다!'

다른 연구에서 나는 자동판매기의 핫초코부터 카페라테까지 모든 것의 맛을 바꿀 수 있었다. 핫초코는 흰색 컵보다 오렌지색 컵에 담겼을 때 더 맛있고 더 초콜릿다운 향이 났다. 한편 카페라테는 투명한 유리잔보다 흰색 찻잔에 담겼을 때 달콤함은 덜했지만 강렬함은 더했다.

가스트로피직스 연구에 따르면 접시의 강렬한 시각적 대비는 알츠

그림 3-2 흰색과 검은색 접시에 얼린 딸기 디저트를 올렸다. 흥미롭게도 똑같은 음식이라도 검은 접시보다는 흰 접시 위에 담겼을 때 훨씬 맛있다는 평가를 받았다.

하이머병 환자들의 음식이나 음료 섭취량을 늘린다고 한다. 미국의 요양 시설에서 색 대비가 강한 접시와 컵으로 환자들의 식기를 바꾼 결과 음식 소비량은 25퍼센트, 음료 섭취량은 84퍼센트 늘었다! 다른 병원에서도 비슷하게 극적인 효과가 나타났다. 치매 환자를 포함하여 더 나이 들고 쇠약한 환자들의 음식 소비량이 평균 30퍼센트까지 치솟았던 것이다. 여기서 깊은 인상을 받은 병원은 표준적인 흰 접시를 모두 파란색 사기 접시로 바꿨다.

당신은 "잠깐만!"이라고 외칠지도 모르겠다. 무엇인가 이해되지 않는다고? 그럼 '파란 접시 정식blue plate special(큰 접시에 담은 싸구려 정식-옮긴이)'은 뭐지? 버니 크럼패커Bunny Crumpacker는 자신의 책《음식의 성생활The Sex Life of Food》에 이렇게 썼다. "파란 접시 정식이라는 용어는 대공

황 기간에 유명해졌다. 음식이 파란 그릇에 담겼을 경우 손님들이 양이 적어도 만족한다는 사실을 식당 주인들이 알아차렸기 때문이다."[9]

1920년대 식사량을 줄였던 파란 접시가 어떻게 오늘날에는 환자들의 식사량을 늘릴까? 우선 병원에서 제공하는 음식은 대부분 맛이나 색이 튀지 않는다. 그러니 흰 접시에서는 별로 두드러지지 않았을 것이다. 반대로 (두둥) 파란 접시에 담기면 환자는 자신이 무엇을 먹는지 알기 쉽다. 그런 이유로 나는 집에서 내 주력 메뉴인 태국식 그린 치킨 커리(녹색이 섞인 흰색이다)와 흰 쌀밥을 검은 접시에 내놓는다. 그러면 시각적 대비 효과가 한층 강렬해진다. 내가 읽은 어떤 논문에서는 스테이크를 흰 접시에 내놓는 것은 좋지만 죽은 절대 그래서는 안 된다고 설명한다. 하지만 안타깝게도 쾌활한 스펜스 여사(내 아내)는 생각이 다르다. 그녀는 검은 사각 접시가 조금 독신자스럽다고 생각한다. 그래서 사용하지 않는다. 가스트로피직스에 대해서도 그렇다고 생각한다!

가스트로피지스트가 아닌 사람에게도 병원 음식을 빨간 접시나 쟁반에 내놓는 것은 이상해 보인다. 물론 이런 접근을 정당화하는 것도 가능하다. 건강 전문가들이 영양에 특별한 주의가 필요한 환자를 더 쉽게 식별하게 하는 것이다. 하지만 나는 빨간 식기를 사용하는 것이 별로 좋지 않다고 생각한다. 왜냐고? 빨간색은 회피 동기를 이끌어내는 경향이 있다. 사람들은 똑같은 음식이라도 빨간 접시에 담겼을 경우 적게 먹는다. 그리고 그 영향은 작지 않다.

한 연구에 따르면 사람들은 (실험 상황에서) 빨간 접시보다 흰 접시에 놓은 프레첼을 두 배 더 많이 먹었다. 빨간 쟁반이 똑같은 회피 반응을 유발한 것이다. 그러므로 체중을 줄이고 싶은 사람에게는 빨간 접시와 쟁반을 추천하고 싶다. 하지만 병원에 입원한 사람들이 체중 감량을 원하지는 않을 것이다.

다시 말해 우리는 음식이 담긴 그릇의 맛을 보지는 못하지만 그릇의 색(크기는 말할 것도 없고)은 우리의 행동을 바꾼다. 아마 우리는 더(또는 덜) 먹게 될 것이다. 더구나 무엇을 제공받든 우리의 경험에도 영향을 미칠 것이다. 더 맛있거나 더 달거나 더 풍미가 강하게.

이는 식음료 산업에 온갖 문제를 일으킨다. 많은 회사들이 거기에 수반되는 비용을 알게 된 것이다. 그냥 캔의 색을 바꾸기만 해도, 그러니까 예를 들어 세븐업^{7Up}의 옆면에 노란색을 조금 더하기만 해도(1950년대에 그랬다) 또는 화이트 크리스마스 콜라 캔을 출시하기만 해도(2011년에 그랬다) 맛에 대한 소비자들의 생각을 바꿀 수 있었다. 물론 포장의 색을 바꾼다고 내용물의 맛에 영향을 미칠 수는 없다. 특히 이미 소비자들에게 익숙한 브랜드일 경우 그렇다. 증거에 따르면 정말 그렇다! 다만 이 현상은 (포장 색에 관한) 시각 우세의 사례다. 이것은 소비자가 실제로 캔의 내용물을 마시기 전에 얻을 수 있는, 제품에 관한 유일한 감각적 단서다.

그림 3-3의 접시를 보자. 이렇게 이상한 접시에 저녁을 담아주면 음식의 맛에 영향을 미칠까? 최근 부상하고 있는 가스트로피직스 연구에 따라 이런 접시가 크고 둥글고 하얀 접시(어떤 사람들은 이를 미국 접시라고 부른다)의 공고한 아성을 무너뜨리고 음식에 대한 사람들의 흥미를 고양시킨다는 사실에 놀랄 사람은 없을 것이다. 손님이든 셰프든, 음식뿐만 아니라 최신 가스트로피직스 연구와 접시 자체에도

그림 3-3 바르셀로나의 몬트바 앤드 티켓츠 Montbar and Tickets에서 사용되는 창의적인 식기. 이런 접시에 음식을 담아내면 맛에 대한 사람들의 생각을 바꿀 수 있다. 예를 들어, 아이스크림의 경우 각지고 검은 돌 접시에 내놓을 때보다 이런 접시에 내놓을 때 좀 더 달콤한 맛이 난다.

좀 더 관심을 가지면 분명 도움이 될 것이다.

지금까지는 세계 최고의 레스토랑들만이 코스 요리를 전용 식기에 담아왔다. 하지만 이제는 체인 레스토랑에도 이런 관습이 서서히 퍼지고 있고 모험심 강한 가정의 요리사들에게도 영향을 미치고 있다. 요리의 맛보다 모양(또는 '사진발')이 더 중요하다는 결론을 내도 좋을까? 캐나다 출신 셰프인 캐럴린 플린 Carolyn Flynn, 일명 자크 라 메르드 Jacques La Merde는 미식 포르노를 향한 이런 추세를 패러디했다. 팔로워 수가 10만 명이 넘는 라 메르드의 인스타그램 페이지는 편의점이나 패스트푸드 음식점에서 고른 식품 사진을 보여준다. 여기에는 부순 오레오 Oreo나 도리토스 Doritos 같은 것이 포함된다. 그런데 이것을 미슐랭 별을 받은 최고급 레스토랑에서 나온 것처럼 플레이팅한다.[10]

물론 모양과 맛 모두를 잡는 것이 이상적이다. 모든 사람은 예쁠 뿐만 아니라 맛도 좋은 음식을 원한다. 당연하지 않은가? 이 지점에서 가스트로피지스트들은 몇 가지 중요한 시도를 한다. 하나는 플레이팅이 사람들의 인지에 미치는 영향(그리고 그 음식에 얼마를 지불할지)을 알아볼 대략적인 실험을 설계하는 것이다. 다른 한편 가스트로피지스트들은 플레이팅의 미학에 대한 이론적 통찰을 제공할 수도 있다. (여기서 플레이팅의 미학이란 사람들이 무엇을 좋아하는지 알아내기 위해 셰프들의 작업을 분석하는 것만을 의미하지는 않는다. 뇌과학을 바탕으로 손님들이 좋아할 것을 예상하거나 추천하는 것도 포함된다.) 이런 통찰들을 모두 활용하면 셰프는 정말 맛있는 음식을 정말 아름다운 플레이팅으로 보여줄 수 있게 된다. 이를 위해서는 셰프가 요리 기술에 최신 가스트로피직스적 통찰을 결합시켜야 한다.

잠깐! 인스타그램에 사진 올려야 해

오랫동안 사람들은 축제나 축하를 위해 예쁜 음식을 준비해왔다 (물론 예술가들도 오랫동안 그 음식들을 정물화에 담아왔다). 하지만 축제 음식이 아닌, 과거의 식사는 외양 따위에는 크게 신경 쓰지 않은 상태로 제공돼 왔다. 그래서 음식이 맛있는지, 심지어 음식이 영양을 제공해주는지만이 중요했다. 이제는 유명한 프랑스 셰프도 그렇게 생각하고 있다. 라틀리에 드 조엘 로뷔숑 L'Atelier de Joel Robuchon의 이그제큐티브 셰프(총주방장)인 세바스티앵 레피노이 Sebastian Lepinoy는 이렇게 말한다. "프랑스 요리라고 할 때 사람들이 기대하는 화려한 모양은 실제로는 존재하지 않는다. 당신이 식당에서 코코뱅coq au vin(와인 소스로 삶은 닭고기 스튜-옮긴이)을 주문한다면 아마 가정식처럼 제공될 것이다. 늘 그랬듯이. 이 요리의 겉모습은 아주 단순하다."[11]

하지만 1960년대 프랑스 요리 학교에서 동서양이 만나면서 모든 게 변했다. 이 만남을 통해 요리의 정신이 누벨퀴진^{nouvelle cuisine}(새로운 요리법이라는 뜻으로 밀가루와 지방을 쓰지 않는 프랑스 요리법-옮긴이)으로 이어졌고 이와 함께 미식 포르노가 등장했다. 미식 포르노라는 말은 1977년 어느 리뷰에서 유래했다. 이 리뷰는 폴 보퀴즈^{Paul Bocuse}의 《프랑스 요리 ^{French Cookery}》라는 책을 "비싼(20달러) 미식 포르노 연습"이라고 묘사했다.[12] 이 말이 회자되다 이제는 콜린스 영어 사전에 등재됐다. 뜻은 이렇다. "음식을 대단히 감각적으로 표현하는 것." 어떤 사람들은 '푸드 포르노'라는 말을 선호하기도 한다. 하지만 착각하지 마라. 어차피 같은 말이니까.

이제 점점 더 많은 셰프들이 자신들의 음식 사진에 신경을 쓴다(심지어 강박을 갖기도 한다). 그들의 다음 요리책을 장식할, 화려한 컬러에 페이지 전체를 가득 채운 사진만 이야기하는 게 아니다. 한 레스토랑 컨설턴트는 이렇게 적었다. "요즘 어떤 레스토랑은 인스타그램에 맞춰 음식을 준비한다는 확신이 든다."[13] 시각적으로 정말 아름답게 플레이팅하는 셰프, 벽돌이나 모종삽이나 종이 모양 등으로 특이하게 플레이팅하는 셰프는 요리에 시선을 집중시킬 수 있다. 그리고 이를 통해 디지털 공간에서의 존재감도 늘릴 수 있다.

점점 많은 손님들이 음식 사진을 SNS에 올린다. 어떤 셰프들은 이런 현실에 대응하기 위해 고심한다. 가장 흔한 대응책은 손님들이 음식 사진을 찍을 기회를 제한하는 것이다. 이를 위해 자신들의 공간에서는 아예 사진 촬영을 금지한다. 하지만 이 방법은 실패할 것이 뻔하다. 변화의 흐름을 거스를 수는 없는 법이니까. SNS를 통해 자신이 깨어 있는 모든 순간을 사람들과 나누고 싶어 하는 밀레니얼 세대들이

그림 3-4 푸도그래피는 최상의 사진을 찍기 위해 고안됐다. 휘어진 접시와 스마트폰 거치대 덕분에 뛰어난 사진을 찍는 일이 쉬워졌다.

점점 늘고 있다. 어떻게 해야 그들이 음식에 만족할지를 이해하고 따라잡는 것이 최선이다. 이제는 대부분의 셰프들이 트렌드를 받아들여 그것이 모두 '경험'의 일부임을 인정하는 듯하다. 런던의 미슐랭 3스타 레스토랑인 도체스터 호텔^{Dorchester Hotel}의 알랭 뒤카스^{Alain Ducasse}는 이렇게 말했다. "맛있는 음식은 눈을 위한 성찬이다. 우리 레스토랑을 찾은 손님들은 이런 즉흥적인 감정을 SNS로 나누고 싶어 한다."[14]

기술이 가져온 위기가 최고급 요리를 엄습하고 있는 지금 보다 건설적인 접근법을 생각해보는 게 좋겠다. 최첨단 레스토랑들은 이제 특별한 모양의 접시를 내놓기 시작했다. 손님의 사진에 담길 음식에 최상의 배경을 제공하기 위해서다. 이스라엘 텔아비브의 레스토랑인 캣잇 Catit의 푸도그래피Foodography(음식 food과 사진 photography의 합성어-옮긴이)처럼 어떤 레스토랑은 테이블에 카메라 거치대를 두기도 하고 360도 돌아가는 접시에 음식을 제공하기도 한다. 그래야 손님들이 최고의 사진을 찍을 수 있기 때문이다(그림 3-4).

돌아가는 접시라니, 조금 과하다는 생각도 들 것이다. 하지만 다들 레스토랑에서 웨이터가 가져다놓은 접시를 한두 번쯤 돌려본 경험이 있지 않나? 무의식적으로 말이다. 오른쪽 그림 3-5의 접시들을 보자. 어느 쪽이 좋아 보이는가? 왼쪽? 오른쪽? 두 사진에서 다른 것은 방향뿐이다! 우리가 최근 온라인에서 실시한 연구 결과를 보면 접시를 보여주는 방향에 따라 사람들의 선호도가 극적으로 변했다. 사람들은 정확히 똑같은 음식일지라도 특정한 방향으로 놓였을 때 더 많은 돈을 지불할 의사를 보였다. 이제 이 사실을 알았으니, 음식을 내놓을 때마다 접시를 최적의 방향으로 두고 싶을 것이다. 이런 단순한 행위가 음식의 인지적 가치와 그에 따르는 기쁨을 배가시킨다면 굳이 하지 않는 것이 이상한 일이다.

음식의 사진을 점점 더 많이 찍는 추세에 따라 식사의 시각적 호소력 자체가 목적이 되어버렸다고 생각하는 사람도 있다. 확실히 각종 언론 매체에는 어떻게 하면 음식 사진을 더 매력적으로 보이게 하는지를 알려주는 내용이 가득하다. 최근 어떤 신문은 '보기 싫은 음식 사진을 인스타그램의 푸드 포르노로 만들어주는 12가지 방법'이라는 기사를 내기도 했다.[15] 연구자들과 식품 회사는 어떤 기술을 쓰면 음식의 시각적 매력을 증가시킬 수 있는지 연구했다. 예를 들면 이런 식이다. 음식을 보여준다. 특히 단백질을 움직이는 상태로(움직임을 암시

그림 3-5 브라질 출신의 셰프 알베르트 란드그라프의 시그니처 메뉴가 담긴 접시를 방향만 바꿔보았다. 수천 명의 사람들이 이 접시를 이리저리 돌려 최적의 방향을 찾았다. 대부분의 사람들은 왼쪽에 보이는 접시를 선호했다. 이상적으로는 양파의 끝부분이 12시 방향을 기준으로 시계 방향으로 3.4도 지점에 있어야 한다. 란드그라프는 직관적으로 끝부분을 12시 방향에 맞췄다.

하기만 해도 된다) 보여준다. 그러면 사람들의 관심도 끌고 신선한 느낌도 줄 수 있다. 가스트로피지스트들은 이게 얼마나 중요한지 안다. 아름답게 플레이팅된 요리는 접시에 아무렇게나 놓인 요리보다 맛이 좋을 때가 많다. 다만 여기에는 한 가지 걱정이 따른다. 시각적인 면을 강조하다 보면 시각적 요소에 들이는 비용이 요리의 진짜 풍미를 최적화하는 비용과 맞먹게 될 것이라는 걱정 말이다.[16]

왜 움직이는 노른자만 보면 침이 흐를까?

단백질(예를 들어, 줄줄 새어나오는 달걀노른자)이 움직이는 모습을 보면 무엇이 떠오르는가? 답은 '노른자 포르노'다. 농담이 아니다! 이것은 중독성 강한, 음식 사진계의 새로운 트렌드다(그림 3-6). 실제로 나

그림 3-6 **그저 달걀노른자에 담근 토스트** 조각으로 보이는가? 아니면 좀 더 치명적인 뭔가로 보이는가?

는 최근 런던 지하철역에서 그런 사례와 마주쳤다. 에스컬레이터를 타고 올라가는데, 벽의 스크린에서 동영상 광고가 나왔다. 김이 나는 라자냐 한 스푼을 천천히 떠서 뜨겁게 녹은 치즈에 푹 담그는 장면이 었다. 이렇게 '움직이는 단백질' 이미지들은 시선을 확 잡아끈다. 우리 눈은(아니, 우리 뇌는) 이들을 거부할 수 없다. 음식(더욱 구체적으로 말하면 에너지가 가득한 음식)의 이미지는 시각적인 주의를 사로잡는다. 움직이는 이미지도 그렇다. 그러므로 '움직이는 단백질'은 우리 뇌가 시각 정보만으로 찾고 추적하며 축적하도록 진화한 바로 그 에너지 충만한 식품 자극이다.

　지난 수십 년간 영국 소매점 막스앤스펜서 Marks & Spencer 는 고도로 양식화된 멋진 시각적 이미지의 푸드 포르노를 광고로 활용하여 명성을 얻었다. 그들의 광고를 자세히 보면 움직이는 단백질이 많이 나온다(암시된 것이든 현실의 것이든). 그중 2005년 광고가 가장 유명하다. 가운데가 과장되게 녹은 초콜릿 푸딩과 함께 관능적인 목소리가 상징적인(나중엔 널리 패러디된) 문구를 들려준다. "그냥 초콜릿 푸딩이 아닙니다. 이것은 막스앤스펜서의 초콜릿 푸딩입니다." 그런데 이 광고가 판매에 얼마나 영향을 미쳤는지 아는가? 판매량이 무려 3500퍼센트나 치솟았다!

막스앤스펜서의 2014년 (쫀득쫀득한 오리지널 푸딩에 바치는) 광고에서 특히 주목할 점은 모든 음식이 움직인다는 사실이다. 사실 가장 널리 언급되는 이미지 중 하나는 스코틀랜드 달걀을 반으로 가른 것으로, 노른자가 천천히 흘러나오는 모습을 보여준다. 한 식품 회사 임원에 따르면, 이 광고는 "질감이나 움직임 같은, 음식의 감각적이고 의외적인 측면을 현대적이고 세련되며 정교한 형식"으로 보여준다. 막스앤스펜서만 이런 접근법을 채택한 것도 아니다. 2012~4년 미국의 슈퍼볼 기간, 가장 비싼 광고 시간대에 나온 음식 광고의 3분의 2가 움직이는 음식을 보여주었다. 움직이는 음식 이미지에 대해 우리가 느끼는 매력은 최근 녹고 있는 초콜릿 디저트 비디오가 인터넷을 휩쓸며 폭발적으로 퍼져나간 현상을 설명해준다. 많은 기자들이 이 현상을 '최면'이라고 묘사했다.

음식을 움직이는 모습으로(진짜로든 암시로든) 보여주는 또 다른 이유는 더욱 강한 욕구를 불러일으키기 때문이다. 움직이는 음식은 더 신선한 것으로 지각된다. 예를 들어, 코넬 대학교 식품심리학자이자 마케팅 연구자인 브라이언 웬싱크 [Brian Wansink] 연구팀의 연구에 따르면, 사람들은 이미 오렌지 주스가 가득한 유리잔의 사진보다는 유리잔에 오렌지 주스를 붓는 사진을 더 높게 평가하는 경향이 있다. 둘다 한 장면을 포착한 정지 사진이지만 하나는 움직임을 '암시한다'. 암시는 제품의 호소력을 높이기에 충분하다. (집에서 음식을 만드는 사람들을 위한 전략도 있다. 그저 과일이나 채소의 잎이나 줄기를 남겨두는 것이다. 신선함을 암시하기 위해서.)

먹방: 우리는 왜 '푸드 포르노'에 열광할까?

이제 푸드 포르노와 관련하여 내가 접한 가장 이상하고 핫한 트렌드를 소개하겠다.[17] 점점 더 많은 한국 사람들이 휴대전화와 노트북으로 다른 사람들이 음식을 먹는 모습을 지켜보고 있다. 2011년부터 시작된 이 관음 행위에 매일 수백만 명이 동참한다. 흥미롭게도 이 '포르노' 스타들은 스스로를 'BJ'라고 부른다. 그들은 정상급 셰프나 유명 인사 또는 레스토랑 경영자가 아니라 보통의 (하지만 대개 화면발을 잘 받는) '온라인 식객'이다(그림 3-7). 이것은 또 다른 움직이는 음식의 사례일 수도 있다. 더구나 이는 서양의 수많은 역동적인 음식 광고들보다 훨씬 시각적이다. 서양 광고에서는 음식이 움직이는 것만 볼 수 있다. 막스앤스펜서의 사례를 생각해보면 된다. 그럼에도 나는 이해가 됐다. 이유야 무엇이든 혼자 밥을 먹는 사람들은 일종의 가상 친구를 얻기 위해 식사 시간에 먹방을 많이 보는 것이라고(7장 '오리지

그림 3-7 먹방. 일종의 '푸드 포르노'다. 음식을 먹는 모습을 생중계하는 방송으로 2011년 한국에서 시작됐다. 지금은 수백만 명이 시청한다.

널 소셜 네트워크' 참조).

BJ의 방송을 보면서 식사를 하는 사람들이 평소 혼자 먹을 때(그러니까 가상의 식사 손님 없이)보다 더 많이 먹는지 알아보면 흥미로울 것이다. 만약 그렇다면 당장의 음식 섭취량이 증가할 뿐만 아니라 다시 배가 고파질 때까지 걸리는 시간 역시 단축되어야 한다.

먹방을 보면서 시청자들은 스크린의 BJ와 함께 밥을 먹고 있다고 상상할 수 있다. 하지만 연구 결과 시청자의 뇌가 먹는 행위를 쉽게 따라 할 수 있을 때 음식 이미지가 가장 강력한 시각적 호소력을 지니는 것으로 드러났다. 예를 들어, 사람들은 3인칭 시점보다 1인칭 시점으로 보는 경우 음식을 훨씬 높이 평가했다(대개 먹방은 1인칭 시점으로 방송한다).

영리한 마케터라면 우리 뇌가 먹는 행위를 더욱 쉽게 시뮬레이션할 수 있는 경우 해당 제품이 더욱 높은 평가를 받으리라는 사실을 알아차렸을 것이다. 예를 들어, 수프 봉지를 생각해보자. 포장 앞면에는 수프 한 그릇이 등장하고. 그릇 오른쪽에는 스푼이 함께 나와 있다. 이 경우 그릇 왼쪽에 스푼이 있는 그림에 비해 구매 의사가 15퍼센트 정도 증가한다. 왜 그럴까? 글쎄, 대부분의 사람들이 오른손잡이라서 오른손에 스푼을 들고 있는 모습을 흔히 보기 때문은 아닐까? 포장의 오른쪽에 스푼을 넣는 것만으로도 우리 뇌는 좀 더 쉽게 먹는 행위를 상상할 수 있다. 이제 세상의 왼손잡이들은 말할 것이다. "우리는?" 아마 휴대전화 속의 음식 광고가 왼손잡이의 관점으로 등장할 날도 머지않았을 것이다. 이런 아이디어는 광고의 호소력을 극대화할 것이다(기술이 우리가 왼손잡이인지 오른손잡이인지를 암묵적으로 파악할 수 있다는 가정 하에 하는 말이다).

알고 보면 위험천만한

푸드 포르노 때문에 뭔가 걱정해야 할 일이 있을까? 아니면 그저 찻잔 속의 태풍으로 여기면 그만일까?(또는 그저 트위터의 트윗 거리일 뿐일까?) 왜 맛있는 미식 포르노의 이미지에 탐닉하면 안 되는 걸까? 해로울 것도 없지 않나? 음식 이미지는 아무런 칼로리도 지니지 않는데? 음, 그런데 가스트로피지스트들은 여러 문제점을 밝혀냈다. 나는 이런 문제점을 무시하면 안 된다고 생각한다.

첫째, 푸드 포르노는 배고픔을 증대시킨다. 먹음직스러워 보이는 음식 이미지를 보면 식욕이 생긴다. 어떤 연구에 따르면 팬케이크, 와플, 햄버거, 달걀 등을 보여주는 단 7분짜리 레스토랑 리뷰가 배고픔 지수를 높였다고 한다. 한동안 굶은 사람만이 아니라 방금 식사를 마친 사람도.[18] 이탈리아 연구자들은 이렇게 적었다. "단지 배가 고파서만 먹는 것이 아니라 음식을 보기만 해도 먹게 된다. 식욕을 돋우는 음식을 보는 것만으로도 음식에 대한 탐닉과 먹는 행위를 일으킬 수 있다."[19]

둘째, 푸드 포르노는 건강에 좋지 않은 음식을 퍼뜨린다. 텔레비전에 나오는 나이젤라 로손Nigella Lawson의 맛있어 보이는 케이크 가운데 어떤 것은 7000칼로리가 넘는다. 사실 최고 셰프들이 텔레비전에서 소개하는 다수의 레시피는 믿을 수 없을 만큼 칼로리가 높거나 건강에 좋지 않다(셰프가 언론에 내놓는 건강한 식습관에 대한 선언에도 불구하고 말이다). 사실 텔레비전에 나오는 셰프들의 레시피를 체계적으로 분석해보면 세계보건기구WHO의 권고안에 비해 지방, 특히 포화지방의 함량이 아주 높고 나트륨 함량도 높다는 것을 알 수 있다.[20] 이는 자신들의 우상을 따라 음식을 만드는 텔레비전 시청자들만의 문제가 아니다. (놀랍게도 요리 프로그램에 나온 음식을 만들어보는 사람은 별로 없다. 음식에 관심이 많은 2000명을 대상으로 조사한 결과 요리 프로그램에 소개된 음식 가운데 하나라도 만들어본 사람은 절반도 되지 않았다.) 오히려 문제는 텔레비전에 나오는 음식의 양이 가정이나 식당에서 먹어야 할 기준이 된다는 점이다.

셋째, 푸드 포르노를 볼수록 체질량지수BMI가 높아진다. 둘의 연관관계는 인과관계가 아니라 상관관계에 불과하지만 어쨌든 음식 프로그램을 많이 시청한 사람일수록 체질량지수가 높다는 사실은 놀랍다. 이런 사람들은 음식 프로그램만이 아니라 텔레비전 자체를 많이 시청할 것이다. 실제로 '카우치 포테이토couch potato(안락한 의자에 앉아 감자칩을 먹는다는 뜻으로, 움직이지 않고 텔레비전 앞에만 앉아 있는 사람을 의미—옮긴이)'라는 말은 '푸드 포르노'라는 말보다는 오래 회자돼왔다. 가스트로피직스의 관점에서 핵심 질문은 이것이다. 음식이 나오는 프로그램을 시청한 사람이 음식이 나오지 않는 프로그램을 시청한 사람보다 체질량지수가 높을까. 음식 광고가 소비에 영향을 미치는 것을 보면 음식 프로그램도 확실히 영향을 미칠 것으로 보인다. 특히 어린아이들에게는 더욱 그렇다.

넷째, 푸드 포르노는 정신을 황폐화시킨다. 제품 포장이나 요리책 또는 나날이 늘어가는 음식 프로그램이나 SNS(인스타그램의 '플레이팅의 예술' 등)에서 음식 이미지를 볼 때마다 뇌는 정신적 시뮬레이션을 작동시킬 수밖에 없다. 뇌가 그 음식을 먹으면 어떨지를 시뮬레이션한다는 말이다. 어떤 경우 뇌는 음식 이미지와 실제 식사를 거의 구분하지 못한다. 그러므로 우리는 이런 가상의 유혹에 저항하기 위해 정신적 자원을 소비해야만 한다(아마 멍청한 소리처럼 들릴지도 모르겠다). 우리가 실제 음식을 선택할 상황에 직면하면 어떤 일이 일어날까? 텔레비전 요리 프로그램(예를 들면, 〈푸드 네트워크〉 같은 것)을 보고 나서 기차역에 도착했다고 상상해보자. 공기 중에 떠도는 커피 냄새가 코를 유혹해 커피를 한잔 사게 한다. 계산대에서 당신은 달콤한 과자가 놓인 판매대와 과일이 놓인 판매대를 본다. 초콜릿을 집을 것인가, 아니면 건강에 좋은 바나나를 집을 것인가? 실험에 따르면, 먹음직스러운 음식 이미지를 본 사람들은 좀 더 나쁜(즉 좀 더 충동적으로) 음식을 선택하는 경향이 있었다. 먹음직스러운 음식 이미지를 접하면(이런 이미지는 지금도 증가 중이다) 결국 뇌에 장착된 정신적 시뮬레이션이 비자발적으로 작동된다. 우리가 지금 텔레비전이나 스마트폰으로 보고 있는 음식을 먹고 싶다고 상상하는 것만으로도 말이다. 우리(또는 우리 뇌)는 먹고 싶은 유혹과 싸워야 한다.

최근 기차역에 있는 세 개의 가게에서 실험해본 결과 과자보다 과일을 계산대 근처에 두는 것만으로도 사람들은 더 건강한 음식을 선택했다. 보통은 과자를 선택해야 하지만 말이다. 실제로 과일이나 뮤즐리바를 사기 쉽게 했기 때문에 가능한 일이었다. 하지만 안타까운 결과도 있다. 사람들이 감자칩, 쿠키, 초콜릿 같은 간식'도' 계속 구입한 것이다. 다시 말해 사람들이 먹는 양을 줄이기 위한 방해 전략이 결과적으로는 더 많은 칼로리를 섭취하게 했던 것이다(가게에서 구입한 것을 모두 먹었다는 가정에서다)![21]

잃을 것이 없지 않은가?

다행히 여기 좋은 소식이 있다. 여러 연구팀이 시각을 활용하여 더욱 건강한 식사를 만들 방법을 연구하고 있다. 플레이팅을 이용하면 누구나 음식을 더욱 매력적으로 보이게 만들 수 있다는 말이다. 이곳 옥스퍼드에서 진행된 연구를 예로 들어보자. 우리는 대학 식당에서 160명에게 샐러드를 제공했다. 똑같은 샐러드를 평범하게 담거나 칸

그림 3-8 **같은 음식, 다른 플레이팅.** 손님들은 예술적으로 배치된 왼쪽 샐러드에 오른쪽 샐러드보다 두 배 이상의 돈을 지불할 의사가 있다고 밝혔다. 눈이 즐겁게 요리를 바꾸는 것만으로도 엄청난 변화가 가능하다는 사실을 알고 나면, 너도나도 가스트로피지스트에게 조언을 얻어 시각적으로 매력적인 요리를 내놓고 싶어 할 것이다. 시도조차 않는 편이 이상할 정도다. 잃을 것이 없지 않은가?

딘스키의 그림처럼 담아 제공했던 것이다. 사람들은 똑같은 음식인데도 시각적으로 매력을 느낀 경우 두 배 이상의 돈을 지불할 의사가 있다고 답했다(그림 3-8). 물론 칸딘스키 샐러드는 집에서 만들기에는 사람의 기를 죽이는 것 같다(30가지 이상의 재료가 들어갔다). 하지만 전형적인 영국 가정식인 스테이크와 감자칩 그리고 가든 샐러드(세 가지 재료가 들어갔다)도 약간만 모양에 주의를 기울이면 훨씬 먹음직스럽게 만들 수 있다.[22]

시각 효과를 활용하면 식욕도 억제할 수도 있다. 우선 작은 접시에 음식을 덜어 먹는 것이다(실제보다 음식이 많아 보인다). 반면 가장자리가 넓은 접시에 음식을 내놓는 것은 피해야 한다. 시리얼 포장지의 그릇 사진을 보는 것만으로도 우리는 얼마나 먹어야 적정한지에 대한 판단에 영향을 받는다(그 사진이 적정량을 판단하는 기준이 된다). 가장자리가 있는 그릇이 가장자리가 없는 그릇에 비해 시리얼의 양을 적어 보이게 한다. 최근 내 연구팀의 연구 결과 가장자리가 없는 그릇에 시리얼을 담아준 경우와 가장자리가 넓은 그릇에 담아준 경우 차이가 정말 컸다. 옥스퍼드 대학과 케임브리지 대학의 연구팀에 따르면 접시나 그릇의 크기를 줄일 경우 칼로리 섭취를 약 10퍼센트(160칼로리) 줄일 수 있었다.[23]

상상으로 음식을 먹어본 적 있나요?

엠앤엠M&M 초콜릿을 잔뜩 먹는다고 상상해보자. 그러고 나서 이 초콜릿을 실제로 받는다면 어떨까? 연구 결과 초콜릿을 먹는 양이 현저히 줄어들었다. 상상으로 음식을 먹으니 실제 섭취량이 줄어든 것이다.[24] 다이어트 중인 사람은 어디에 적어두어도 좋다! 단순히 먹는 행위를 반복적으로 상상하는 것만으로도 우리는 더 적게 먹게 된다. 하지만 이는 음식의 종류에 따라 효과가 다르다. 아쉽게도 다른 종류의 음식, 예를 들면 치즈를 상상하는 것은 초콜릿을 먹고 싶은 욕구를 억제해주지 못한다.

비슷하게 앞서 먹은 식사를 떠올림으로써 간식을 먹고 싶다는 욕구를 억제할 수도 있다. 이론적으로는 음식을 보는 것만으로 음식을 먹는 것을 상상할 수 있으므로, 당연히 음식 섭취를 줄일 수 있을 듯하다. 다만 실제로는 그렇지 않다. 제정신인 사람이라면 같은 음식을 먹는 것을 60번이나 상상하진 않을 테니까(다른 연구에서는 30번이었다). 대신 사람들을 맛있어 보이는 음식 이미지(여기에는 지금 보는 음식을 먹는 상상을 반복하라는 지시가 없었다)에 노출시키면(계속 노출시키지는 않았다) 이후 어떤 음식이든 더 많이 먹었다. 포르노가 성적 행동을 줄여주는 것처럼 때로 푸드 포르노도 현실의 탐닉을 조절해주어 음식 섭취를 줄이는 것은 아닐까.

그렇다고 음식 사진을 금지해야 할까?

체중을 줄이고 싶은 사람이라면 음식을 최대한 보기 싫게 만드는 것이 비법일지 모른다.* 그 극단에는 음식을 최대한 먹음직스럽게 만드는 것을 목표로 하는 3차원 가상현실 음식 블로그(예를 들어, 미오 스튜디오 Myo Studios의 마테우스 드파울라–산토스 Matheus DePaula-Santos가 운영하는 퍼셉션 픽스 Perception Fixe)가 있다. 한 저널리스트는 이렇게 썼다. "미오 스튜디오는 가상현실을 통해 향상된 시각적 경험을 제공하면 마케팅적 관점에서 식품 블로그의 가치가 크게 높아질 것이라는 인식을 갖고 있다. 블로그 이용자들은 '어디에서든 스테이크를 마주하고 앉을 수 있다. 석 달 전에 예약을 하지 않더라도 말이다.' 드파울라–산토스가 말했다. '나는 음식의 사진만 찍는 것이 아니라 음식을 움직이고도 싶다. 지글지글 소리를 내는 스테이크는 더 많은 감각을 자극하기 위

---

* 이에 대한 영감이 필요한 사람에게 '누군가 이것을 먹었다Someone Ate This'라는 텀블러Tumblr 사이트를 소개한다. 이 사이트는 이상해 보이는 음식을 소개한다. 여기에 들어가서 정말 무시무시해 보이는 음식 사진을 보고도 여전히 배가 고픈지 확인해보라.

한 하나의 방법일 뿐이다.'"[25]

사람들은 물을 것이다. 음식의 아름다움에 초점을 맞추는 것에 대해 반발은 없느냐고. 글쎄, 비록 이제 막 시작됐고 규모가 아직 작기는 하지만 반발이 있기는 하다. 혹시 여러 슈퍼마켓 체인이 시들시들한 과일을 박스째로 팔기 시작했다는 소식을 들어봤는가? 이건 정말 좋은 아이디어다. 먼저 음식물 쓰레기를 줄일 수 있다. 게다가 음식물은 아름다울수록 향이 덜한 경향이 있다. 제이미 올리버 Jamie Oliver 같은 유명 셰프가 동조하면서 이런 움직임이 유행처럼 번지고 있다. 물론 대부분의 소비자들이 멍든 과일이나 이상하게 생긴 채소를 거부한다는 사실은 다시 한 번 시각적 매력의 중요성을 일깨워준다.

한때 우리 집은 채소 가게를 했었다. 그래서 나는 최고의 바나나 케이크는 가장 못생기고 검은 바나나로 만들어진다는 사실을 잘 알고 있다. 어린 시절 우리는 바나나가 검은색이 아닐 수도 있다는 생각을 하지 못했었다. 왜냐하면 아버지가 집에 가져오는 바나나는 아무도 사가지 않은 것이었기 때문이다. 역설적이게도 검은 바나나가 가장 풍미가 좋다.

우리 뇌는 음식이 희귀한 환경에서 영양 공급원을 찾도록 진화했다. 하지만 아쉽게도 요즘 우리는 에너지가 가득한 고지방 음식의 이미지에 둘러싸여 있다. 음식 이미지를 보여주고 싶은 열망이 커져가는 가운데(사진을 찍는 것은 말할 필요도 없다) 그리고 이런 이미지의 어떤 면이 우리를 매혹시키는지에 대해 과거 어느 때보다 잘 알려져 있는 가운데, 나는 이런 이미지에의 노출이 우리에게 어떤 영향을 주는지 우려스럽다. 건강에 나쁘고 칼로리가 높은 음식의 이미지를 '디지털 방목'하는 현상이 갈수록 걱정스럽다는 말이다. 그런 이미지들은 우리를 더 먹게 하고 장기적으로 건강하지 못한 식습관에 이르게 한다.

먹음직스러운 음식 이미지를 미식 포르노 또는 푸드 포르노라고 부르는 것은 분명 경멸적인 의미를 담고 있다. 하지만 나는 미식 포르노 또는 푸드 포르노가 실제 포르노그래피와 깊은 연관이 있다고 정말로 확신한다. 그러니 몸에 좋지 않은 고칼로리 음식 사진이 넘쳐나는 음식 매거진들을 신문 판매대의 맨 위에 올리는 것에 대해 심각하게 생각해봐야 하지 않을까? 아니면 중대한 시점이 오기 전에 텔레비전의 요리 프로그램을 금지해야 하지 않을까? 물론 반쯤은 농담이지만 여기엔 중요한 함의가 담겨 있다. 더구나 모바일 기술의 발달로 우리 모두 이전보다 더 많은 음식 이미지에 노출되고 있기도 하다. 이는 실제 맛이나 영양에 비해 과도할 정도로 보기 좋게 디자인된 음식 덕분이기도 하고 잘 찍은 사진 덕분이기도 하다.

마지막으로 막스 에를리히 Max Ehrlich의 1972년 책인 《칙령 The Edict》의 한 구절을 인용하겠다. 여기에서는 엄격하게 칼로리를 할당받은 미래의 대중이 〈미식가들 Foodie〉이라는 영화를 보기 위해 비스타라마 극장으로 간다. "영화는 거의 참기 힘든 고통과 황홀함을 동시에 주었다. 그들은 입을 반쯤 벌리고 침을 흘렸다. 사람들은 입술을 핥고 화면을 음탕하게 바라보았다. 눈에서는 빛이 났다. 마치 성적인 행위에 몰두하는 듯했다. 화면 속의 남자는 고기를 모두 썰고는 두꺼운 쇠고기 조각을 포크로 집어 입으로 들어 올렸다. 스크린 속의 남자가 고기를 삼키는 순간 모든 관객의 입이 동시에 열렸다 닫혔다……. 〈미식가들〉은 감각을 자극하도록 설계됐고 실제로 자극했다. 이제 관객들이 보는 것은 단순한 갈망이 아니었다. 입이 클로즈업되더니 이가 고기를 씹고 육즙이 턱을 타고 흘러내렸다."[26]

하지만 나는 이 장을 비관적으로 끝내고 싶지 않다. 미래에도 가스트로피지스트들은 우리 눈에 들어오는 음식의 모습이 음식 지각과 식습관에 미치는 핵심 역할이 무엇인지 계속 연구할 것이다. 시각적인 영향이 줄어들 가능성은 거의 없다. 사람들이 얼마나 많은 시간 동안 휴대전화와 컴퓨터 화면을 사랑스럽게 바라보는지를 생각하면 특히 그렇다. 그래서 나는 이런 희망을 품고 있다. 시각이 음식과 음료에 관한 지각과 행동에 얼마나 중요한 역할을 하는지를 이해함으로써 미래의 음식 경험을 개선할 수도 있을 것이라고.

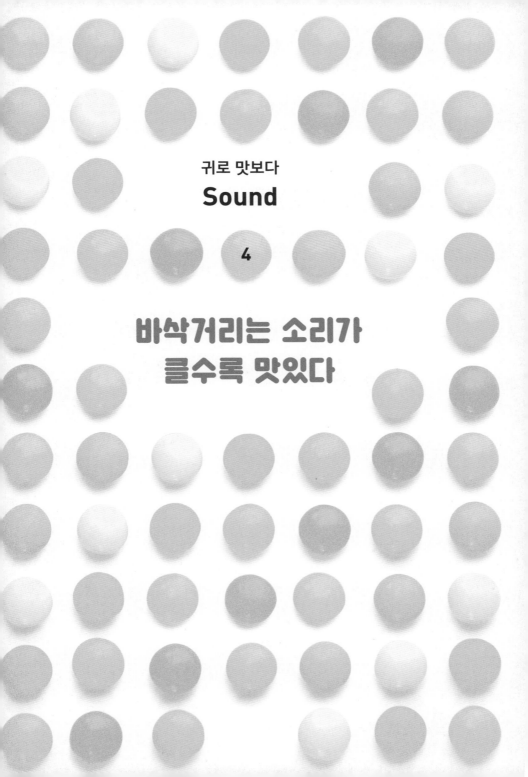

귀로 맛보다
Sound

4

바삭거리는 소리가
클수록 맛있다

음식이나 음료를 선택할 때 어떤 감각을 가장 중시하는가? 대부분의 사람들이 맛이라고 대답할 것이다. 물론 냄새라는 대답도 거의 비슷하게 많이 나올 것이다. 누군가는 플레이팅, 누군가는 식감이라고 대답할 것이다. 하지만 학자나 셰프 또는 손님 누구도 소리에 대해서는 말하지 않을 것이다. 하지만 이 장을 읽고 나면 먹고 마시는 소리, 조리 과정의 소음, 포장재의 거슬리는 소리, 시끄러운 배경 음악마저도 우리가 인식했던 것보다 훨씬 중요한 역할을 한다는 사실을 알게 될 것이다. 다시 말해 소리는 잊혔던 맛의 감각이다.

식사 분위기 깨는 소리

멋진 레스토랑에 앉아 있다고 하자. 갑자기 전자레인지의 '땡' 소리를 듣게 된다면 어떤 생각이 들까? 꽤 당황스러울 것이다! 음식이나 음료를 준비할 때의 소리는 우리의 기대감을 형성하기 때문에 중요하다. 많은 사람들이 전자레인지 특유의 소리를 없애려고 애쓰는 것도 놀라운 일은 아니다. 그 소리는 모두에게 부정적인 인상을 주기 때문이다(특히 레스토랑에서는). 인터넷에 접속해보면 얼마나 많은 블로그와 토론 그룹이 전자레인지 소리에 대해 불평하고, 이를 없앨 방법을 궁금해하는지 알게 될 것이다. 제너럴 일렉트릭^{GE} 같은 대형 전자제품 제조사들은 최근 전자레인지를 다시 설계하고 있다. (가정에서는 다른 분위기가 감지된다. 최근 조사에 따르면 저녁 파티에 전자레인지로 조리한 요리가 나와도 괜찮으냐는 질문에 응답자의 3분의 1이 괜찮다고 대답했다.[1]) 물론 음식을 조리하는 소리가 우리의 주의를 사로잡을 수도 있다. '저녁 식사' 직전에 음식을 준비하는, 듣기 좋은 소리를 생각해보라. 입에 침이 고인다. 1920년대 러시아 과학자 이반 파블로프^{Ivan Pavlov}가 실시한 고전적인 실험에서는 식사가 왔음을 알리는 벨 소리가 들릴 때마다 개가 침을 흘렸다. 개는 벨 소리와 음식을 금세 연결 지었다.

커피 머신에서 들려오는 원두 가는 소리, 물이 흐르는 소리, 자글자글 끓는 소리에 귀를 기울여보라. 이런 소리는 짐작을 가능하게 한다. 즉 맛에 대한 정보를 많이 얻을 수 있다. 심지어 우유 거품을 만드는 동안 뜨거운 공기 기포가 내는 자글거리는 소리와 탁탁거리는 소리도 정보를 제공한다. 적어도 들을 수 있는 사람에게는 말이다. 바리스타는 이런 음색의 변화를 통해 잔 안의 우유가 적절한 온도에 도달했음을 알아차린다. 인상적인가? 그렇다면 다음 이야기는 어떨까? 맥주를 잔에 따르는 소리만 듣고 100개의 맥주 브랜드를 알아맞히는 사람이 있다!

예전에 나의 옥스퍼드 연구소에서 근무하던 박사후 연구원 클레멘스 크뇌펄레 Klemens Knöferle의 연구를 보자. 그는 다양한 색의 캡슐이 한 잔의 커피가 되는 과정에서 기계가 내는 소리를 필터링하는 것만으로, 네스프레소 커피에 대한 사람들의 평가를 바꿨다. 그가 귀에 거슬리는 소음을 키웠을 때 사람들은 커피가 맛이 없을 것이라고 말했다. 그러다 소음을 제거하자 맛에 대한 평가가 갑자기 높아졌다. 요즘 많은 회사들이 '올바른' 소음을 내는 기계를 개발하기 위해 노력하는 데는 이유가 있는 것이다. 다시 말해 이 회사들은 자동차 제조사들의 뒤를 따라가고 있는 중이다. 과거 수십 년간 자동차 제조사들은 자동차 문을 닫는 소리부터 엔진의 소음까지 운전자들이 듣게 되는 모든 소리를 개선해왔다. 유명한 폭스바겐 Volkswagen 광고 문구인 "골프 Golf 만의 소리"를 기억하는지?

일부 혁신적인 셰프들은 소리로 창의적인 작업을 시작했다. 당신이 2015년 산세바스티안의 무가리츠에서 식사를 해봤다면 이미 경험했을 것이다. 식사 중에 절구와 절구 공이가 나온다. 손님들은 원하는 향신료를 절구로 직접 갈고 나서 뜨거운 국물을 절구에 붓는다. 미슐랭 2스타를 받은 레스토랑을 가득 메운 손님들이 동시에 향신료를 갈면서 그 소리가 실내에 가득한 장면을 상상해보라. 음식을 준비하는 즐거운 소리가 각각의 테이블에 앉은 모든 손님을 하나로 묶는다.

스웨덴 작곡가 페르 사무엘손 Per Samuelsson은 이렇게 음식을 준비하는 소리로 일생의 작품을 작곡했다. 사무엘손은 바쁜 주방에서 깎고 자르고 저미고 썰고 갈고 흔들고 섞는 소음을 녹음하곤 했다. 그는 이 소음들로 작곡을 하여 식사 중인 손님들에게 들려주었다.[2] 이런 작품들은 우리가 그간 몰랐던 음식을 만드는 노고를 강조하려는 의도가 있다. 동시에 다중 감각적 환경을 제공해서 식사 경험을 강화하려는 의도도 있다. 한편 2016년 세계 최고의 셰프로 뽑혔던 마시모 보투라 Massimo Bottura 는 최근 무음실에서 녹음을 했다. 무엇 때문이냐고? 어린 시절 가장 좋아하던 음식인 라자냐를 만드는 모든 소리를 포착하기 위해서였다.[3]

모든 것은 감자칩에서 시작되었다

2008년 막스 잠피니 Max Zampini 와 나는 이그노벨상 영양학 부문을 수상했다. 획기적인 '소닉 칩'(그림 4-1) 연구 덕분이었다. 그렇다. 당신이 무슨 생각을 하는지 안다. '말도 안 되잖아!' 10개 분야를 시상하는 이그노벨상은 매년 미치거나 어이없는 연구를 한 과학자들에게 수여된다. 하지만 이 상에서 중요한 것은 따로 있다. 즉 이런 연구들은 사람들을 웃기기 위한 것이지만 실제로는 진지하다는 사실이다. 그리고 상을 받으면 잘나가는 연구자로서 많은 인기를 얻게 된다. 믿거나 말거나, 상을 받고 10년이 지난 지금도 나는 여전히 한 달 단위로 이 주제에 대해 조사를 하고 있다. (가족들의 구박에도 불구하고 말이다. "바삭소리는 그만!" 가족들은 이 상을 수상한 이야기가 언론에 다시 나올 때마다 볼멘소리를 한다.) 전 세계 사람들이 카메라를 들고 연구소를 계속 찾아온다. 바삭 하는 소리를 바꿈으로써 과자(또는 감자칩)의 바삭함과 신선함에 대한 사람들의 지각을 변화시켰던 마법과도 같은 순간을 재현하길 바라며. 솔직히 내 삶은 그때 이후로 많이 변했다.

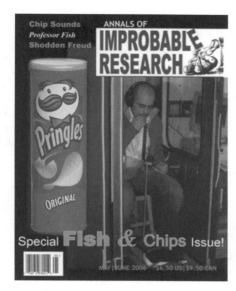

그림 4-1 나의 학생이었던 막스 잠피니(지금은 존경받는 잠피니 교수)가 하버드대 과학 잡지 《있을 것 같지 않은 연구 연보》의 표지에 소개된 실험에서 '소닉(소리) 칩'을 선보이고 있다.

우리가 처음 발표한 결과는 학술적인 기준에서도 꽤나 특이했다. 그렇지만 우리는 그게 분명 중요하다고 생각했다. 이 연구에 자금을 댔던 유니레버가 우리의 발견에 관심을 보이기는 했지만 그밖에 누가 그 결과에 흥분할지 상상하기는 어려웠다. 혹시 유니레버가 경쟁자의 제품(당시 피앤지$^{P\&G}$의 프링글스^{Pringles}로 실험했다)을 사용한 프로젝트에 자금을 지원한 이유가 궁금한가? 음, 답은 이렇다. 프링글스가 가스트로피직스 연구에 이상적이었기 때문이다. 왜냐고? 크기와 모양이 모두 똑같았기 때문이다. 그래야 개별 과자의 차이 때문이 아니라 소리의 변화 때문에 사람들의 반응이 변한 것임을 확인할 수 있다. 프링글스는 또 다른 장점도 있다. 꽤 커서 대개는 한입에 먹을 수 없다는 점이다(당신은 한입에 들어가는가?). 그러므로 뼈를 통해 전달되는 소리에 비해 공기로 전달되는 소리가 상대적으로 많아서 다중 감각적인 맛 경험을 강화한다.

실험 결과 프링글스를 씹을 때의 소리를 증폭하는 것만으로 소리가 없을 때보다 15퍼센트 더 바삭거리고 신선한 느낌을 줄 수 있었다. 물론 상식적인 사람이라면 셰프들이 그저 피상적으로 소리만 바꿀 것이라고는 생각하지 않을 것이다. 최소한 런던의 리스 요리 학교[Leith cookery school]에서 훈련 중인 셰프들이라면 말이다. 우리는 몇 년 전에 BBC 텔레비전 프로그램에서 그들을 대상으로 실험을 했다. 그들은 과자의 질감에 너무나 집중한 나머지 우리의 독창적 연구에 주제를 제공한 옥스퍼드대 학부생들만큼이나 쉽게 속아 넘어갔다.

사과, 샐러리, 당근 등 씹을 때 시끄러운 소리를 내는 음식에 이런 속임수를 적용해볼 수 있다. 감자칩이나 크래커같이 건조한 식품이든 과일이나 채소같이 수분이 많은 식품이든 상관없다. 최근 이탈리아 북부에서 실험한 결과 소리를 바꿈으로써 세 종류의 사과에 대한 평가(아삭함과 단단함) 점수가 일관되게 달라졌다.[4] 감각 통합이 일으키는 이런 착각은 몇 가지 이유에서 중요하다. 먼저 소리가 맛에 영향을 미칠 수 있음을 설명해준다. 이런 특별한 감각 통합 효과는 우리가 무슨 일이 일어나는지 정확히 알고 있을 때도 잘 작동했다. 우리가 음향학적으로 개선된 칩을 얼마나 많이 접했든 상관없다. 이렇게 소닉 칩이 불러일으키는 착각은 동료 인지과학자들의 말마따나 자동화된 다중 감각 효과라고 할 수 있다.

하지만 중요한 사실은 뇌과학에서 영향을 받은 우리의 '획기적인' 연구 결과가 거대 식품 회사들에 채택되었다는 점이다. 이곳 옥스퍼드대에서 발전시킨 가상의 초기 실험을 보자. 우리는 증강현실로 보여주는 제품에 대해 (실제 제품의 초기 모델에 비해) 손님들이 어떻게 반응하는지를 평가한다. 이를 통해 식품 회사는 제품에 바삭거리거나 부서지는 뭔가가 추가되면 사람들이 어떤 반응을 보일지 알 수 있다. 원래 제품과 다른 소리를 내는 새 제품을 만들 필요도 없다. 새 제품을 만들어 원래 제품과 비교해보는 전통적인 접근법은 훨씬 느리고 수고스럽다. 시식자들이 새로운 시제품이 전부 별로라고 말했을 경우 특히 그렇다. 이런 일은 꽤 자주 벌어진다. 제품 개발자들은 시식자들에게 부정적인 피드백을 받으면 어깨를 늘어뜨리고 고개를 숙인 채 다시 부엌으로 들어가 새로 시제품을 만든다. 이것은 제품 혁신이긴 하지만 고통스러울 만큼 느리다는 단점이 있다!

반면 가상의 소리로 평가하면 모든 종류의 대체품들을 평가하고 그 차이점들을(만약 그런 것이 있다면) 찾아낼 수 있다. 과정을 역전시켜 생각해보자. 먼저 사람들이 어떤 소리를 좋아할지 생각한다. 그다음에는 셰프와 가스트로피지스트들이 그런 소리를 내는 음식을 만들 수 있는지 결정한다. 때로 셰프와 가스트로피지스트들은 부엌에서 고개를 흔들고 웃음을 터뜨릴 것이다. 그런 소리는 물리적으로 불가능하다고 답하면서. 반면 어떤 때는 그런 소리를 만들 수 있다고 대답할 것이다. 하지만 그들의 대답과는 상관없이 모두가 음향학적으로 어떤 방향으로 가야 하는지를 안다. 그리고 그 결과 제품 혁신이 더 빨리 일어나게 된다.

바삭거림은 소리일까? 질감일까? 느낌일까?

우리가 발견한 음식의 특징들은 대단히 매력적이다. 바삭바삭하고 아삭아삭하며 오독오독하고 톡 쏘며 부드럽고* 당연히 쩍쩍거리기도 한다(할루미 치즈처럼). 그중 일부는 우리가 듣는 소리에 수반되는 것이다. 대부분의 사람들은 감자칩이나 과자의 바삭거림을 '느낄 수 있다'고 확신한다. 하지만 그렇게 단순하지 않다. 때로 느낌을 중시하는 이런 성향은 우리를 잘못된 판단으로 이끈다. 특히 풍미의 세계에서는 더욱 그렇다. (예를 들면, 탄산이 주는 경험이 그렇다. 대부분의 사람에게 물어보면 아마 톡 쏘듯 입안에서 터지는 기포의 '느낌'을 즐긴다고 맹목적으로 답할 것이다. 하지만 사실 그런 감각은 대개 혀의 신맛 수용체에 의해 매개되는 것으로 밝혀졌다. 즉 통각이 아니라 '맛' 감각에 의해 느껴지는 것이다.)

이에는 통각 수용체가 없기 때문에 음식을 한입 물거나 씹을 때 우리가 느끼는 감각은 대개 이를 제외한 입의 나머지 부위와 턱에 위치한 감각 수용체를 통해 매개된다. 따라서 이를 제외한 입의 나머지 부위를 작동하지 못하게 하면 음식의 질감에 대한 정보를 전혀 얻을 수가 없게 된다. 반면 음식을 이로 으깨거나 자르는 소리는 입안에서 벌어지는 일에 대한 훨씬 정확한 감각 정보를 제공해준다. 그러므로 우리가 음식의 질감을 평가할 때마다 청각 정보에 의존한다는 말은 일리가 있다.

이런 소리 중 일부는 턱뼈에서 내이內耳를 통해 전달되고 나머지는

• "부드럽고?" 반문하는 소리가 들리는 것 같다. 맞다. 부드러운 음식조차 입에서 혀가 움직일 때마다 묘하게 다른 소리를 낸다.

공기를 통해 전달된다. 뇌는 이런 소리를 우리가 느끼는 것들과 통합한다. 소닉 칩의 경우에는 이런 일이 즉시 그리고 자동적으로 일어난다. 이제 소리를 바꾼다고 해보자. 그러면 뒤이어 음식의 질감이 변한다. 이런 변화는 귀가 아니라 입으로 지각되는 것으로 여겨진다. 다시 말해 음식을 온전히 즐기기 위해 오독 소리가 얼마나 중요한지를 대부분의 사람들은 알지 못한다! 오독 소리만이 아니라 '바삭한', '아삭한', '부드러운', 그리고 '톡 쏘는' 맛도 마찬가지다. 질감을 비롯해 입속에서 느껴지는 감각에 대해 소리라는 단서가 어느 정도 중요한지는 각각의 소리에 따라 다르겠지만. 나는 이런 예상을 했다. 바삭하거나 아삭하거나 오독거리는 소리가 톡 쏘거나 부드러운 음식에서 들리는 소리보다 중요하고 영향력도 클 것이라고 말이다. 하지만 연구 결과 어떤 소리든 입으로 느끼는 모든 즐거움에서 어느 정도의 역할을 한다는 사실이 밝혀졌다.

전 세계인이 좋아하는 바삭, 오독, 아삭

몇 년에 걸친 모든 연구에도 '바삭'과 '오독'이 개념적으로 어떻게 다른지는 분명하지 않다. 고객들은 물론이고 가스트로피지스트들에게도. 확실히 음식의 바삭함과 오독함 그리고 단단함은 매우 많이 연관돼 있다. 따라서 대부분의 사람들에게 이들은 대단히 비슷한 개념으로 느껴진다. 영어 이외의 언어에서 문제는 더욱 복잡해진다. 이런 질감상의 차이(그런 것이 있다면)에 대해 어떤 언어는 서로 다른 단어로 표현하는 반면 어떤 언어에는 아예 단어가 없다. 프랑스어를 예로 들어보면, 양배추의 질감은 'craquante(아삭)'나 'croquante(오독)'으로 표현한다. 하지만 바삭의 직역어인 'croustillant'로는 쓰지 않는다. 한편 이탈리아어는 바삭함과 오독함을 'croccante'라는 단어로만 표현한다.

스페인어로 오면 정말 복잡해진다. 스페인어에는 '바삭'과 '오독'에 해당하는 단어가 사실상 없다. 있어도 사용하지 않는다. 콜롬비아인들을 예로 들면(그리고 다른 남미 국가 출신의 스페인어 사용자들도 마찬가지다), 양배추에는 바삭함보다는 신선함을 나타내는 단어 frescura를 쓴다. 그리고 스페인어를 쓰는 콜롬비아인들은 영어 단어인 'crispy'나 'crocante(프랑스어 'croquante'에 해당)'로 마른 식품의 질감을 묘사한다. 이런 혼란은 스페인 본토로도 확장됐다. 설문조사 결과 38퍼센트의 소비자가 '오독'에 해당하는 단어가 'crocante'라는 사실조차 알지 못했다. 더구나 어떤 연구에서는 17퍼센트의 소비자가 '바삭'과 '오독'이 같은 의미라고 답했다. 음식을 경험하고 즐기기 위해 소리가 얼마나 중요한지 안다면 이건 이상한 일이다. 우리가 아직 음식의 다양한 질감 사이의 차이와 정의에 대해 합의하지 못했다는 점을 생각하면 음식의 소리에 대한 연구가 빠르게 진척되지 않은 것도 놀라운 일은 아니다. 세계 정상급 셰프인 마리오 바탈리 Mario Batali 는 이렇게 적었다. "'바삭'이라는 단어 하나가 성분이나 요리 기술을 묘사하는 형용사 여럿보다 더 많은 음식을 팔았다."[5]

'왜 눅눅해진 감자칩은 맛이 없을까?' 몇 년 전에 최고의 과학 학술지인 〈사이언스〉에 실렸던 기사의 제목이다.[6] 감자칩이 오래되어도 영양 함량은 변하지 않는다. 하지만 아무도 눅눅해진 감자칩을 먹고 싶어 하지는 않는다. 그리고 내 생각에 아무도 시끄러운 음식을 태어나면서부터 좋아하지는 않는다. 마리오 바탈리는 "바삭한 음식에는 선천적으로 끌리게 하는 뭔가가 있다"고 했지만 나는 그 말에 동의하지 않는다.[7] 그렇지 않다. 사실 우리가 선천적이라고 생각하는 것들은 대개 학습으로 얻어진 것들이다. 다시 말해 음식에 대한 감각적 단서들은 학습을 통해 배운 것이다. 이런 학습은 각각의 감각들이 우리가 무엇을 먹는지(그리고 어떤 생리적 보상이 따르는지) 뇌에 신호를 보내기 때문에 가능했다. 바삭함과 오독함은 신선함과 새로움 그리고 계절에 맞음을 나타내는 것으로 학습된 것이다.

우리가 관심을 가져야 할 근본적인 질문은 이런 것이다. 어떻게 전 세계적으로 바삭함과 오독함 그리고 아삭함이 먹음직스러운 음식의 특징이 되었을까? 이런 소리는 음식의 영양 특성을 나타내지 않는다. 그렇지 않은가? 오독함을 생각해보자. 이 소리는 많은 과일과 채소의 신선함을 암시하는 상당히 믿을 만한 단서를 제공해준다. 이 정보는 우리 조상들에게 매우 중요했다. 신선한 음식은 영양 성분도 잘 보존되어 있고 먹기에도 좋았기 때문이다.

요리는 마이야르 반응^{Maillard reaction}을 일으킨다. 마이야르 반응은 질소와 탄수화물 성분이 효소 없이 강력한 열에 의해 갈변되는 것이다. 존 S. 앨런^{John S. Allen}은 저서 《미각의 지배^{The Omnivorous Mind}》에서 인류는 불로 조리함으로써 음식을 더 영양가 있고(정확히는 소화하기 좋게 만들고) 더 바삭하게 만들었다고 밝혔다. 어째서 눅눅해진 음식이 매력이 없는지에 대한 대답은 최근 연구에서도 일부 드러난다. 이 연구에 따르면 음식이 오독거릴수록 인지되는 풍미 역시 증가하는 것으로 나타났다. 그렇다면 우리가 더 오독거리는 음식을 원하는 것도 놀라운 일은 아니다. 사실 전 세계인이 그런 음식을 원한다!

우리가 지방에 강하게 끌리는 것도 관련이 있을 것이다. 지방은 매우 영양이 많은 성분이다. 입안의 맛 수용체가 지방산에 그렇게 예민한 것도 아마 이 때문일 것이다. 하지만 뇌로서는 음식이나 음료에서 직접 지방을 찾는 것은 여전히 어려운 일이다. 왜 그럴까? 당이나 소금 같은 맛 성분이 때로 지방을 가리기 때문이다. 크림, 오일, 버터, 치즈는 입에 닿는 느낌이 좋고 맛도 있다. 내 생각에 (최소한 마른 음식들은 여기에 해당된다) 우리 뇌가 앞선 경험(그러니까 음식에 노출된 경험)의 결과 이런 음향학적 단서가 지방의 존재를 알려준다고 학습한 것으로 보인다. 즉 바삭, 아삭 등의 소리가 클수록 음식의 지방 함량이 높을 가능성이 있다는 뜻이다. 그래서 우리는 소리가 더 많이 나는 음식을 즐긴다. 소리가 적게 나는 음식들보다 많은 것을 얻을 가능성이 높기 때문이다. 이제 왜 사람들이 바삭거리는 소리에 저항하기 힘든지 이해될 것이다!

놀랐죠? 사실 그거 곤충입니다

많은 곤충들은 상당히 바삭바삭하다. 최소한 딱딱한 껍데기가 있는 녀석들은 그렇다(그림 4-2). 더구나 이것들은 훌륭한 단백질 및 지방 공급원이다. 우리가 이 작은 동물들을 더 먹으면 (그리고 붉은 고기는 덜

그림 4-2 바삭바삭하고 단백질이 풍부한 스낵. 튀긴 귀뚜라미는 미래 소비자들의 식탁에 어떤 모양으로든 올라가 있을 수 있다. 더 바삭하고 아삭하며 지속 가능한 미래를 바란다면.

먹으면) 지구에도 좋다. 하지만 대부분의 서양 소비자들은 이런 말을 믿지 못할 것이다. 사람들(그러니까 서양 사람들)이 맛있다고 느끼도록 곤충을 마케팅하는 것은 가스트로피지스트들에게 궁극의 도전 과제가 될 것이다. 사람들이 가장 원하지 않는 음식 재료를 정말 맛있게 만들려면 어떻게 해야 할까? 또는 곤충이 우리 식단의 많은 부분을 차지하게 하려면? 바삭한 소리가 곤충 상식^{entomophagy}(곤충을 먹는다는 의미를 좀 멋지게 표현한 것이다)을 대중화할 방법을 알려줄지도 모른다.

그래서 가스트로피지스트들의 어떤 통찰이 여기에 도움이 될까? (만약 당신이 피넛버터 팬이라면 이어지는 문단은 읽지 않는 게 좋겠다.) 모든 피넛버터 통마다 100개의 곤충 조각이 들어 있을 수 있다. 제조자가 라벨에 적기 전에는 아무도 이런 사실을 몰랐을 것이다. 잼도 마찬가지다(작은 생물이 들어오지 못하게 하는 것은 어려운 일이다). 분쇄한 커피에 다른 뭔가가 들어 있을지 누가 알겠는가. 그렇다면 그 수를 천천히 늘리는 것은 어떨까(동시에 공급이 달리거나 건강에 나쁜 성분은 줄이고)? 나는 확신한다. 미래에는 소비자가 인식하지 못하는 사이에 식단에서 곤충의 비중을 높여야 할 것이라고. 이것은 시리얼 회사들의 '헬스 바이 스텔스 health-by-stealth'전략과 같은 것이다. 시리얼 회사들은 시리얼의 소금 함량을 점진적으로 25퍼센트까지 줄여나갔다. 소금을 한 번 줄일 때마다 소비자들은 알아차리지 못했고 오랜 시간 이런 과정을 되풀이해 건강하지 못한 성분을 많이 줄였다.

또는 많이 역겹거나 조금 역겨운 동물들의 차이를 연구할 수도 있다. 왜냐고? 한번 생각해보자. 우리는 이미 벌과 관련된 제품을 많이 먹고 있다. 꿀(가끔은 꿀을 '벌이 토한 것'이라고 잘못 알고 있는 사람도 있다)은 물론이고 로열젤리와 프로폴리스로 만든 식품들이 그것이다. 그러므로 벌의 유충(즉 아기 벌) 아이스크림을 먹는 일은 그리 끔찍한 비약은 아닌 것 같다. 그렇지 않을까? 우리는 무당벌레를 그리 역겹다고 느끼지 않는다. 만약 무당벌레 한 마리가 내 맥주에 앉는다면 나는 아무렇지 않게 손가락으로 털어내고 계속 맥주를 마실 것이다.

장기적으로 보면 감각에 호소하는 전략은 바삭거리는 소리(우리는 모든 소비자가 이 소리를 정말 좋아한다는 사실을 안다)에 기초해 만들어져야 할지 모른다. 가스트로피지스트들은 이제 어떤 곤충이 그리고 어떤 조리 과정이 가장 크게 오독거리는 소리를 만들어낼지 알아내야 한다. 그래야 더 바삭하고 아삭하며 지속 가능한 미래를 맞을 수 있을 것이다.

시끄러운 포장지가 더 맛있다?

음식을 준비할 때와 음식을 먹고 마실 때만 소리가 나는 것이 아니다. 제품 포장에서 나는 소리 역시 미각 경험에 큰 영향을 미친다. 감자칩이 시끄러운 소리를 내는 포장지에 담겨 나오는 것이 우연일까? 물론 아니다! 초창기부터 마케터들은 포장지 소리가 감자칩의 감각적 특성과 잘 맞는다는 사실을 알았다. 1920년대 감자칩을 신선하게 유지하고 소비자에게 정확한 양을 전달하기 위해 처음으로 포장을 했을 때부터 지금까지 말이다. 다른 감자칩에 비해 소리가 적게 나는 프링글스조차 포일 마개의 소리를 강화하기 위해 조치를 취했을 정도다. 내 말만 들을 것이 아니라 기회가 있으면 프링글스를 직접 손가락으로 만져보고 소리의 차이를 들어보기를.

하지만 정말 포장의 소리가 제품에 대한 판단에 영향을 미칠까? 한두 해 전에 우리 연구팀이 이 질문을 파헤쳐보았다. 옥스퍼드대 학부생인 어맨다 웡 Amanda Wong과 함께한 연구 결과를 보면 사람들은 포장지의 바스락거리는 소리가 클수록 감자칩도 더 바삭하다고 느꼈다. 하지만 깨무는 소리 자체를 바꾸었을 때만큼 결과가 극적이지는 않았다. 지각의 관점에서 우리 뇌는 포장과 제품을 구분하기 위해 엄청난 노력을 하는 것으로 보인다.

프리토레이 Frito-Lay 사가 완전히 새로운 생분해성 포장재에 썬칩 SunChips을 담아낸 것도 소리의 역할을 조금 진지하게 받아들인 탓일 것이다. 아마 이 포장재는 지금까지 만들어진 가장 시끄러운 포장재일 것이다(그림 4-3). 동료인 바브 스터키 Barb Stuckey가 캘리포니아에

그림 4-3 소리 전쟁? 아마도 지구상에서 가장 시끄러운 포장재일 것이다. 손으로 가볍게 흔들기만 해도 100데시벨이 넘는 소음을 낸다. 누가 이런 포장재를 쓰자고 했을까?

서 썬칩 두 봉지를 보내줬다. 나의 연구팀은 이 과자를 손으로 가볍게 흔들었을 때 소리가 얼마나 나는지 소리 측정기로 확인해봤다. 답은? 100데시벨^{dB}이 넘었다! 어느 정도의 소리냐고? 아주 시끄러운 식당의 배경 소음이 이 정도다. 아주 오랫동안 노출될 경우 영구적인 청력 손상을 일으킬 수준의 소음이다!

이 포장재는 너무 시끄러워서 소비자의 불만이 많았다. 불만의 목소리가 높아지자 프리토레이 사는 귀마개를 해보라는 제안을 했다. 아마 이런 생각이었던 듯싶다. 썬칩 한 봉지를 사서 집으로 돌아간 뒤에 귀마개를 하고 평화롭게 먹으라는. 하지만 그러다 보면 아마 주변 사람에게 미안함을 느껴야 할 것이다. 주변에 청각과민증^{misophonia}을 앓는 사람이 있다면 상황은 더욱 심각해진다(청각과민증에 시달리는 사람은 다른 사람이 음식을 씹는 소리를 견디기 어려워한다). 결국 프리토레이 사는 소리를 한껏 키운 포장을 선반에서 모두 치워야 했다. 다시는 눈에 안 띄게, 아니, 다시는 들리지 않게.

그래도 마케팅 임원들은 창의적인 아이디어에 기뻐하며 손을 비빌 것이다. 나의 연구팀은 시끄러운 포장재가 감자칩을 더욱 바삭하게 느껴지게 한다는 사실을 밝혔다. 더 나아가 시끄러운 식품을 더욱 시끄러운 포장재에 담으면 더욱 바삭하게 느껴진다는 사실도 증명했다. (우리는 사람들이 내용물을 그릇이나 접시에 붓는 대신 직접 봉지에서 꺼내 먹는다고 가정했다. 사람들이 모든 식품의 3분의 1은 포장 상태에서 바로 먹는다는 주장이 있으므로, 이것은 합리적인 가정이다. 나는 이 수치가 감자칩의 경우에는 더 높을 거라고 생각한다.) 시끄러운 포장은 소비자의 관심도 효과적으로 사로잡는다. 누군가 슈퍼마켓 선반에서 시끄러운 감자칩을 한 봉지 꺼내자마자 주위 사람들이 모두 쳐다볼 것이다. 앞으로 이렇게 시끄러운 포장재가 다시 나올 것 같지는 않지만 여전히 많은 회사들이 포장재 소리를 바꿀 생각을 하거나 실제로 바꾸고 있다. 하지만 썬칩 이야기에서 진짜 교훈은 '뭐든 적당히'다. '소리가 많이 나면 좋다'는 말은 '소리가 아주 많이 나면 반드시 좋다'는 의미는 아니다!

소리의 광고 효과

제품이 내는 소리는 제품의 종류, 심지어 특정 브랜드에 대한 기대를 형성하기도 한다. 몇 해 전 켈로그Kellogg's 사는 제품이 내는 바삭소리에 특허를 출원하려고 했었다. 그들은 시리얼에 우유를 부었을 때 나는 독특한 소리를 트레이드마크로 만들고 싶어 했다. 그래서 덴마크의 한 음악 연구실에 작업을 의뢰했다. "켈로그 제품을 위해 독창적으로 디자인된 바삭거리는 소리를 만들고자 했다. 유리 그릇에 콘플레이크를 붓는 소리만으로 라벨을 보지 않고도 켈로그 사의 제품을 알아보도록 말이다."[8]

포장재의 소리는 우리의 기대를 형성하는 데도 중요하다. 스내플 Snapple(닥터 페퍼 스내플 그룹 Dr Pepper Snapple Group, Inc.이 소유한 음료 회사-옮긴이)에 따르면 소비자가 병뚜껑을 돌리는 순간 들려오는 특유의 (또는 고유의) 소리가 신선하다는 정보를 준다고 한다. 스내플 사는 그 소리를 '스내플 팝Snapple Pop(팝은 뚜껑이 열리는 소리를 표현하는 의성어-옮긴이)'이라고 불렀다. 이것은 음료에 대한 기대를 형성하고 신뢰감을 준다. 왜냐하면 그 음료에 누가 손을 대지 않았음을 알려주기 때문이다. 스내플 사는 병뚜껑이 열리는 소리를 너무나 신뢰한 나머지 2009년 병 입구를 두른 비닐을 제거했다. 덕분에 포장 비용을 줄이고 약 5억 5000만 미터에 달하는 비닐 쓰레기를 줄일 수 있게 됐다고 스내플 사는 발표했다. "우리에겐 아이콘과도 같은 소리가 있기에 그런 결정을 내리기가 훨씬 쉬웠죠." 스내플 사의 선임 마케팅 부장인 앤드루 스프링게이트가 말했다.[9]

식음료 회사가 시각적 정체성을 발전시키거나 지키기 위해 얼마나 많은 돈을 쓰는지를 생각한다면 청각적 정체성에 신경을 쓰는 회사가 거의 없다는 사실은 놀랍다. 내가 아는 한, 스내플 사는 '스내플 팝'의 특허를 출원하지 않았다. 아마 특정 제품의 소리를 트레이드마크화하기는 어렵기 때문일 것이다(할리-데이비슨이 그들의 모터사이클이 내는 풍성한 저음의 '포테이토-포테이토-포테이토' 소리를 특허 출원하려면 비용이 많이 든다는 사실을 발견했듯이).

많은 광고사들이 마케팅 담당자들과 마찬가지로 소리의 잠재력에 주목했다. 그들은 종종 광고에서 제품을 뜯고 붓고 먹는 소리로 관심을 끌고자 한다. 제이더블유티^{JWT} 광고사를 예로 들어보자. 이 회사는 브라질에서 코카콜라를 얼음 잔에 붓는 소리를 광고에 활용했다. 매그넘^{Magnum} 아이스크림 광고에 사용된 갈라지는 듯한 소리나 킷캣$^{Kit-Kat}$의 포일 포장을 만지는 소리도*. 다른 식품 포장재의 소리 가운데 기억나는 것이 있으신가?

당장 집에서도 활용할 수 있을까?

당신이 이렇게 말하는 소리가 들리는 듯하다. "그래, 좋아. 대형 식품 회사나 셰프들이 소리나 소리에 따른 식감에 신경을 쓰는 것은 알겠어. 하지만 그게 우리 같은 평범한 사람들과 무슨 상관이 있지?" 하지만 소리에 대한 가스트로피직스 분야의 최신 발견들을 보면 집에서도 활용할 만한 것이 많다. 예를 들어, 다음에 저녁 파티를 열 때는 당신이 준비한 요리 가운데 어떤 것의 소리가 흥미로운지 꼭 자문해보라. 오독하거나 바삭하거나 아삭하거나 부드럽지 않다면 당신이 의도한 만큼 손님들의 감각이 자극을 받고 있는지 자문해봐야 한다. 해답은 아주 간단하다. 마지막 순간에 구운 씨앗을 샐러드 위에 조금 뿌

---

* 후자는 '오레오 쿠키를 어떻게 먹나요?' 같은 질문이 의도하듯 일종의 의식일 뿐이다. 이런 의식은 포장 비용을 절약하고 싶어 하는 숫자만 따지는 사람들에 의해 사라졌다. 이런 사람들은 킷캣 포장도 포일과 종이에서 비닐로 바꾸어버렸다. 부끄러운 일이다!

리거나 수프에 바삭한 빵조각을 넣으면 된다. 그래서 모든 햄버거에 작은 오이와 바타비아 양상추가 들어가는 것이다. 이 재료들은 음향학적 요소를 추가해 햄버거를 먹는 경험을 훨씬 더 즐겁게 해준다.

좀 더 도전적인 사람이라면 초콜릿 무스에 톡톡 튀는 캔디를 흩뿌리거나 셰퍼드 파이(다진 고기를 으깬 감자에 감싸 구운 파이-옮긴이)에 감자 토핑을 뿌릴 것이다. 모두 최고의 셰프들이 자신들의 요리에 수년 동안 적용해왔던 방법들이다. 하나 더! 소리를 기억에 더욱 각인시키고 싶다면 '숨겨라'. 당신의 손님들은 대개 소리가 나지 않는 초콜릿 무스를 몇 입 떠먹다가 입안에서 갑자기 소리의 폭발을 경험하고 깜짝 놀랄 것이다. 자신 있게 말하건대, 손님들은 쉽게 잊지 못할 것이다! 자세한 내용은 9장 '프루스트의 마들렌처럼'에서 소개할 것이다.

바삭하게 구운 토스트에 고기 파이가 잘 어울리는 이유가 궁금하지 않은가? 이것은 맛은 좋지만 조용한 음식(고기 파이)에 (바삭한 토스트를 깨물 때의) 터지는 소리를 더한 고전적인 예가 아닐까? 물론 여기에는 질감의 대비도 있다(이것도 중요하다). 하지만 기본적으로 요리에 소리가 주는 즐거움을 주입한 것이 아닐까? 식사에 소리가 더해지면 맛 지각이 더 강렬해진다. 앞서 봤듯이 음식의 바삭함이 증가할수록 풍미도 증가한다. J. S. 앨런 역시 《미각의 지배》에서 소리가 나는 음식이 소리가 나지 않는 음식보다 쉽게 습관화된다고 주장했다. 그는 소리가 모든 음식에 공통적인 매력 요인이라고 말했다. 그러므로 당신도 소리를 활용해야 한다. 식사에 흥미로운 소리를 추가해보라. 먼저 다른 사람이 먹는 소리를 견디지 못하는 사람이 있는지 확인부터

하고…….

만약 아삭함과 바삭함을 느끼는 데에 소리가 중요하다면, 그리고 당신이 파티에 내놓을 음식이 찬장에 있는 눅눅한 과자뿐이라면 여기 해결책이 있다. 연구에 따르면, 배경 음악을 크게 틀어서 과자 씹는 소리를 덮어버릴 경우 손님들은 과자의 눅눅함을 알아차리지 못할 가능성이 높다. 시끄러운 배경 소음을 트는 순간 손님들의 뇌는 제대로 들리지 않는, 씹는 소리를 채우려고 한다. 하지만 주의할 점이 있다. 소음 때문에 손님들은 당신이 내놓은 펀치에 술이 얼마나 들어 있는지 판단하는 능력을 잃을 수도 있다. 그리고 누군가가 당신에게 음악이 왜 이렇게 시끄럽냐고 물어보면 그냥 이렇게 말해주라. 요즘 잘나가는 셰프들은 이런 음악을 튼다고(더 많은 내용은 아래에).

소음, 배경 음악, 대화의 고차방정식

외식 중에 동료와의 대화가 힘들다고 느꼈던 것이 언제인가? 별로 오래전은 아닐 것이다. 최근 몇 년 사이에 지나치게 시끄러운 레스토랑(바는 말할 것도 없고)이 크게 늘었다. 공공 공간은 너무 시끄러워져서 아무 생각도 할 수 없게 됐다. 이제 레스토랑의 소음은 서비스에 이어 두 번째로 많은 불만 요인이 되었다. 사실 지난 10~20년간 많은 식당들이 시끄러워져서 일부 평론가들은 음식의 질만이 아니라 소음도 같이 평가하고 있다.

점점 심해져가는 불협화음에 대한 책임은 부분적으로는 메뉴를 준비하는 동안 매우 시끄러운 음악을 듣는 것으로 유명한 뉴욕 셰프들에게 있다. 어느 순간 그중 한 명이 손님들도 음악을 좋아할 것이라는 '반짝이는' 아이디어를 떠올렸다. 불행하게도 일은 나쁜 방향으로 흘러갔다! 한 저널리스트가 남긴 통찰력 있는 말. "식당의 음식이 아무리 우아하더라도 음식 준비 과정에서 흘러나오는 음악은 정제되지 않은 듯하다. 어린 채소를 다듬거나 오리를 해체하며 비발디를 듣는 사람은 없다." 우리 연구실의 상주 셰프였던 샤를 미셸이 이런 말을 해주었다. 그가 모나코에 있는 오텔 드 파리 ^{Hôtel de Parris}의 레스토랑 루이 15세에서 일할 당시 셰프였던 프랭크 세루티 ^{Frank Cerutti}는 주방 직원들이 더욱 빨리 일하도록 미장플라스 ^{mise en place}('모든 것을 제자리에'라는 뜻으로 요리의 첫 단계를 의미한다—옮긴이) 단계에서 헤비메탈을 틀어놓곤 했다![10]

디자이너들에게도 책임이 있다. 반사가 잘되는 소재로 만든 가구들로 레스토랑을 채우라고 주장했기 때문이다. 새로운 북유럽 스타일(잘 알겠지만, 카펫과 천을 씌운 의자 그리고 테이블보가 사라진 원목 위주의 스타일이다)도 음향학적인 면에서는 문제다! 여기엔 소음을 흡수해줄 것이 아무것도 없기 때문이다. 물론 셰프의 책임이 전혀 없다는 얘기는 아니다. 그랜트 애커츠가 시카고의 앨리니아에서 테이블보를 없앤 이유는 접시가 테이블에 놓이는 소리를 돋보이게 하기 위해서였다.

지나치게 시끄러운 식당에 대한 반발은 꾸준히 늘어나고 있다. 최근 보도에 따르면 이렇다. "미슐랭 스타 셰프들이 스페인에서 식당의 소음을 낮추기 위한 캠페인을 시작했다. 소음이 일부 손님들의 미식 경험을 망치고 있다는 우려 때문이다." 일부는 여기서 더 나아갔다.

마드리드의 미슐랭 2스타 레스토랑인 오텔 우니코 ^{Hotel Único}의 라몬 프레이사 ^{Ramón Freixa}는 최근 이렇게 말했다. "미식은 감각적 경험이다. 소음은 이 즐거움보다 먼저 영향을 미친다. 당신이 함께 식사하고 있는 사람과의 좋은 대화만이 레스토랑의 유일한 소리여야 한다."[11] 그렇다면 어떻게 소음을 퇴출시킬까? 손님들이 가득한 성공한 식당은 음악이 없어도 괜찮다. 사람이 좀 적은 곳에서 소음을 줄이는 것은 훨씬 더 어려운 일이다. 더구나 배경 음악은 옆 테이블의 대화가 들리지 않게 차단해준다는 사실도 기억해둘 만하다. 그렇다면 음악은 '들리지만 너무 시끄럽지는 않은' 상태를 목표로 삼아야 한다.[12]

그래서 많은 셰프와 요리 아티스트들은 이 시장의 틈새를 발견하고 조용한 저녁 식사 이벤트를 준비해왔다. 우리가 침묵 속에서 식사를 한다면 음식에 극도로 집중할 수 있을 것이다(당신이 문자 메시지를 주고받는 것도 허락을 받아야 한다). 이것은 감각적 즐거움을 강화해줄 것이다. 똑같은 논리가 불을 끄고 어둠 속에서 식사하는 식당에도 적용된다. 이런 식당은 먹는 양도 줄여준다. 하지만 이런 이벤트는 상업적 성공을 거두지 못했다. 나는 이 전략이 주방에서 조리하는 소리를 강조함으로써 기대를 고조시킨다는 믿음에서 비롯됐다고 생각한다(최소한 적절히 다뤄진다면). 하지만 고요한 상태를 지속하는 것 역시 먹고 마실 때의 주요 활동을 방해한다. 바로 함께 있는 사람과의 대화라는 사회적 활동을 말이다.

많은 연구 결과 우리가 무엇을 듣는지(그리고 그 소리를 얼마나 좋아하는지)가 다양한 음식의 맛과 식감 그리고 풍미에 영향을 미친다는 사실이 드러나고 있다. 평점 척도를 이용한 사람들의 선호도 조사(식품이나 음료를 얼마나 좋아하는지) 역시 영향을 받는다. 흥미롭게도 좋아하는 음악이 나올 경우 음식이나 음료의 맛을 더 잘 즐길 수 있다. 항상은 아니지만 자주 그렇다. 최근 실험을 보면 좋아하는 음악은 젤라토의 단맛을 강화하는 반면 싫어하는 음악은 쓴맛을 강화하는 경향이 있었다. 누군가는 이런 결과를 파티 트릭과 별반 다르지 않다고 무시하려는 반면 나는 이 연구가 음식과 감각에 대해 심오한 암시를 담고 있다고 생각한다. 더구나 이런 결과는 다중 감각적 맛 경험을 디자인하는 데도 영향을 미칠 것이다. 이 책에서도 많은 사례들을 만날 것이다. 조만간 소리로 구성된 조미료에 대해 더 많이 듣게 되는 날이 올 것이다.

냄새 맡지 못하는 어른을 위한 소리 처방전

우리가 가장 좋아하는 음식의 특성(바삭, 아삭, 오독, 부드러운, 톡 쏘는)들은 우리가 먹는 동안 듣는 소리에 의해 크든 작든 영향을 받는다. 음식의 소리를 강화하는 것은 젊은 소비자들에게 대단히 중요할 뿐만 아니라 빠르게 나이를 먹어가는 인구에게도 중요하다. 요즘 들어서는 70세 이상 사는 사람이 꾸준히 늘어나고 있다. 70세가 지나면 미각과 후각이 극적으로 떨어진다(하지만 80세인 나의 부모님은 소리를 강화한 음식을 싫어하신다). 자, 자신에게는 해당되지 않는다고 안심하는 사람들에게 안타깝지만 나쁜 소식을 하나 전해야겠다.

감각과학자들에 따르면 십대 이후부터 감각은 둔화된다고 한다. 너

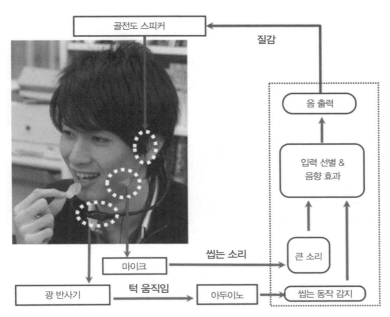

골전도 스피커

질감

음 출력

입력 선별 &
음향 효과

씹는 소리 ── 큰 소리

마이크

광 반사기 ── 턱 움직임 ── 아두이노 ── 씹는 동작 감지

그림 4-4 '마우스 자키'가 사용자의 턱 움직임을 감지한 다음 미리 녹음된 특정한 소리를 들려준다.

무 단정적인 이야기 아니냐고? 그렇게 생각하지 않는다. 연구에 따르면 나이 든 어른들은 대부분 심한 무후각증을 겪는다. 무후각증이란더 이상 냄새를 맡지 못하는 증상이다. 불행히도 불가피한 기능의 하락이 시작된 이상 미각이나 후각을 되돌릴 방법은 없다(시각과 청각이떨어진 사람에게 안경이나 보청기를 주는 신체 강화와 달리). 대신 나이 많은어른들에게 제공하는 요리에 오독 소리나 딱딱 소리가 많이 나게 할수는 있다. 다른 말로 하면 음향학적 관심을 활용하는 것이다. 이런방법으로 모든 사람의 마음과 미각을 자극할 수 있다.

미뢰와 코가 제대로 작동하고 있는 젊은 사람들은 무엇을 기대해

그림 4-5 **프랑스 아티스트 이오나 보트랭**Ionna Vautrin**이 디자인한 크루그 셸. 샴페인 잔에서 기포가 터지는 소리를 증폭시켜준다.**

야 할까? 일본의 연구자들은 '마우스 자키'라는 재미있는 헤드셋을 개발했다(그림 4-4). 마우스 자키는 식사 중인 사용자의 턱 움직임을 감지하고 미리 녹음된 소리를 들려준다. 구미 베어를 깨무는 소리를 듣는다고 상상해보자. 한편 빨대로 음료를 빨아들일 때의 소리나 느낌을 재현해줄 증강형 빨대를 만드는 사람들도 있다. 원하는 음식 사진이 있는 받침 위에 빨대를 대고 빠는 방식이다. 이 경험이 얼마나 진짜 같고 재미있는지 놀랄 것이다. 휴대전화로 에버크리스프EverCrisp(언제나 바삭거린다는 뜻-옮긴이)라는 소리 애플리케이션을 이용하면 눅눅해진 과자를 좀 더 바삭해지게 해서 '신선도를 높일' 수 있다.

음식 경험을 증진시키기 위해 앞으로 기술이 점점 더 많이 활용될 것이고(12장 '로봇 셰프를 믿을 수 있을까?' 참조) 이때는 디자인이 핵심적인 역할을 할 것이다. 그 사례로 크루그 셸Krug Shell(그림 4-5)을 소개하고 싶다. 크루그 셸은 도자기 회사인 베르나르도 리모주Bernardaud Limoges가 2014년 주문 생산한 한정판으로 리델 '조제프'Riedel 'Joseph' 샴페인 잔 위에 놓여 있다. 이것을 하나 구할 수만 있다면 한번 사용해보시길. 잔 안에서 거품이 터지는 소리가 증폭되어 얼마나 귀를 즐겁게 하는지 모른다. 의자에 기대앉아 소리를 듣다 보면 행복감이 밀려들 것이다.

피부로 맛보다

Touch

5

토끼 스튜는
토끼 가죽 스푼으로

세계 최고의 미슐랭 스타 식당들은 코스 요리에서 처음 세 가지, 심지어 다섯 가지 요리를 손가락으로 집어먹게 한다. 덴마크 코펜하겐의 노마, 스페인 산세바스티안의 무가리츠, 그리고 영국 브레이의 팻 덕 레스토랑이 그렇다. 자부심 넘치는 미식가들이라면 내 말을 이해할 것이다. 하지만 잠깐만 생각해보자. 불과 한두 해 전만 해도 미슐랭 2스타 또는 3스타 레스토랑에서 이런 일이 일어났다는 이야기는 들어보지 못했다. 물론 우리는 자동차에서 간식을 먹을 때 늘 손을 사용한다. 근사한 식당에서도 빵이나 조개를 먹을 때는 대개 손가락을 사용한다. 하지만 다른 음식을 손가락으로? 이건 새로운 현상이다. 그리고 한 단계 더 나아가 2016년, 무가리츠는 더 이상 전통적인 식기를 쓰지 않을 것이라고 선언했다.

이 장에서는 촉각이 식음료를 즐기고 경험하는 일에 얼마나 중요한지를 살펴볼 것이다. 여기에는 입뿐만이 아니라 손으로 느끼는 경험도 포함된다. 명심하라. 먹고 마시는 행위는 천천히, 하지만 확실히 전략적인 행위로 변해가고 있다. 그저 유명한 모더니스트 셰프들이 가장 최근에 만들어낸 음식을 먹고 마시는 행위만 그런 것이 아니다. 촉각은 가장 일찍 그리고 가장 크게 자라나는 감각기관이다. 피부는 전체 체질량의 16~18퍼센트를 차지한다. 무시하긴 결코 쉽지 않을 것이다.

손의 감각, 입 안의 감촉

음식의 질감이 맛이나 향에 영향을 미치냐고? 답은 '매우 그렇다'다. 이 주제는 경험적으로 연구하기가 대단히 어렵다. 감각 단서들을 독립적으로 다루기가 어렵기 때문이다. 예를 들어, 술의 점성이 높아질 경우 음료의 표면에서 방출되는 방향성 분자들의 수는 줄어든다. 그래서 구강이 느끼는 음식과 음료의 체감각적 특성(다시 말해, 입에 닿는 느낌)이 음식과 음료의 맛과 향에 영향을 미치는 것은 확실하지만 이런 상호작용의 원인을 찾아내는 것은 그리 쉽지 않다.

얼마 전에 감각을 연구하는 과학자들은 마침내 질감과 향을 각각 다양하게 바꾸는 방법을 알아냈다. 그들은 튜브를 이용해 사람들의 입에 향을 넣었다. 그 결과 특정한 지방 향을 주입해서 '입안의 감촉'을 개선하고 액체가 진하다고 느끼게 하는데 성공했다. 한편 입안에서 액체의 점도를 증가시키는 것(입에 크림을 넣었을 때와 물을 넣었을 때를 상상해보라) 역시 향이나 풍미의 지각에 영향을 미친다. 향을 튜브로 넣을 때도 마찬가지인데, 사람들은 점도를 변화시켜도 향의 발산이 바뀌지는 않는다고 확신하곤 한다.

딸기나 쿠키, 아니면 손에 들고 있는 무엇이든 한번 먹어보라. 그리고 스스로에게 물어보라. 맛 또는 풍미는 어디에서 나오는가. 가장 그럴듯한 답은 이렇다. 맛과 향은 우리의 입안에 있는 음식에서 나오는 것 같다. 이 말이 맞을까? 하지만 음식을 씹은 결과(내 동료들은 저작 작용이라는 말을 좋아한다) 음식이 으깨지고 침과 섞이고 입안을 돌아다닐 때 아마 입의 모든 곳에서 맛을 느낄 것이다. 그리고 음식을 삼킬 때마다 코로도 맛이 느껴질 것이다(후비강 경로를 통해). 우리 뇌는 모든 감각 정보들을 다시 한데 모아 입속에서 느껴지는 음식과 연관 짓는다. 뇌는 이런 일에 아주 능숙해서 감각 정보의 근원을 고민하는 일은 거의 없다.

영화관에서 영화를 보는 경우 우리 뇌는 객석 주위의 큰 스피커에서 목소리가 나오지 않는 것으로 처리한다. 덕분에 우리는 스크린에서 움직이는 입술에서 목소리가 바로 들리는 것으로 느끼게 된다. 먹고 마실 때도 똑같은 일이 일어난다. 이 현상을 설명하는 가장 단순한 방법은 짜거나 단 용액을 입에 넣은 다음 아무 맛도 나지 않는 면봉으로 혀를 문지르는 것이다. 면봉은 아무 맛도 나지 않지만 촉각 자극이 가해질 때마다 거기에서 맛을 느끼게 된다. 이것은 입안의 촉각 자극이 맛의 근원을 어떻게 '잡아내는지' 알려준다. 사실 뇌의 이런 작용을 알게 되면 맛의 근원이 입 바깥, 예를 들면, 정육점 주인의 혀(즉, 인간의 혀를 모방한 고무 제품)에 있는 것으로 착각하게 만들 수도 있다(내 연구팀은 이런 이상한 연구를 했다)! 어떤 사람들은 자신들의 몸 바깥에 있는 가짜 혀에 떨어뜨린 것(예를 들어 레몬 주스 한 방울)을 보고 그 맛을 알 수 있다고 확신한다. 자신의 진짜 혀에는 그냥 물을 떨어뜨려도 말이다.

'구강 참조'는 과일 향이나 고기 냄새 또는 스모키 향 같은 음식의 특성을, 향을 먼저 감지하는 코가 아니라 입으로 먼저 경험하는 현상을 의미한다. 음식을 먹고 마실 때 입안에서 느껴지는 촉각 자극이 입에서 향을 느끼는 구강 참조의 원인이라는 생각이 한 세기 이상 지배적이었다. 하지만 사실은 그렇지 않다는 것이 드러났다. 풍미 정보의 다중 감각적 통합은 너무나 쉽게 저절로 일어나지만 그렇다고 해서 이 과정이 단순한 것은 아니다. 따라서 "맛을 촉각으로 느낄 수 있나요?"라는 질문에 대한 답은 이렇다. "아니요." 이 말은 우리가 입안이나 밖에서 느끼는 것들이 음식의 맛과 향 모두에 분명히 영향을 미친다는 뜻이다.

첫 번째 맛: 손, 입술, 혀를 자극하라

이탈리아 미래파의 시조인 F. T. 마리네티는 촉각에 관심이 많았다. 그는 1921년에 '일 타틸리스모 Il tattilismo'라는 촉각 선언문을 만들고 1930년대에는 촉각을 활용한 최초의 만찬 자리를 조직했다. 안타깝게도 한 가지 문제가 있었다. 미래파는 요리를 할 줄 몰랐다. 그들은 이탈리아 언론으로부터 '요리 젬병'이라고 조롱을 받았다.[1] 요리를 향한 그들의 접근법은 절대 지속 가능하지 않았다(문제가 많은 정치적 견해 역시 그들의 이상에 도움이 되지 않았다). 당연히 그들은 1940년대에 흔적도 없이 사라져버렸다. 나중에 보겠지만 그럼에도 현대의 셰프와 요리 아티스트들은 마리네티의 환상적이고 거의 미친 듯한 경험 디자인(음식은 일단 잊으시길)들을 부활시키려 하고 있고 일부는 놀라운 결과도 내고 있다.

요리를 하지 못함에도 미래파는 가장 영향력 있는 저녁 파티들을 열었다. 그중 하나를 설명한 글을 보면 식사 중인 손님들에게 향수가 뿌려지고 손님들은 포크를 들지 않은 손으로 벨벳이나 실크 또는 사포 등을 쓰다듬었다고 한다. 그러니까 저녁 식사에 초대한 손님들에게 제대로 마리네티식의 파티를 경험시켜주고 싶다면 벨벳이나 실크 같이 서로 다른 소재의 파자마를 입고 오라고 말하라. 그러고는 음식이 테이블에 놓이면 손님들에게 바로 옆에 앉은 사람의 파자마를 다른 손으로 만지면서 식사를 하라고 해라! 교외 주택가에서 하기엔 좀 외설스러워 보인다면 좀 더 온건한 방법도 많다.

예를 들어, 런던 '키친 시어리'의 셰프 조제프 유세프로부터 영감을 얻을 수 있다. 2015년 그는 '공감각' 식사 이벤트에 '마리네티의 채소 조각Marinetti's Vegetable Patch'이라고 이름 붙인 요리를 제공했다. 요리 자체에도 다양한 식감이 있었다. 그리고 여러 개의 검은 육면체가 테이블에 흩어져 있었다(손 안에 꼭 들어가게 디자인됐다). 육면체 각각의 면 또는 마주보는 면은 벨크로, 벨벳, 사포 등 다른 재료로 만들어졌다. 손님들은 다양한 재료로 만들어진 육면체를 만지면서 요리의 다양한 요소들을 맛보았다. 그들은 손의 촉감과 입의 식감 사이에 일치하는 면이 있는지 느껴보라는 지시를 받았다. 어떤 사람들은 무슨 일이 일어나고 있는지 몰랐다. 모든 사람에게 적용되는 요리-실험이 아니었던 것이다. 하지만 일부 손님들은(약 3분의 1) 어떤 면을 만지느냐에 따라 식감도 변하는 것을 느꼈다. 누군가는 "이상하다, 거의 공감각적이다"라고 말할 것이다. 미래파는 결국 무엇인가를 해냈던 것이다!

나의 연구팀은 배리 스미스[Barry Smith] 런던대 교수와 함께 실험을 했다. 우리는 각기 다른 천 조각들을 모아 사람들에게 나눠줬다. 그러고는 레드 와인 몇 잔을 주고 각각의 천 조각들과 어떻게 어울리는지 평가하게 했다. 단순한 실험이었지만 많은 사람들이 관심을 가졌다. 누구나 집에서 해볼 수 있는 실험이기도 하다. 친구들과 와인병을 딸 일이 있다면 한번 해보면 어떨까? 적어도 손님들이 맛을 느끼는 경험에 좀 더 주의를 기울이게 해줄 것이다. 이것은 모든 레드 와인 광고에 벨벳이나 실크 등이 등장하는 이유도 설명해줄 것이다.

아프리카와 중동 그리고 인도를 생각해보자. 세계 여러 지역의 사람들이 손으로 먹는다. 하지만 레스토랑에서는, 특히 서구화된 국가에서는 항상 식기로 식사를 해야 한다. 서양에서는 차갑고 매끄러운 나이프와 포크로, 동양에서는 젓가락으로. 그리고 음료를 마실 때는 늘 컵이나 잔, 캔이나 병을 먼저 선택한다.* 아주 상식적으로 생각해보면 최초의 맛은 손으로 보게 된다. 감각과학자와 풍미화학자들에 따르면 식기나 잔의 느낌은 음식이나 음료의 맛에 어떤 영향도 미쳐서는 안 된다. 뿐만 아니라 맛을 즐기는 데도 영향을 미쳐서는 안 된다. 셰프와 음식 비평가 그리고 일반 손님 등 모두가 '다른 모든 것'을 무시하고 접시에 놓인 음식의 맛이나 잔에 담긴 음료의 향에 온전히 집중할 수 있을 거라고 생각한다. 하지만 그렇지 않다! 이제는 당신도

---

* 빨대로 마시는 경우를 제외하고. 빨대로 마시는 것은 아주 나쁜 생각이다. 전비강으로 들어오는 냄새 정보를 최소화하기 때문이다. 2장 '냄새만으로 배부르지는 않겠지만'을 보라.

'다른 것들'이 정말 중요하다는 사실을 알게 되었을 것이다. 촉감도 다르지 않다. 사실 촉감은 우리가 흔히 믿는 (혹은 믿으려고 하는) 것보다 훨씬 많은 영향을 음식과 음료의 맛에 미친다.

가스트로피직스의 연구들에 따르면 촉각은 맛 경험에 영향을 미친다. 정상급 셰프들과 분자 믹솔로지스트, 식기 아티스트와 포장(또는 식기) 디자이너들은 우리가 먹고 마시는 동안 느끼는 촉각에 더 많은 주의를 기울이기 시작했다. 그들은 우리가 식사 중에 손에 드는 것들의 질감과 무게부터 온도와 단단함까지 모든 것을 바꿔가며 실험하고 있다. 명심하라. 그들은 손에서 그치지 않는다! 가장 창조적인 디자이너들은 어떻게 하면 입술과 혀를 가장 효율적으로 자극할지를 고민하고 있다.

차갑고 매끄러운 금속 식기, 이게 최선입니까?

우리는 스테인리스스틸이나 은 식기의 차가운 매끄러움을 선호하도록 진화하지 않았다. 오히려 항상 손으로 먹어왔다. 그런데 어쩌다 주로 금속 식기를 통해 음식과 만나게 되었을까? 뛰어난 식기 디자이너인 이슬라 크로퍼드 Isla Crawford는 이렇게 말했다. "천연 금속으로 만든 표면은 인기가 좋다. 비균질함은 완벽한 표면보다 훨씬 감각적이기 때문이다."[2] 내 생각에는 이상하다. 전 세계의 수많은 정상급 셰프들이 그런 놀라운 일들을 접시 위에서 벌이고 있다. (접시가 있다는 가정 하에. 요즘은 접시가 없는 경우도 많으니까.) 우리가 본 적도 없는 방법, 1970년대에는 상상할 수조차 없었던 방법으로 요리를 다루는 천재성과 창의성을 드러내면서. 그리고 바로 그 셰프들이 손님들에게 나이프와 포크 그리고 스푼이라는 전통적인 조합으로 식사를 하게 한다. 이 부분에서는 상상력이 부족한 듯하다. 그렇지 않은가?

이미 수많은 사람들의 입에 들어갔던 것을 알면서도 우리는 식기를 다시 우리 입에 넣는다. 식기가 아니라면 거의 경험할 수 없는 현상이다. 만약 다른 사람의 칫솔을 쓰라는 말을 듣는다면 어떤 기분이 들까? 식기는 무엇이 다른 걸까?

내 생각에는 조만간 접시나 그릇에서 입으로 음식을 옮기는 급진적이고 혁신적인 방법들이 등장할 것 같다. 개방적인 식기 제조사들이 입속의 수용체에 관한 과학적 통찰과 최신 가스트로피직스의 연구 결과를 이용하여 미학적으로 기쁨을 주는 식기 디자인을 내놓기를, 그래서 우리의 맛 경험을 증진시켜주길 바란다. 이는 모더니스트 퀴진에 처음 등장하여 점차 시장으로 진출할 것이다. 아마 유명한 셰프의 이름을 내걸고.

스푼만 바꿔도 맛이 풍성해진다?

그럼 촉각 여행을 시작하기 위해 그림 5-1을 보자. 이렇게 화려하게 생긴 도구로 무언가를 먹는다면 어떨 것 같은가? 아마 기억에 더 남을 것이다. 분명 더 자극적이기도 하고.

그림 5-1의 스푼도 그렇다. 조만간 이 디자이너의 작품이 아마존에

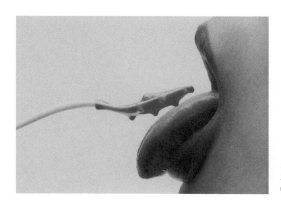

그림 5-1 뛰어난 디자이너 전진현이 만든 '감각 자극형 식기'.

서 판매될지도 모르겠다. 현재 우리가 사용하는 대부분의 식기는 질감이 아주 따분하다. 하지만 최근 식기 제조사 한곳이 색다른 질감을 추가한 감각 자극형 스푼들을 발매했다(그림 5-2). 네 가지 질감을 지닌 스푼은 혀를 특별한 방법으로 어루만진다. 나의 연구팀은 셰프인 조제프 유세프 그리고 최고의 식기 디자이너인 윌리엄 웰치 William Welch 와 함께 이 스푼이 음식의 맛이나 풍미 또는 식감을 개선해주는지를 연구 중이다.[3]

아직 자신만의 감각 자극형 스푼 세트를 마련하지 못했다면 돈을 들이지 않고도 손님들의 혀를 자극할 효과적이고 간단한 방법이 있다. 이 방법으로 다음번 저녁 식사에 초대한 손님들을 놀라게 해보면 어떨까? 우선 스푼을 레몬 주스에 담근다. (주의! 은 식기는 레몬 주스에 담그지 말기를. 골치 아픈 일이 생길 테니까). 그다음 설탕이나 커피 같은 것을 묻힌 뒤에 말려둔다. 손님들이 찾아오면 뭔가 맛있는 것을 스푼 위에 조금 얹어서 내놓는다. 캐롤라인 홉킨슨 같은 요리 아티스트는 이렇게 완전히 새로운 방식으로 손님들의 혀를 즐겁게 해준다. 심지

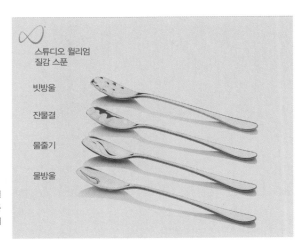

스튜디오 윌리엄
질감 스푼

빗방울

잔물결

물줄기

물방울

그림 5–2 **스튜디오 윌리엄** Studio William이 만든 네 가지 질감의 스푼 세트.

그림 5–3 **노마 레스토랑에서 나온 고급 나무 식기. 특이한 질감. 하지만 누군가에겐 너무 가볍다.**

어 최고의 레스토랑도 이 방법을 이용한다. 예를 들어 앨리니아의 '오세트라^{Osetra}' 요리가 그렇다. 색다른 질감에 놀란 손님들은 곧 먹게 될 음식에 대해 좀 더 마음의 준비를 하게 된다.

음식에 대한 경험을 바꾸는 또 다른 방법은 식기의 재료를 바꾸는 것이다. 이때 값싼 해결책으로는 보통의 나이프와 포크를 피크닉용 나무 식기로 바꾸는 것이다. 이 방법은 설거지도 줄여준다! 다만 세계 정상급 레스토랑인 노마에서 비슷한 시도를 했을 때 손님이 어떤 반응을 보였는지를 주의해 살펴보자. 노마는 고급 나무 식기를 도입했고(그림 5-3) 2015년 이곳을 방문한 내 동료는 크게 실망했다. 그녀는 이렇게 전했다. "테이크아웃 음식에 딸려 나오는 포크와 스푼으로 먹는 것 같았다." 이런 반응이 일반적인 것인지 알아보기 위해 연구를 진행해보면 정말 흥미로울 것이다.

무거운 식기를 사용했을 때 일어나는 일

식기 디자인에서 무게가 중요하다는 사실은 아무리 강조해도 지나치지 않다. 사람들은 손에 적당한 무게를 느끼고 싶어 한다. 양끝의 적절한 균형은 말할 것도 없다. 헤스턴 블루멘탈의 팻덕 레스토랑에서 내가 거의 처음 느낀 것은 식기의 묵직함이었다(나무와 강철로 만든 프랑스 라귀올^{Laguiole} 스타일의 식기로 정말 무거웠다).[*] 식기 디자이너인

---

[*] 최소한 2015년에 주방 보수 공사로 문을 닫기 전까지는.

윌리엄 웰치(그림 5-2에 나온 질감이 있는 스푼을 만든 디자이너)는 식기를 들었을 때 좋은 느낌이 들어야 한다는 사실을 직관적으로 알았다. 그는 내게 이렇게 말했다. "보이는 것만큼이나 중요하다"고.

반면 젊은 셰프들이 식기에 대해 인색하게 구는 모습은 놀랍기만 하다. 물론 이해는 간다. 젊은이들이 교외에 자신의 첫 번째 펍을 연다고 하자. 그들은 모든 저축을 쏟아부어 가게를 여느라 현금이 부족할 것이다. 당연히 무거운 식기는 필수품이라기보다는 사치품처럼 느껴질 것이다. 그렇지 않은가? 하지만 이렇게 식기 값을 아끼면 아름답게 요리한 음식을 가벼운 간이 식기로 먹는 듯한 느낌을 주게 될 것이다. 맛 경험도 손상될 것이다. 당신도 직관적으로 동의할 거라고 믿는다. 그런데 가스트로피지스트들의 연구 결과는 어땠을까?

우선순위를 따져볼 것이 여러 개일 때는 가스트로피지스트들의 연구가 필요하다. 물론 우리의 첫 번째 작업은 기존의 연구 논문을 찾아보는 것이었다. 정말 놀랍게도 이 주제(음식과 음료를 먹고 마실 때 식기가 미치는 영향)에 대해 논문들은 한결같이 침묵을 지켰다. 어떻게 이렇게 기초적인 내용이 그렇게 오랫동안 무시당하고 있었을까? 나의 연구팀은 식기의 무게가 음식을 먹을 때 얼마나 중요한지 알아보기로 했다. 감각 통합 연구소에서는 음식을 무거운 스푼으로 먹으면 가벼운 스푼으로 먹을 때보다 평가가 좋아지는지 일련의 연구를 진행해왔다. 하지만 시판되는 요구르트를 실험실에서 무거운 플라스틱 스푼으로 먹는 것은 고급 레스토랑의 세팅과는 거리가 멀다. 두 경우 모두에 똑같은 결과가 적용될까?

엄격하게 통제된 우리의 실험에서는 사람들이 무게가 다른 스푼으로 음식을 먹었다. 동일한 사람들을 여러 차례 실험에 참가시키면 우리가 얻은 결과가 개인 차이가 아닌 실험 조건의 변화에 의한 것임을 확신할 수 있다. 하지만 부정적인 면도 있다. 연구의 형식 탓에 참가자들이 무게에 부자연스러운 관심을 갖게 된다는 점이었다. 한 시간 가까이 음식 맛을 보고 또 보라는 요청을 받았다고 상상해보자. 가장 두드러진 차이는 식기의 무게다. 다른 특이점이 없으므로, 참가자들의 관심은 식기에 쏠리고 결국 행동이 영향을 받을 위험이 크다. 식당과는 다르게 말이다.

이런 우려 때문에 나는 식기의 무게와 관련된 아이디어를 실제 현장에서 실험해볼 기회를 찾고 있었다. 물론 팻덕 레스토랑의 무거운 식기를 들었던 손님들과 함께 연구하면 좋을 것이다. 하지만 그런 일은 일어날 수가 없다. 왜 그럴까? 어떤 펀딩기구가 그날 밤이 끝날 무렵 나의 피험자들(잘 먹인 기니피그들)의 계산서를 순순히 계산해주겠는가? 현재 이 레스토랑의 음식 가격은 와인 페어링(코스의 단계별로 나오는 음식과 어울리는 와인을 같이 서빙해주는 서비스-옮긴이) 비용이나 기타 서비스 가격을 포함하지 않고도 거의 300파운드(한화 약 44만 원)나 된다.

다행히 나는 한 국제 달걀 연합 콘퍼런스에 강사로 초청받았다. 주최 측은 내게 세 코스로 구성된 실험적인 점심 식사를 참가자들에게 제공해 가스트로피직스가 무엇인지 알려주면 어떻겠느냐고 물어왔다. 이런 행운이라니! 손에 느껴지는 무게가 입속의 음식 맛에 영향을 미친다는 이론을 실험해볼 완벽한 기회였다. 내가 기다려왔던 순간이었다.

이런 장면을 생각해보자. 에든버러 중심가의 멋진 호텔 레스토랑에 150명의 국제 콘퍼런스 참가자들이 있다. 그들은 여러 테이블에 무작위로 앉아 있다. 테이블의 자리마다 점수 카드와 연필을 두어 음식이 얼마나 좋았는지, 플레이팅이 얼마나 예술적이었는지, 음식에 얼마를 지불할 의사가 있는지를 물었다. 그들은 자신들이 실험에 참가하고 있다는 사실을 아주 잘 알았지만 어떤 질문을 받을지는 몰랐다. 메인 코스로는 에티브 호수의 연어 한 조각이 나왔다. 전체 테이블 가운데 절반에는 가벼운 간이 식기를 놓았고 나머지 절반에는 무겁고 비싼 식기를 놓았다.* 하지만 우리는 사람들에게 식기에 대해서는 묻지 않았다. 그저 음식에 대해서만 질문했을 뿐이다.

결과는 명백했다. 무거운 식기를 사용한 경우 음식이 더욱 예술적으로 플레이팅됐다고 생각했다. 또한 같은 날 같은 식당에서 같은 음식을 먹었는데도 무거운 식기를 사용한 사람들이 가벼운 식기를 사용한 사람들에 비해 훨씬 비싼 값을 지불할 의사가 있다고 밝혔다. 그러므로 분명한 사실은 이렇다. 손님들의 손에 좀 더 무거운 것을 들려주면 그들은 당신을 더 좋은 셰프라고 생각하게 된다! 이 사실을 명심하고 당장 식기 서랍으로 가서 무거운 식기를 꺼내는 것이 어떨까. 물론 너무 과한 것은 금물이다. 어떤 레스토랑은 다루기도 힘들 만큼 무거운 식기 때문에 손님들의 불평을 사고 있다.**

---

* 매의 눈을 가진 독자는 눈치챘겠지만 식기의 무게와 질이 모두 달랐다. 문제는 무게가 무거우면서 질이 나쁜 식기를 구하기가 정말 어렵다는 사실이다. 그런 것을 찾았다고 해도 그 식기를 70벌이나 사도록 연구 자금을 대줄 사람이 없다. 자주 그렇듯, 우리는 우리의 능력 안에서 연구를 해야 했다. 이 경우에는 간이 식기와 레스토랑 식기를 연구에 활용했다.

그림 5-4 왼쪽 : 샤를 미셸 식의 복슬복슬한 식기. 토끼 고기와 잘 어울린다. 오른쪽 : 1936년 메레 오펜하임Meret Oppenheim이 창작한 〈오브제〉는 가죽으로 마감한 컵, 접시, 스푼으로 구성되어 있다. 이 컵을 입술에 대고 차를 마시는 기분은 어떨까? 이 미술 작품은 당시 성적인 암시를 지닌 대단히 전복적인 작품으로 여겨 졌다. 가죽에는 입술을 대고 싶지 않게 하는 뭔가가 있다. 프로이트가 여기에 대해 뭐라고 할지는 상상만 해 볼 뿐이다!

토끼에게 미안하지만

나의 연구팀은 옥스퍼드에 있는 나의 집에서 주기적으로 디너 파 티를 연다. 어떤 날에는 당시 상주 셰프였던 샤를 미셸이 시장에서 사 온 토끼로 스튜를 끓이기도 했다. 정말 맛있었다. 하지만 그날 저녁 가장 기억에 남은 것은 폴 보퀴즈 요리 학교에서 수련한 셰프가 내

––––––––

•• 영국의 일간지인 〈데일리 메일Daily Mail〉에 우리의 식기 연구에 대한 대단히 어이없는 만화가 실렸다. 한 커플이 테이블에서 식사를 하고 있고 나이 든 여자가 주방에서 힘겹게 일하고 있다. 그 아래에 이런 구절이 있다. "식기를 두 번이나 바꿨는데도 당신 어머니의 요리는 여전히 맛이 형편없군."

그림 5-5 팻덕 레스토랑의 테이스팅 메뉴 코스에 마지막으로 나온 요리인 '양 세기'. 스푼처럼 생긴 물건을 보자. 무게가 얼마나 나갈 것 같은가? (생각보다 훨씬 무겁다. 정말이다.)

아내의 식기로 벌인 일이었다. 그는 정육점에 토끼 가죽을 깨끗이 손 질해달라고 했다. 그리고 가죽을 스푼의 손잡이에 둘렀다(그림 5-4 왼 쪽). 곧바로 이 식기들은 다중 감각을 자극하는 식사 도구가 됐다. F. T. 마리네티도 만족했을 것이다! 우리는 식탁에 둘러앉아 우리의 '앞 발'에 부드럽고 복슬복슬한 가죽을 쥐었다. 손에서는 희미한 동물 향 이 났다. 의심할 여지가 없었다. 모든 사람이 식사가 무엇으로 만들어 졌는지 금세 알아차렸다(또 다른 유명한 사례는 그림 5-4 오른쪽).

한두 달 뒤에 팻덕 레스토랑에서 새로운 테이스팅 메뉴의 마지막 코스 요리를 받았을 때였다. 마지막에 털이 잔뜩 달린 묵직한 흰 스 푼(그림 5-5)이 나왔다. 내가 얼마나 놀랐을지 상상해보라. 지금도 그 스푼이 이상적인 선택이었는지는 의문이다. 접시는 하얗고 가벼웠 다. 그래서 놀라울 정도로 가벼운 스푼이 여기에 잘 어울린다고 생각했다. 그런데 요리와 함께 나온 스푼은 생각보다 훨씬 무거웠다(헬리오트로핀 향의 베이비파우더 냄새가 손잡이에서 났다). 하지만 우리 예상을 깨뜨리는 것이 바로 이 아이디어의 핵심이었다. 식사를 하는 사람들은 식기의 무게와 그 영향에 대한 기존의 편견에서 벗어날 수 있었다.

다만 음식 맛을 강화해줄 식기를 원한다면 식기의 무게가 화제가 되어 식사하는 사람의 관심을 빼앗지 않는 것이 좋다. 내 생각에는 거기에는 '양 세기 ^{Counting Sheep}' 요리의 진짜 위험이 있다. 만약 공중에 마법처럼 떠 있는 쿠션 위에서 디저트가 정말 빙글빙글 돌고 있다면 문제가 될 수도 있다. 그런데 정말 돌고 있다. 자기 부상 기술을 이용한 것으로, 아마 당신이 한번도 본 적이 없을 것이다. (본 적이 있다면 런던 랭엄 호텔 ^{Langham Hotel}의 아르테시안 바 ^{Artesian bar}에 들렀음이 틀림없다. 거기에서는 2년 동안 풍선에 매달린 칵테일이 메뉴판 위에 떠 있었다.) 이 역시 나의 연구실에서 진행되는 수많은 연구의 목표 중 하나다. 더 좋고 더 인상적인 맛 경험을 창출하기 위해 가스트로피직스의 최신 통찰을 어떻게 활용할지 이해하는 것 말이다.

손으로 먹기, 더 고급스럽게

세계적으로 유명한 음식인 햄버거를 보통 손으로 먹는다는 사실에 대해 생각해본 적이 있는가? 심지어 접시 위의 음식을 포크와 나이프로 우아하게 먹을 때보다 엄지와 검지로 집어 먹을 때가 더 맛있다.

똑같은 이유로 피시 앤 칩스도 바닷가에서 신문지째 바로 먹을 때가 맛있다(적어도 신문지가 비위생적이라고 금지당하기 전까지는 그랬다). 즐거운 경험이라는 측면에서 손을 쓰는 것보다 신문지째 바로 먹는 것이 좀 더 이야깃거리가 많다는 사실을 처음으로 인정해야겠다. 잘 생각해보라. 놀랍게도 수많은 음식이 이렇게 먹어야 더 맛있다. 유명한 미국 셰프 재커리 펠라치오 Zachary Pelaccio가 요리책의 제목을 '손으로 먹기 Eat With Your Hands'로 정한 것도 놀라운 일이 아니다. 그는 "유행에 민감했다".

패스트푸드만 손으로 먹는 것은 아니다. 요즘 사람들은 고급 요리도 손으로 먹는다. 이 장의 시작 부분에서 봤듯 점점 많은 미슐랭 스타 레스토랑이 식기 없이 또는 완전히 새로운 식기로 먹는 요리를 받아들이고 있다.* 흥미롭게도(나는 여전히 이런 일들을 이해하려고 노력하고 있다) 손가락으로 먹는 음식은 식사 후반보다는 초반에 등장하는 경향이 있다. 그 이유를 아는 분은 꼭 알려주시기를.

많은 사람들이 말하기를, 손으로 음식을 먹으면 정말 맛이 좋다고 한다. 특히 인도 사람이 그렇다. 그들은 손가락으로 밥을 먹도록 교육받았다. 그래서인지 그들은 식기를 사용할 때마다 음식이 맛을 잃는 것 같다고 했다. 얀 마텔 Yann Martel의 책《파이 이야기 The Life of Pi》가 핵심을 말해준다. "캐나다에 있는 인도 음식점에 처음 갔을 때 나는 손가락을 썼다. 웨이터가 경멸하듯 쳐다보며 말했다. '배에서 막 내렸지,

---

* 고급 식사의 경우 전체를 손으로 먹게 하면 실패할 것이 분명하다. 이탈리아 밀라노에 있었던 일 잠벨리노 Il Giambellino같이 손님들에게 식기를 전혀 제공하지 않는 레스토랑은 오래 지속되기 힘들다. 특히나 리소토의 본고장에서는 더욱!

맞지?' 나는 창백해졌다. 1초 전만 해도 입보다 먼저 맛을 보는 미뢰였던 내 손가락이 그의 시선 아래에서 더러워졌다. 손가락은 현장에서 붙들린 범인처럼 얼어붙었다. 나는 죄책감을 느끼며 냅킨으로 손가락을 닦았다. 웨이터는 내가 얼마나 깊은 상처를 입었는지 몰랐다. 그의 말은 내 살을 파고든 못과 같았다. 나는 나이프와 포크를 집어 들었다. 이런 도구를 써본 적이 없었다. 손이 떨렸다. 사슴 고기 맛이 사라져버렸다."[4]

나는 사람들이 음식을 손가락, 나이프와 포크, 젓가락으로 먹을 때 어떤 차이가 있는지 비교하고 싶었다. 물론 제공되는 음식과 맥락에 따라 대답은 달라졌다. 식사하는 사람이 누구인지에 따라 그리고 그들이 무엇에 익숙한지에 따라 달라지는 것은 말할 것도 없다. 그럼에도 우리가 손으로 느낀 음식이 입안의 지각 활동에 영향을 미친다는 사실을 보여주는 흥미로운 연구 결과들이 있다. 예를 들어, 나의 동료인 마이클 바네트코완Michael Barnett-Cowan이 캐나다에서 실시했던 연구가 그렇다. 연구팀은 반으로 자른 프레첼들을 붙여서 다시 하나로 만들었다. 그래서 하나의 프레첼들은 씹히는 느낌이 같을 수도 있고(바삭한 부분끼리 이어 붙이거나 눅눅한 부분끼리 이어 붙였을 경우) 다를 수도 있었다(바삭한 부분과 눅눅한 부분을 이어 붙였을 경우). 손에 잡힌 부분이 눅눅할 경우 입으로 깨무는 부분은 눅눅할 수도 있고 바삭할 수도 있다. 실험 결과 손에서 느껴지는 촉각이 입안에서 경험한 것을 설명하는 데도 영향을 미쳤다.

다음번에 친구들을 초대하면 식기 없이 음식을 대접해보라. 당신은 디브렛Debrett(영국 귀족 연감)의 《에티켓 가이드Guide to Etiquette》에서 이 주제에 대해 뭐라고 말하는지 걱정스러울 것이다. 다행히 좋은 소식이 있다. 이 책의 2012년판은 마침내 손가락으로 먹는 음식이 예의 바른 사회에서도 용인할 만하다고 적고 있다. 적어도 피자나 칼조네 ^{calzone}(밀가루 반죽 사이에 고기, 치즈, 채소 등을 넣고 만두처럼 만들어 오븐에 구운 이탈리아 요리-옮긴이), 아이스크림콘 같은 경우 말이다. 하지만 무엇을 먹든 손가락을 빠는 행동만은 금물이다!

마지막으로, 첫 번째 데이트에서 손으로 음식을 먹는 것은 좋은 아이디어다. 적어도 최근 발행된 논문에 소개된, 2000명을 대상으로 실시한 조사 결과를 신뢰한다면 말이다. 남자들은 여자들이 손으로 먹는 모습에서 큰 매력을 느낀다. 방법을 알았으면 실행해보라! (당신이 남성이고 여성에게 좋은 첫인상을 주고자 한다면 메인 코스 요리로 샐러드를 주문하지 말기를.)

입안에서 움직이는 게 정말 맛있을까?

나의 동료 샘 봄파스가 한국에서의 저녁 식사에 대해 말해준 적이 있다. 산낙지가 바로 접시에 오른다. 주인은 샘에게 아직 꿈틀대는 낙지 발이 목에 달라붙지 않도록 열심히 씹으라고 말해주었다! 끔찍하지 않은가? 이것은 역설적이다. 우리의 시각은 움직이는 음식에 이끌리는 반면(3장 '어떤 색깔이 더 맛있을까?' 참조) 일단 음식이 입안에 들어오면 절대 움직이지 않기를 바란다. 아마 이렇게 입안(더 나쁘게는 목안)에서 움직이는 것에 대한 혐오 때문에 노마에서 내놓은 살아 있는 개미에 모두들 동요했을 것이다.

　아주 오래전에 내가 캐나다의 학교에서 일 년간 근무할 때였다. 그곳 교장들은 자신들의 학교 아이스하키 팀이 득점할 때마다 그릇 안에 담긴 살아 있는 금붕어를 날것으로 먹으려고 했다(다행히 점수를 내는 일은 매우 드물었다). 많은 사람들은 금붕어가 입안에서 움직이는 모습을 상상하고는 구역질을 했었다.

　진화론적으로 말하자면 아마 우리 조상들은 질식의 위험 때문에 입안에서 움직이는 음식을 피했을 것이다.* 어떤 음식에든 정물이 있다는 인상을 주기 위해 메뉴를 설명하는 언어를 얼마나 선별하는지 생각해보자. 스티브 쿠건 Steve Coogan 과 로브 브라이던 Rob Brydon 의 텔레비전 시리즈 〈여행 The Trip〉에 좋은 예가 나온다. 웨이터가 음식을 소개하며 '쉬고 있다 resting'고 말하자 로브 브라이던이 지적했다. "음식이 쉬고 있다고 말하다니 지나치게 긍정적이다. 이제 음식들이 쉬는 나날은 끝나버렸다. 그 음식은 죽었다."[5] 맞다. 물론 '죽었다'는 말은 메뉴판에 절대 나와서는 안 될 것 같다.

　입에서 느껴지는 음식의 질감(음식이 움직이지 않을 때도)은 우리가 음식을 좋아하고 싫어하게 만드는 강력한 요인이다. 예를 들어, 많은 아시아 손님들은 쌀 푸딩의 질감이 맛(또는 풍미)에 비해 불쾌하다고 생각한다. 반대로 일본에서 아침 식사를 하는 서양 사람들은 발효된 검은 낫토가 쉽게 잊히지 않을 질감과 농도를 가졌다고 생각한다. 굴

---

* 접시에서 움직이는 음식도 사람을 몽롱하게 하고 불편하게 할 수 있다. 일식집에서 제공되는 가다랑어포가 때로 그렇다. 한국식 바비큐 집에서 볼 수 있는 전복과 먹장어의 꿈틀거림은 말할 것도 없다.

은 또 어떻고. 대개 사람들이 거부감을 갖는 것은 맛이나 향이 아니라 미끈거리고 끈적거리는 느낌이기 때문에 영국의 음식 비평가인 A. A. 길^{Gill}이 내놓은, 굴에 대한 설명에 다들 동의할 것이다. "조개껍질 한쪽에 담긴 바다의 콧물."

물론 질감(구강의 체감각)은 우리가 특정 식품을 선호하는 중요한 이유일 수도 있다. 사실 많은 연구자들은 입안에서 녹는 희귀한 식품인 초콜릿이 매력적인 것도 질감 때문이라고 주장한다(이 차이를 경험하고 싶다면 아주 차가운 초콜릿과 따뜻한 초콜릿을 먹어보라). 질감은 우리가 음식의 질과 음식에 대한 수용성 그리고 최종적으로 음식에 대한 선호 여부를 인지하는 데 결정적인 역할을 한다. 이런 사례를 생각해보자. 어린 시절을 생각나게 하는 음식들은 대개 부드러운 질감을 갖고 있다(예를 들어, 으깬 감자나 사과 소스 그리고 푸딩). 이런 질감을 가진 음식들은 위에 편안하고 성장에도 좋다. 반대로 스낵류 간식은 대개 바삭바삭하다. 감자칩이나 프레첼을 생각하면 된다. 질감의 차이는 많은 셰프와 음식 개발자들이 연구하는 주제이고 소비자들이 음식에서 중요하게 평가하는 항목이다. 바브 스터키가 저서 《당신이 놓치고 있는 것을 맛보라^{Taste What You're Missing}》에서 썼듯이 "훌륭한 셰프는 그들의 요리와 대비되는 질감을 더하기 위해 오랫동안 노력한다. 이때 네 가지 다른 접근법을 활용한다. 식사하는 과정에서 식기의 질감을 더하기도 하고, 요리 자체에 질감을 더하기도 한다. 복잡한 음식에 적용하기도 하고, 단순한 음식에 적용하기도 한다."[6]

오목한 볼bowl에 담으면 뭐든 더 맛있어진다

놀랍게도 2016년에는 오목한 그릇인 볼에 관한 책이 다섯 권이나 출간됐다. 우리는 묻게 된다. 볼이 어때서? 우선 볼에 담으면 뭐든 더 맛있어진다. 기네스 펠트로 Gwyneth Paltrow 조차 그렇게 생각할 것이다. 그러니 그건 그냥 진실이다. 단지 기존의 음식을 새로운 그릇에 담는 것에서 그쳐서는 안 된다. 그 자체로 완전하고 영양이 풍부하며 든든한 음식을 채움으로써 볼의 매력이 완성된다.

뜨거운 음식을 볼에 담아내면 먹는 사람은 김이 나는 내용물의 풍부한 냄새를 맡을 수가 있다. 심지어 냄새를 맡으라는 권유를 받기도 한다. 하지만 똑같은 음식이라도 접시에 담기면 대개는 풍성한 냄새를 맡을 수 없다. 앞서 봤듯이 후각적 자극을 강화하면 풍미 지각을 높이고 만족감을 증진시킬 수도 있다. 손에 볼을 들면 무게도 느껴진다. 이때 볼이 무거울수록 포만감을 느낄(즉 배가 부를) 확률이 높다고 한다. 정부로부터 포장재를 줄이라는 권고를 받은 식품 회사라면 고민스러운 문제다. 특히 배를 채워주는 간식을 만드는 경우에 말이다 (요구르트가 대표적이다). 우리의 또 다른 연구에 따르면 탄산음료 캔이나 초콜릿 상자 또는 요구르트 병을 무겁게 만들면 사람들에게서 더 좋은 평가를 받았다.

볼의 둥근 아랫부분을 잡으면 내용물의 온기와 함께 위안을 느끼게 된다. 식기의 질감이 음식의 맛까지 개선시킨다는 사실에 주목하자. 우리의 최근 연구에 따르면, 사람들은 보통의 매끈한 접시보다 투박한 접시에 담긴 생강 비스킷을 훨씬 맵다고 느꼈다. 손에 따뜻한 컵이나 볼을 들면 주변 환경이 좀 더 친근하게 느껴지기도 한다. 가장자리가 넓은 볼보다 가장자리가 없는 볼에 음식을 담으면 똑같은 양이라도 더 많게 느껴진다. 볼에 담은 음식은 사진발도 좋다. 결국 가스트로피직스적으로 볼은 든든하고 건강한 식사를 찾는 사람들에게 훨씬 좋은 그릇이다.

립턴Lipton 아이스 티에서 복숭아 털 느낌이 난다면?

그런데 촉각이 맛 경험에 왜 이렇게 큰 영향을 미치는 것일까? 단지 음식의 촉각일 뿐인데 말이다. 하나의 가능한 답은 '정서적인 복화술affective ventriloquism'이라는 개념과 관련이 있다. 몇 년 전 나는 연구팀 동료인 알베르토 갈라스Alberto Gallace와 함께 사람들이 무엇을 만지든 그에 의해 음식이나 음료 자체에 대한 정서적 반응이 바뀐다는 사실을 밝혀냈다. 다시 말해 음식이나 음료에 대한 인상과 식기나 컵 또는 접시에 대한 인상을 분리하기 어렵다는 뜻이다. 사람들은 다른 것들에 의해 쉽게 영향을 받는다.

우리가 음식과 음료의 3분의 1은 포장지에서 바로 꺼내 먹는다는 사실을 생각하면 제품 디자이너와 마케터들이 제품 포장의 느낌에 관심을 쏟는 것이 놀랍지도 않다. 사실 그렇게 우리는 촉각 디자인이라는 완전히 새로운 세계로 이끌려 들어가는지도 모른다. 포장에 해당 과일과 똑같은 느낌을 줌으로써 과일의 개념을 촉발하거나 전달하려는 경우가 있을 수도 있다. 이 경우 제품 자체가 레몬의 크기와

색, 심지어 감촉까지 흉내 낸다(그림 5-6).

하지만 내가 가장 좋아하는 사례는 정상급 일본인 디자이너인 후카사와 나오토深澤直人의 극사실주의 포장들이다. 이를테면 과일을 만졌을 때의 경험을 완벽하게 포착한 음료 용기가 대표적이다. 이 용기는 상대적으로 저렴한 느낌을 주는 지프Jif 사의 레몬 주스 포장으로 발전했다. 놀랍게도 후쿠사와는 바나나와 딸기 그리고 털이 복슬복슬한 키위의 표면까지 완벽하게 모사해냈다.

나의 연구팀이 유니레버 사와 이 주제로 공동 연구를 시작한 지도 벌써 15년이 넘었다. 당시 연구팀은 립턴Lipton 복숭아향 아이스티의 포장재에 복숭아 껍질의 털 느낌을 담아 복숭아 맛을 강화하자고 했었다. 당시에는 이 아이디어를 실현하려면 비용이 너무 많이 들었다. 하지만 이제는 비용이 훨씬 저렴해졌다. 게다가 손으로 느끼는 감각이 음식이나 음료를 먹는 경험을 개선해준다는 연구 결과도 여러 차례 나왔다.

식기든 유리잔이든 혹은 접시든 그릇이든 가스트로피직스적 접근은 현재 식탁에서 급격히 늘어나고 있는 창의적인 촉각 디자인에 증거와 영감을 제공하고 있다. 가장 극단적이고 진귀한 사례는 식기 디자이너와 모더니스트 셰프 그리고 분자 믹솔로지스트들이 만들어낼 것이다. 하지만 대부분의 사람들 역시 이 새로운 접근을 식품이나 음료의 포장을 통해 접할 것이다. 하이네켄 캔의 질감을 도입한 페인트에서부터(2010년에 나온 이 특별한 캔은 '특유의' 느낌을 주려는 의도를 지녔다) 실크처럼 매끈한 최고급 초콜릿 상자까지 온갖 제품을 통해서.

2부

세상에서 가장 맛있는 식탁

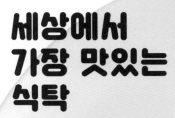

우리 분위기 있는 곳에서 먹어요 · 오리지 널 소셜 네트워크 · 미슐랭 셰프도 좌절 시키는 10km 상공의 식사 · 프루스트의 마들렌처럼 · 왜 스타벅스는 진동벨 대신 이름을 부를까? · 소리, 분위기, 맛 모두 를 즐기세요 · 로봇 셰프를 믿을 수 있을 까? · 완벽한 식사의 조건

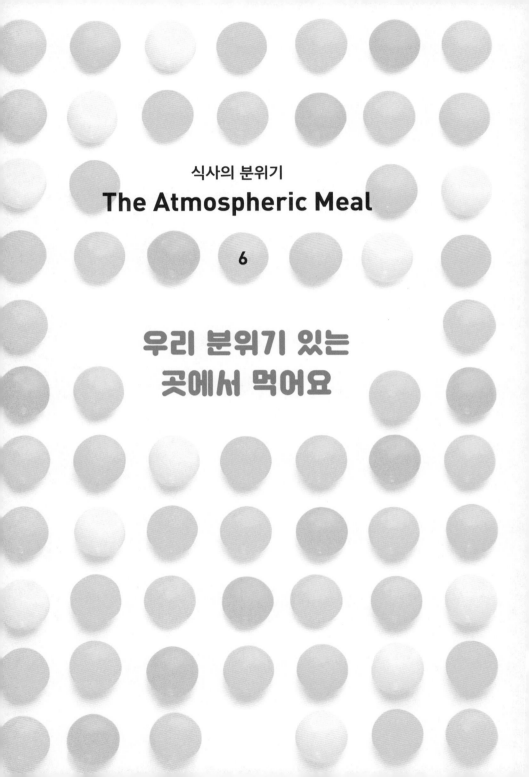

식사의 분위기
The Atmospheric Meal

6

우리 분위기 있는
곳에서 먹어요

식사하는 환경을 무시할 수는 없다. 고향을 떠나 외국의 도시에 있다고 해보자. 어디에서 먹을지 결정할 때 결국 손님이 많고 떠들썩한, 다시 말해 '분위기'가 있는 곳을 고르지 않을까? 우리는 손님이 하나도 없는 곳은 잘 가지 않는다. 완전히 죽은 식당 같은 곳 말이다. 이런 곳은 아무리 누군가에게 추천을 받아도 가지 않게 된다.

식당의 분위기가 얼마나 돈을 쓸지는 물론이고 얼마나 음식을 먹을지도 결정할까? 많은 식당들이 그렇다고 믿는다. 1965년 보스턴의 피어 포 $^{Pier Four}$ 가 북미에서 가장 잘나가는 레스토랑이던 시절 그 주인은 이렇게 말했다. "분위기가 아니었다면 이렇게 성공하지 못했을 것이다."[1] 하지만 정말 적당한 배경 음악을 선택하는 것만으로도 맛과 식사의 즐거움을 강화할 수 있을까? 새로운 가스트로피직스 연구들에 따르면 그렇다고 한다.

음악에서부터 조명까지, 그리고 향기에서부터 의자의 느낌까지 주변 환경은 식사 경험에 영향을 미친다. 마케터들은 환경의 영향에 대해 오래전부터 알고 있었다. 유명한 마케터인 필립 코틀러는 '분위기'

에 대한 선구적인 논문에서 토털 프로덕트^{total product}를 제안하는 경우 핵심은 제품이나 서비스를 소개하는 분위기이며, 그것은 다중 감각적이어야 한다고 강조했다. 그는 탠저블 프로덕트^{tangible product}(유형 상품)와 토털 프로덕트를 구분했다. 그의 영향력을 고려하면 이 말은 인용할 만한 가치가 있다. "구두나 냉장고, 미용이나 식사 같은 탠저블 프로덕트는 전체 소비 패키지의 일부에 불과하다. 구매자들은 토털 프로덕트에 반응한다. (중략) 이런 토털 프로덕트의 중요한 특성 중 하나는 그 제품을 구매하거나 소비하는 장소다. 어떤 경우 분위기가 첫 번째 제품이 된다."[2]

최근까지 분위기에 대한 대부분의 연구가 음악에 초점을 맞추는 경향이 있었다. 바꾸기 쉬운 환경이니까. 그러니 먼저 배경 음악이 식사 행위에 미치는 영향에 대해 알아보자.

음악이 식사 분위기에 미치는 영향

음악의 템포가 빨라지거나 소리가 커지면 먹거나 마시는 속도도 빨라질까? 대중음악을 들을 때보다 클래식 음악을 들을 때 더 많이 먹게 될까? 만약 아코디언 음악이 나오면 프랑스 요리를 선택할 확률이 높아질까? 아닐 것 같지 않은가? 하지만 연구 결과 배경 음악은 소비자의 구매 행태에 영향을 미치는 것으로 나타났다. 연구자들이 영국 슈퍼마켓의 와인 코너에서 프랑스 음악을 틀어준 결과 대부분의 사람들이 프랑스 와인을 샀다. 하지만 독일 음악(맥줏집에서 나오는

	배경 음악	
	프랑스 아코디언 음악	독일 맥줏집 음악
프랑스 와인 판매량	40 (77%)	12 (23%)
독일 와인 판매량	8 (27%)	22 (73%)

그림 6-1 배경 음악이 사람들의 행태에 미치는 영향을 보여주는 연구 결과. 배경 음악에 따라 프랑스 와인과 독일 와인의 판매량이 어떻게 달라지는지를 보여준다.

음악)을 들려주었을 때는 주로 독일 와인이 판매됐다. 믿지 못하는 사람을 위해 숫자를 공개하겠다(그림 6-1).

이 결과에 대해 들은 대부분의 사람들이 자신들은 그렇게 쉽게 영향을 받지 않는다고 자신한다. 사실 이 연구에 의도치 않게 참여했던 소비자들 역시 그랬다. 대부분은 그날 배경 음악이 구매 결정에 영향을 미쳤다는 사실을 절대 인정하지 않았다. 아코디언 음악이 연주되는 동안 프랑스 와인을 고른 사람들은 원래 프랑스 와인을 사려고 했다고 단언했다. 하지만 판매 수치를 보면 이야기가 달라진다. 이 수치를 보면 가스트로피지스트들이 사람들의 주관적인 말을 믿지 못하는 이유가 이해될 것이다. 확실히 사람들의 말보다는 행동을 믿는 편이 낫다.

식당이 장식을 바꾸면 손님들의 음식 선호도 달라질까? 1990년대

초 영국 본머스 대학교의 그릴 룸^{Grill Room}에서 이 질문에 답을 찾기 위한 연구가 진행되었다. 연구자들은 장식이 달라지면 요리의 국적도 다르게 느껴지는지 알고 싶어 했다. 이를 위해 이탈리아와 영국 음식이 나흘 동안 제공됐다. 처음 이틀 동안은 식당을 평범하게(즉 흰 테이블보와 벽 그리고 평범한 천장) 꾸몄다. 나머지 이틀은 레스토랑에 이탈리아 느낌을 주었다. 이탈리아 국기와 포스터가 벽과 천장에 설치됐고 테이블에는 붉은색과 흰색의 유쾌한 테이블보가 깔렸다. 아, 와인 병도 테이블마다 넉넉하게 놓았다.

식사를 마친 손님들(정확히 138명)에게 어느 나라의 음식을 먹었는지, 음식이 전반적으로 어땠는지 물었다. 이탈리아 테마로 장식한 식당에서는 손님들이 파스타와 아이스크림과 자발리오네^{zabaglione}(노른자위, 설탕, 포도주 등으로 만드는 커스터드 비슷한 디저트-옮긴이) 같은 이탈리아 디저트를 많이 선택한 반면 생선 요리는 거의 선택하지 않았다. 이탈리아 느낌을 더한 경우 손님들은 파스타 요리에 대해 더 확실한 평가를 내렸다. 음식이 어느 나라의 것이었는지를 인지하는 비율도 전체적으로 올라가서 76퍼센트가 이탈리아 음식이었다고 답했다. 비교군의 경우 37퍼센트가 이탈리아 음식이라고 응답한 것과 대조적이었다. 이런 결과를 보면 음식에 대한 평가는 음식이 제공되는 환경에 영향을 받을 수 있음이 분명하다. 여기 이탈리아 음악까지 연주됐다면 다중 감각적으로 얼마나 더 큰 영향을 미쳤을까?

그러니 가정에서 이탈리아 오페라를 조금 틀어둔다면 피자나 파스타의 맛을 좀 더 이탈리아풍으로 만들 수 있을 것이다. 영화감독인 프랜시스 포드 코폴라^{Francis Ford Coppola}는 "메뉴와 어울리는 음악이 필요하다. 이탈리아 프란초 pranzo에는 아코디언 연주자가, 멕시코 코미다 comida에는 멕시코 거리 악대가 있어야 한다"라고 영화를 촬영할 때마다 주장했다.[3]

그래도 질문은 남는다. 가령 포장한 피자에 가장 잘 어울리는 음악은 무엇일까? 기뻐하시라, 내가 일하는 통합 감각 연구소가 바로 그 답을 알아내기 위해 연구를 진행했다(이탈리아 음악이 이탈리아 음식을 더 이탈리아스럽게 만든다고 해도 그게 반드시 손님들에게 최선의 경험을 선사한다는 보장은 없다). 저스트 이트 Just Eat(미국의 심리스 Seamless 같은 온라인 음식 주문 회사)가 후원한 최근 프로젝트를 보자. 나의 연구팀은 영국에서 가장 흔한 포장 음식 다섯 가지(이탈리아, 인도, 태국, 중국, 일본)에 대해 20가지의 음악 중 무엇이 가장 잘 어울리는지 700명의 손님들에게 물어봤다. 음악은 알앤비, 힙합, 팝, 록, 클래식, 재즈에 이르기까지 다양한 장르에 걸쳐 있었다. 파바로티 Pavarotti의 〈네순 도르마 Nessun Dorma〉는 포장 이탈리아 음식과 가장 잘 어울리는 것으로 나타났다. 니나 시몬 Nina Simone의 〈필링 굿 Feeling Good〉과 프랭크 시내트라 Frank Sinatra의 〈원 포 마이 베이비 One for My Baby〉는 음식의 종류에 상관없이 참가자들의 평가에서 3위 안에 들었다. 그러니까 이 음악들은 누구에게나 안전한 선곡일 수 있다. 하지만 정말 놀라웠던 것은 저스틴 비버 Justin Bieber의 〈베이비 Baby〉가 거의 최하위였다는 사실이다. 그러니 이 곡은 절대 안 된다. 나는 분명히 경고했다. (저스틴 비버의 팬들에겐 미안하지만 데이터에 대해 왈가왈부할 수는 없다!) 왜 이런 결과가 나왔는지는 우리도 아직 연구 중이다.

클래식 음악을 틀면 사람들은 돈을 더 쓰는 경향이 있다. 학생 식당에서든 레스토랑에서든 마찬가지다. 사실 평균 10퍼센트 소비가 느는 것은 흔한 일이다. 예를 들어 에이드리언 노스^{Adrian North} 교수가 레스터셔에 있는 마켓 보르워스^{Market Bosworth}에서 실험한 결과 손님들은 팝음악이 나올 때보다 클래식 음악이 나올 때 평균 2파운드를 더 썼다. 또 다른 연구에 따르면 와인 가게 손님들은 대중음악이 연주될 때보다 클래식 음악이 연주될 때 돈을 더 많이 썼다.

배경 음악은 음식 자체에 대한 평가에도 영향을 미친다. 당혹스러운 음악이 흐를수록 사람들은 돈을 적게 쓰고 좋아하는 음악이 흐를수록 그곳에 더 오래 머문다. 그리고 일반적으로 그곳의 음악이나 분위기를 좋아할수록 음식과 음료도 더 좋아하게 된다. 나는 내 의뢰인들에게 항상 이렇게 말한다. 이 말은 각각의 상황에서 가장 효과적인 배경 음악이 무엇인지 스스로 알아내야 한다는 뜻이다. 식사 시간에 적합한 음악(또는 대화)이 무엇인지는 문화에 따라서도 다를 수 있다. 예를 들어, 한국과 일본에서는 서로 대화하면서 먹기보다는 조용히 먹는 것이 훨씬 일반적이다. 음악도 없는 경우가 많다.

따라서 식당의 콘셉트와 손님 그리고 음악을 맞추는 것이 중요하다. 오늘날 여기저기 생겨나는, 싸구려 햄버거 가게에 클래식 음악이 어울린다고 생각하기란 쉽지 않다. 어색해 보이지 않겠는가? 하지만 와인 저장실에 값비싼 프랑스 와인이 가득 보관된 고급 호텔 레스토랑이라면 이야기가 달라진다. 여기에는 분명한 암시가 있다. 클래식 음악은 그 사람의 계층에 대한 중요한 정보를 줄 때가 많다. 클래식 음악에 끌리는 사람은 평균적으로 좀 더 부유하다.

다음으로 1분당 박자수^{bpm}를 의미하는 템포와 소리의 크기를 살펴보자. 배경 음악의 템포가 먹고 마시는 속도에 영향을 미칠까? 연구 결과 빠른 음악을 연주하면 사람들은 더 빨리 먹고 마셨다. 1986년 미국의 마케팅 교수인 R. E. 밀리먼 R. E. Milliman이 이 분야의 고전적인 실험을 했다. 중간 규모의 식당에서 1400명의 손님들을 대상으로 배경 음악의 템포를 조절한 결과 빠른 음악이 나올 때 (느린 음악에 비해) 먹는 속도가 빨라졌다. 느린 음악이 연주될 때는 식사에 10분을 더 썼고, 식당에 머무르는 시간도 거의 한 시간 늘어났다. 비록 음악의 템포가 음식에 쓰는 돈에는 아무 영향을 미치지 못했지만 술값에는 주목할 만한 변화를 가져왔다. 느린 음악을 들은 사람들이 3분의 1이나 돈을 더 썼기 때문이다! 느린 음악을 틀면 식당의 전체 수익이 술값으로 거의 15퍼센트나 늘어났다. 조용한 시대에 느린 음악을 트는 것은 좋은 생각임에 틀림없다. 물론 손님들이 문 밖에 줄을 서 있을 때는 빠른 음악을 트는 편이 나을 것이다.

그런데 정말 레스토랑 체인들이 손님의 흐름을 조절하기 위해 그렇게까지 할까? 물론이다! 미국의 1500개 치폴레 Chipotle 매장에서 연주되는 음악을 선곡하는 크리스 골럽 Chris Golub의 말을 들어보자. "점심과 저녁에는 bpm이 높은 음악이 연주된다. 손님들이 끊임없이 움직여야 하기 때문이다."[4] 골럽은 종종 뉴욕의 치폴레 매장에 앉아 음악에 따라 사람들의 반응이 어떻게 달라지는지 관찰하곤 했다. 그 반응에 따라 그는 템포와 스타일의 양쪽 측면에서 선곡 리스트를 미세하게 조정했다. 그 후 그 리스트를 미국 전역의 매장에 보낸다. 여기서 빠진 것은 통계적 분석과 가스트로피직스 연구뿐이었다!

물론 식당과 바의 매니저들은 이윤을 늘리는 것이 1차적인 목표다.

예를 들어, 하드 록 카페 체인은 시끄러운 음악을 튼다. 판매에 도움이 되기 때문이다. 〈뉴욕타임스〉에는 이런 기사가 실렸다. "하드 록 카페는 과학에 가까운 수완을 지녔다. 설립자들은 시끄럽고 빠른 음악을 연주함으로써 단골손님들이 말은 적게 하고 술은 많이 마시며 자리는 일찍 비우게 할 수 있다는 사실을 알아냈다. 이는 회사의 역사를 담은 내규집에도 나와 있다."[5] 이런 조사 결과도 있다. "바에서 음악 소리가 22퍼센트 커지면 손님들은 26퍼센트 더 빨리 마신다."[6] 이는 수많은 레스토랑과 바가 점점 시끄러워지는 이유를 설명해준다. 다시 말해 이렇게 하면 우리가 돈을 더 많이 쓰게 된다!

몇 년 전, 이를 확인하기 위한 연구들이 각기 다른 시간과 장소에서 이루어졌다. 하지만 결과는 상황에 따라 다르게 나왔다. 따라서 그냥 음식뿐만 아니라 분위기도 중요하다는 정도로만 알아두자. 그러면 셰프는 식당의 홀 매니저가 아이팟으로 아무 음악이나 트는 것을 걱정하지 않아도 될까? 예를 들면, 7월 중순 태국 레스토랑에서 프랭크 시내트라가 부르는 〈징글벨〉을 트는 상황 말이다! 정말 이런 일은 일어나면 안 된다. 하지만 이런 일은 생각보다 많이 일어난다. 가능하다면 이번 주에는 프랑스 음악을 틀어보고 다음 주에는 미국 록 음악을 틀어보면 어떨까? 아니면 오늘은 클래식 음악, 내일은 대중음악을 틀어주는 것이다. 그리고 사람들의 반응을 살펴본다(아니면 판매량을). 가스트로피직스 연구가 무슨 일이 일어나는지 알려주지만 당신이 원하는 답을 얻으려면 스스로 조사해봐야 한다. 핵심만 이야기하면 분위기가 음식과 어울리면(또는 조화를 이루면) 사람들은 더욱 즐겁게 음식을 먹을 것이다.

무엇이 편안한 분위기인가?

트렌디한 커피숍에 왜 그렇게 딱딱하고 불편한 의자가 놓여 있는지 궁금했던 적이 있는가? 간단히 말하자면 사람들이 커피숍에 오래 머무는 것을 바라지 않기 때문이다. 내가 아는 여러 바리스타는 손님들이 테이블에 종일 앉아 있지 못하게 일부러 딱딱하고 불편한 가구를 골랐다. 의자가 불편할수록 머무는 시간이 짧아진다는 사실을 설명하기 위해 굳이 가스트로피지스트가 나설 필요는 없을 것이다. 맥도널드는 오래전부터 이런 정책을 시행해왔다. 한 비평가는 이렇게 말했다. "(맥도널드의) 의자 디자인에 따르면 손님들은 10분이 지나면 불편함을 느끼기 시작한다."[7] 하지만 고급 레스토랑의 경우 손님이 머무는 시간이 문제가 아니기 때문에 음식이 제공되는 공간을 개선할 방법에 대해 더 많이 고민하기 시작했다. 샌프란시스코 세종Saison의 오너인 조슈아 스킨스Joshua Skenes 같은 혁신적인 셰프는 레스토랑에 독특한 느낌을 부여하기 시작했다. 스킨스는 이렇게 말한다. "우리에게는 좋은 음식과 서비스, 훌륭한 와인과 편안함이 필요하다. 편안함은 모든 것을 의미한다. 여기에는 우리가 만지는 재료, 접시, 은식기가 적절한 무게를 지녀야 한다는 생각이 포함된다. 그리고 의자의 등받이에는 푹신한 쿠션이 더해져야 한다."[8] 그림 6-2를 보자. 코펜하겐의 노마 레스토랑이 방금 우리가 이야기한 내용을 실천하고 있다.

둥근 테이블과 사각형 테이블 가운데 어디에 앉겠는가? 보통 사람들은 사각형 형태보다 둥근(또는 곡선) 형태를 더 좋아한다. 이런 선호

그림 6-2 코펜하겐 노마 레스토랑의 모습. 둥근 테이블과 푹신한 의자로 실내 분위기를 잡았다.

는 건물과 가구에까지 확장된다. 어떤 진화심리학자들은 여기저기에 산재한 듯한 둥근 형태에 대한 선호를 위험(심하게 날카롭고 위험한 무기)과 연관 짓기도 한다. 물론 실제적인 제약 때문에 레스토랑 바닥은 여전히 사각형이다. 대신 사각 공간은 실내 장식이나 가구 분야에서는 둥근 형태를 위한 프레임이 된다.

최근 한 연구팀이 미국 대학생들에게 각진 가구 또는 둥근 가구가 있는 실내 사진을 보여줬다. 그 결과 둥근 가구에 대한 선호가 높았다. 둥근 가구가 기분을 좋아지게 하는 경향이 있다는 것이다. 흥미롭게도 그들은 직선형 가구보다 곡선형 가구를 사용하길 바랐다. 한 학생은 이렇게 말했다. "둥근 가구는 차분한 느낌을 준다." 식당의 둥근 테이블은 손님을 좀 더 반기는 듯한 느낌을 준다. 하지만 식당에 둥근 테이블을 놓을 경우 좌석 수가 줄어든다. 아마 그래서 식당 컨설턴트들은 둥근 테이블과 사각 테이블을 혼합하라고 권할 것이다. 접근성과 이윤 사이의 균형을 노리라고.

분위기는 팔린다, 최소한 잘 만들어졌을 때

분위기를 개선하려는 어떤 시도도 하지 않는 식당들도 있다. 장식 하나 없는 흰 벽에 고급 음식이 놓여 있는 모습을 생각해보자. 풀을 먹인 하얀 테이블보를 앞에 두고는(아니면 요즘 유행대로 풀을 먹인 냅킨을 앞에 두고는) 비밀스럽고 경건한 침묵의 상태로 식사를 한다. 식사하는 사람의 주의를 빼앗을 만한 것은 없다. 이런 전통적인 식당의 운영자에게 음식에 맞게 식당 안을 향기로 채우거나 온도를 바꾸는 것은 정말 싫은 일일 것이다. 이렇게 금욕적인 식당은 언제나 있을 것이다. 물론 요즘 분위기에는 이런 접근이 현대적이라거나 흥미롭지는 않을 테지만. 이런 환경은 더욱 실험적인 식당 콘셉트에 의해 바뀌었다('산 펠레그리노가 선정하는 세계 최고의 레스토랑 50'에 따르면 그렇다).

사실은 분위기와 관련한 단서를 제거하는 것조차 무엇인가를 선언하는 것이다. 한 비평가의 말을 되새겨보자. "현대적인 식당은 코드로 경험을 한다. 실내, 음식, 심지어 손님조차 코드로서 종합적으로 소비되는 이미지가 된다. 그들은 경험을 제공한다."[9] 그래서 실제 장식은 미니멀해도 분위기는 '중립적'일 수 있다. 오해하지 마시길. '흰색' 환경에서 제공되는 음식은 다른 환경에서 먹는 음식과는 다른 평가를 받을 것이다. 연구 결과 음식의 질을 더 높게, 가격은 더 비싸게 평가하는 경향이 있었지만 기억에는 더 적게 남을 가능성이 있었다. 요지는, 음식을 내놓고 먹는 곳이라면 어떤 식으로든 분위기가 항상 존재한다는 사실이다.

건강하고 자연적인 유기농 식료품점이나 식당에서도 마찬가지다. 우리가 안으로 걸어 들어가는 동안 신선한 상품들이 담긴 바구니들이 진열되어 있는 그런 곳들 말이다(제이미 올리버의 레스토랑이 그렇다). 오해하지 마시길. 이런 분위기는 그 자체로 건강하고 자연스럽다는 암시를 준다. 당연해 보일 수도 있지만 절대 그렇지 않다. 디스플레이 자체가 굉장히 교묘하다. 이처럼 '자연스러운' 환경을 연출하기 위해 엄청난 노력이 들어가기도 한다. 이것은 일종의 기발한 착상이다. 나는 이런 디스플레이가 코스별로 다른 분위기를 연출하는 다른 레스토랑에서만큼 경험에 크게 영향을 미친다고 확신한다. 그들은 여전히 인상과 기대를 창출하여 손님과 음식(또는 음료) 사이의 모든 만남에 색을 부여한다.

몇 년간 일부 레스토랑은 다중 감각적인 분위기를 제공하기 위해 정말 극단까지 나아갔다. 그중 가장 유명한 것은 1945년 샌프란시스코 페어몬트 호텔^{Fairmont hotel} 지하에서 문을 열었던 통가 룸 앤 허리케인 바^{Tonga Room & Hurricane Bar}다. 나는 대학원생 시절 이곳을 방문했다. 그땐 다중 감각적 식사에 관심을 갖기 전이었다. 그 바에서는 천둥과 번개를 묘사한 장대한 열대성 뇌우가 약 30분마다 쏟아졌다. 좋은 생각이었지만, 몇 년간 똑같은 일이 계속되자 사람들은 질려갔다. 더구나 반복되는 다중 감각적 장면에 손님들은 너무나 익숙해지고 말았다.

50여 년 후에 대서양 건너 런던에서는 레인포레스트 카페 Rainforest Café가 문을 열었다. 이 유명한 레스토랑 역시 손님의 모든 감각을 자극하는 경험을 제공한다. 거의 30분마다 레스토랑은 암흑이 되었고 손님들은 '우르릉 쾅쾅' 소리를 내며 번쩍대는 열대 뇌우를 '대접받았다'. 통가 룸이 보다 성숙한 단골손님들을 주 고객으로 했다면 레인포레스트 카페는 좀 더 젊은 시장을 대상으로 했다(또는 그들을 돌보는 사람들의 지갑을 대상으로 했다고 해야 하나). 경험 경제 experience economy를 직접 직조하는 엔지니어로서(11장 '소리, 분위기, 맛 모두를 즐기세요' 참조) B. J. 파인 2세 B. J. Pine II와 J. H. 길모어 J. H. Gilmore는 이렇게 말했다. "레인포레스트 카페의 안개는 오감에 연쇄적으로 호소한다. 처음엔 '스-스-즈-' 하는 소리로 들려온다. 그다음 바위에서 안개가 피어오르는 모습을 보고 그 부드러움과 차가움을 피부로 느낀다. 마지막으로 열대의 정수를 냄새로 맡고 그 신선함을 맛본다(또는 맛본다고 상상한다). 제대로 작동하지 않는 감각만이 안개에 의해 영향을 받지 않는다."[10]

어른들이 좋아하든 말든 타깃인 어린이 사이에서 이 경험이 얼마나 성공적인지는 의심의 여지가 없다. 한두 해 동안 내 조카도 그곳을 정말 좋아했었다. 그리고 확실한 것은 상업적 관점에서도 이 시도가 정말 성공적이었다는 사실이다. 다시 말해 분위기는 팔린다. 최소한 잘 만들어졌을 때는.

레스토랑이 경쟁 우위를 차지하고 싶을 때만, 그리고 이익을 높이고 싶을 때만 분위기에 관심을 갖는다고 생각하는 사람들이 많다. 물

그림 6-3 모든 감각이 우리가 먹고 마시는 행동을 조절해준다. 영리한 레스토랑 경영자라면 제대로 분위기를 만들기 위해 감각을 어떻게 다뤄야 하는지 안다. 많은 레스토랑 체인들이 다중 감각적인 분위기를 설계함으로써 이윤을 증가시켰다.

론 돈이 개입되면 회의적인 시선을 갖기 쉽다. 하지만 누가 최소한의 수익에 관심을 갖지 않을 수 있을까? 영향력 있는 영국 셰프인 마코 피어 화이트 Marco Pierre White는 이렇게 썼다. "오로지 손님을 위해 무언가를 했다고 말하는 셰프는 모두 거짓말쟁이다. 결국은 돈이다. 내가 이렇게 생각할 줄은 몰랐지만 어쨌든 지금은 그렇다고 생각한다. 그런 생각이 마음에 드는 것은 아니다. 은행에 돈을 넣기 위해 일주일에 6일 동안 죽을 것처럼 일하는 것을 즐기지는 않는다는 말이다. (중략) 만약 돈을 벌지 못한다면 아무것도 할 수가 없다. 그저 사회의 죄인이 될 뿐이다. 하루가 끝날 때는 완전히 다른 일이 되어버린다. 땀과 수고, 때로는 먼지로 얼룩진 일이다. 끔찍하다."[11]

이쯤에서 어둠 속에서 식사를 하게 하는 유명한 레스토랑의 이야기를 꺼낼 수도 있다(예를 들어, 베를린의 암흑 레스토랑인 녹티 바구스 Nocti Vagus). 이들 역시 분위기라는 분석틀과 잘 맞는다. 자극받는 감각이 추가되는 것이 아니라 제거된다는 점에서만 다를 뿐. 그럼에도 이런 레스토랑에 가는 것은 매우 특이한 경험이다. 다만 맛있는 음식을 먹기 위해 반드시 필요한 과정은 아니다.

요약하면, 분위기는 여러 방법으로 음식 경험에 영향을 미친다. 전반적인 경험에 대해 어떻게 생각하는지는 물론, 어디에서 무엇을 '선택해' 먹는지에서부터 얼마나 오래 그곳에 머무르는지에까지 모든 것에 영향을 미친다(그림 6-3). 하지만 가장 기본적인 질문은 아직 나오지 않았다. 분위기를 바꾸면 사람들이 접시나 잔의 내용물을 인지하는 방식도 바뀔까? 가스트로피지스트들에게 가장 흥미로운 질문 중 하나다.

분위기를 바꾸면 음식 맛이 달라질까?

셰프들의 말을 들어보면 서로 모순되는 관점을 알아차리게 된다. 몇 년 전 프랑스 셰프 폴 페레는 자신의 레스토랑인 상하이 울트라바이올렛의 다중 감각적인 분위기가 음식의 맛을 향상시켜주는 것은 아니라고 말했다. 오히려 그는 '음식에 대한 기억이 더욱 강렬해진다'

고 단순하게 생각했다. 하지만 그게 전부일까? 역설적이게도 페레가 인용한 언론 보도는 다른 결론을 보여주는 듯하다. "각각의 요리에 신중하게 맞춘 음악과 장식, 그리고 냄새가 곁들여지면서 모든 것이 특정한 분위기를 형성하여 의도적으로 식사의 풍미를 증진시킨다."[12] 프랑스 셰프 알랭 상드랑 Alain Senderens 역시 예쁜 피팅을 선호하는 미슐랭 측에 불만을 표시했다. "매년 꽃과 유리에 수십만 유로의 돈을 쓴다. 그렇다고 음식의 맛이 나아지는 것도 아닌데."[13]

그들의 반대쪽 진영에는 헤스턴 블루멘탈 같은 사람이 있다. 그는 분위기가 실제로 맛 경험을 바꾼다고 생각한다. 나의 연구팀은 2007년 옥스퍼드에서 열린 '예술과 감각' 콘퍼런스에서 헤스턴과 이 주제를 처음 선보였다. 여기 참석한 참가자들은 바다 소리를 들으며 굴을 먹고, 베이컨 굽는 소리나 닭이 우는 소리를 들으며 베이컨 에그 아이스크림을 맛보았다. 그들은 닭의 울음소리가 들리는 경우에는 베이컨 에그 아이스크림에서 더욱 풍부한 달걀 풍미가 느껴진다고 평가했다. 하지만 지글거리는 베이컨 소리를 들려주었을 때는 갑자기 베이컨의 풍미가 더 강렬해졌다고 평가했다. 배경 음악을 바꿈으로써 음식에 대한 사람들의 지각을 바꿨던 것이다. 바다 소리를 들려주는 경우 굴의 풍미도 더욱 향상되었다(하지만 더 짜지는 않았다).

몇 년 뒤, 나는 운 좋게도 세계 최고의 음료 회사들과 함께 다양한 다중 감각적 경험을 실험해볼 수 있었다. 이런 이벤트는 분위기를 바꾸면 맛에 대한 경험도 바뀐다는 믿음에 기초해 준비됐다. 우리는 소리만이 아니라 시각과 후각 환경도 개선해보았다. 몇 가지 사례를 보자.

똑같은 위스키인데 왜 다른 맛이 나지?

이런 가스트로피직스적 접근의 전형은 '단일 감각'이다. 이것은 2013년 영국 소호의 중심가에서 3일 이상 계속되었다. 영국의 소리 회사인 콘디먼트 정키Condiment Junkie에 근무하는 나의 동료는 옛날에 총을 제작하던 방 세 개를 서로 매우 다르게 장식했다. 방 하나는 영국의 여름 오후를 재현했고 다른 하나는 주로 달콤함이 느껴지게 했으며 나머지 하나는 독특하게 나무 테마로 꾸몄다. 그리고 방마다 소리를 틀어주었다. 달콤한 느낌의 방을 예로 들어보자. 이 방은 분홍빛이 도는 붉은 색조로 장식되었다. 대부분의 사람들이 달콤함과 연관 짓는 색이다. 방에는 각진 물건이 아무것도 없었다. 모든 게 둥글었다. 쿠션, 테이블, 심지어 바닥과 창틀도 둥글었다. 왜냐고? 나의 연구팀에 따르면 사람들은 둥근 것을 달콤한 것과 연관 짓기 때문이다. 음식과는 관련 없는 달콤한 냄새를 나게 했고 천장의 대형 스피커에서는 높은 주파수의 차임벨 소리가 울리게 했다. 내 연구팀의 연구 결과 사람들은 이런 소리를 달콤함과 연관 지었다. 그러니까 모든 감각적 단서들은 달콤함이라는 주요한 느낌을 내기 위해 최신 가스트로피직스 연구에 의해 선택되었다. 반면 첫 번째 방은 코에서 주로 풀냄새가 감지되도록 설계됐다. 마지막으로 나무 느낌의 방은 입안에서 묵직한 나무향의 뒷맛이 느껴지게 했다.

3일간 밤마다 500여 명이 10~15명의 그룹으로 참여했고 경험은 15분 이상 지속되지 않았다. 실험을 시작하기 전에 모두에게 위스키 한 잔과 점수 카드 그리고 연필을 주었다. 그들은 각각의 방에 서서

점수 카드를 기입했다. 그러고는 코에서 느껴지는 위스키의 풀 냄새와 달콤함 그리고 뒷맛에 대해 질문을 받았다. 위스키가 얼마나 좋았는지, 각 방의 장식에 대해 어떻게 생각하는지에 대해서도 질문을 받았다. 나는 여기 투어 가이드로 참여했다. 사실대로 말하자면 아주 진이 빠지는 경험이었다. 이런 규모의 실험은 처음이었다. 실험이 계획대로 진행될 것인가, 아니면 어느 방에서든 사람들은 위스키 맛이 똑같다고 대답할 것인가(왜냐하면 어쨌든 똑같은 위스키였으니까)?

결과를 분석해보았다. 정말 다행히도 풀을 테마로 꾸민 방에서는 위스키에서 풀 냄새가 난다고 대답한 비율이 높았다. 마찬가지로 두 번째 방에서는 위스키가 달콤하다고 대답하고 세 번째 방에서는 위스키에서 나무 질감의 뒷맛이 느껴진다고 대답한 비율이 높았다. 심리학자들은 이른바 '기니피그 효과'를 염려한다. 기니피그 효과란 실험 참가자들이 실제로 경험하거나 생각하는 것이 아니라 실험자들이 듣고 싶어 하는 대답을 해주는 것이다. 사실 '단일 감각' 실험이 끝나갈 무렵 한두 명이 내게 다가와 이런 말을 하긴 했다. "당신들이 무엇을 하려는지 알아요. 녹색 방에서는 위스키에서 풀 맛이 난다고 말하길 바라죠? 그렇죠? 그래서 반대로 말했답니다!"

하지만 이런 반항적인 사람들은 다중 감각적인 환경에 영향을 '받지 않는다'는 사실에 주의해야 한다(적어도 말하는 방식에서는). 하지만 그룹별로 분석해보면 이런 개인은 소수에 불과하다. 더구나 대부분의 사람들이 나무를 테마로 꾸민 방에서 위스키를 가장 즐겼다. 그러므로 과학에 기초한, 다중 감각적인 분위기를 조성하는 것만으로 사람들은 위스키에 대한 평가를 스스로 바꿨다. 방에 따라 위스키의 향과 맛 그리고 뒷맛에 대한 평가는 10~20퍼센트 정도 달라졌다.

위스키 전문가들도 '단일 감각'에 영향을 받았을까? 확실히 말하기는 어렵다. 하지만 위스키 전문가도 와인 애호가도 블라인드 테이스팅의 모든 기법을 써먹을 수 있는 것은 아니라는 점만은 짚고 넘어가자. 게다가 경험 많은 셰프와 식당 운영자 그리고 디자이너들은 이 실험에 깊은 인상을 받고 음식이나 음료를 제공하는 방식을 바꾸었다. 예를 들어, 영국 북서부의 레이크 디스트릭트에 자리한 유명한 레스토랑은 나무 쟁반에 위스키를 담기 시작했다. 그들은 우리의 이벤트에 참여했다가 나무를 활용하면 위스키의 맛이 좋아진다는 것을 느꼈던 것이다.

분위기: 전체는 부분의 합보다 크다

와인의 과일 향과 신선함을 느끼기에 가장 좋은 색은 무엇일까? 그리고 달콤한 음악, 아니 시큼한 음악(시큼한 음악은 음조가 높고 거칠며 날카롭고 뚝뚝 끊기는 부조화스러운 음악이다)을 통해서도 똑같은 효과를 얻을 수 있을까? 나의 연구팀은 답을 얻기 위해 이런 종류의 실험 가운데 가장 대규모인 테이스팅 이벤트를 열었다. 이른바 '색 연구실'이라는 이름의 이벤트다. 3000명 이상이 이상하게 따뜻한 5월의 공휴일에 런던 템스 강변에서 실험에 참가했다. 이 이벤트는 '스페인 거리 축제'의 일부였다. 실험에 참여한 사람들은 스페인 리호아^{Rioja} 와인을 검은 잔에 한잔씩 받았다. 그들은 이 와인을 평범한 하얀 조명 아래에서(비교군), 붉은 조명 아래에서, 시큼한 음악이 흐르는 녹색 환경에서 마셨다. 마지막으로 그들은 '달콤한' 음악이 흐르는 붉은 조명 아래에서 와인을 마셨다. 시청각적 환경의 변화에 따라 평가는 15~20퍼센트의 차이를 보였다. 붉은빛과 달콤한 음악(음이 거칠거나 날카롭지 않으며 부드럽고 조화로운 음악)은 와인의 과일 느낌을 강조했고 녹색과 시큼한 음악은 와인의 신선한 느낌을 강조했다.

이전의 가스트로피직스 연구들이 이미 (훨씬 작은 규모로) 조명의 색이나 배경 음악을 바꿈으로써 와인에 대한 평가를 바꾸었지만 우리는 처음으로 다중 감각적 방법으로 감각을 결합함으로써 와인의 맛을 바꿨다. 우리는 이른바 '슈퍼 첨가제' 효과를 찾고 있었다. 쉽게 말하자면 이는 다양한 분위기 단서들을 조합함으로써 부분의 합보다 큰 다중 감각적 효과를 내는 것(즉 빛과 소리를 따로 제공할 때보다 훨씬 큰 효과)이다. 그리고 우리 기대대로 음향 양념 효과(붉은빛과 함께 달콤한 음악을 들려주거나 녹색 빛과 함께 시큼한 음악을 들려주는 것)는 와인의 맛에 빛이 미치는 효과를 강화했다.

이런 이벤트 덕분에 환경이 사람들의 지각에 영향을 미친다는 통계적 증거를 갖게 되었다. 때때로 그런 결과는 경험에 대한 감각의 상대적 중요성을 드러내기도 한다. 하지만 가장 설득력을 갖는 것은 느낌을 바꾸는 것이다. 사실 내 연구팀이 와인 회사인 캄포 비에호 Campo Viejo의 와인 제조자들을 대상으로 '색 연구실' 이벤트를 시도했을 때 그들은 너무나 깊은 인상을 받은 나머지 자신들의 와인 저장고를 다시 디자인해야겠다고 말했다. 더구나 나와 함께 일했던 와인 작가는 처음에는 회의적이었지만 이제는 비공식적 와인 테이스팅을 진행하기 위해 미리 조명을 바꾼다고 말했다. 나중에 집에서 당신의 입맛과 맞지 않는 와인을 열어야 한다면 우선 음악이나 조명을 바꿔보는 것이 어떨까? 때로는 정말 간단히 문제가 해결된다(와인에 다른 흠이 없어야 한다). 최근에는 무선 조종으로 색을 바꿀 수 있는 전구도 온라인에서 저렴하게 구입할 수 있다.

시큼한 음악이 무엇인지 모르겠다면 닐스 외클란트 Nils Økland의 〈호리손트 Horisont〉를 들어보라. 달콤한 음악으로는 높은 음조의 피아노곡을 찾으시길. 나는 카미유 생상스 Camille Saint-Saëns의 〈동물의 사육제 Carnaval des Animaux〉 가운데 〈암탉과 수탉 Poules et Coqs〉이나 마이크 올드필드 Mike Oldfield의 〈튜블러 벨 Tubular Bells〉을 사용한다. 말벡 Malbec 같은 레드 와인에 깊이를 더하고 싶다면 카를 오르프 Carl Orff의 〈카르미나 부라나 Carmina Burana〉 같은 곡이나 푸치니 Giacomo Puccini의 〈투란토트 Turandot〉 3막에 나오는 〈네순 도르마 Nessun Dorma〉 같은 곡을 선택하라.

조명은 와인이 검은 테이스팅 잔에 담겼을 경우 효과가 더욱 컸다('색 연구실' 이벤트에서처럼). 나는 투명한 잔의 경우 와인의 색이 배경빛에 의해 변할 수 있고 효과가 더욱 뚜렷해질 것이라고 생각한다. 하지만 약간 주의할 점이 있다. 식사 시간에 너무 극적으로 빛이 변하면 음식 자체의 모습이 바뀔 수도 있다는 사실이다. 한 비평가가 이렇게 말했다. "붉은빛은 모든 것을 붉게 보이게 한다. 녹색 빛은 고기를 회색으로 바꾸어서 맛없어 보이게 한다."[14]

물론 사람마다 조명으로 내고 싶어 하는 효과는 다르다. 어떤 사람은 와인의 신선함을 드러내고 싶어 하는 반면 어떤 사람은 붉은빛으로 (칼로리를 높이지 않고도) 단맛을 내고 싶어 한다. 이렇게 건강한 식생활을 촉진시켜주는 색이 있는지, 또는 그런 음악이 있는지 궁금해할 수 있다. 연구에 따르면 조명은 식욕에 영향을 미치는 것으로 보인다. 예를 들어, 노란빛은 식욕을 높인다는 사실이 이미 증명되었다. 반면 붉은빛과 푸른빛은 식욕을 떨어뜨렸다. 음식의 색과 조명이 잘 어울릴 때는 식욕을 촉진하는 듯하고 보색 관계일 때는 식욕을 억제한다. 스웨덴에서 실시된 최근의 연구 결과에 따르면 다이어트 중인 스웨덴 남성이 푸른빛 아래에서 아침 식사를 했더니 적게 먹고도 더 포만감을 느꼈다고 한다.

이제 우리는 실험실 환경에서 무슨 일이 일어나는지를 알게 되었다. 하지만 식당이 더욱 편안한 분위기를 조성하기 위해 조명과 음악을 부드럽게 바꿨다면 당신의 식욕에 변화가 생길까? 과학자들은 미국 일리노이주 샘페인의 패스트푸드점인 하디스^{Hardee's}에서 조명과 음악이 사람들의 행동에 미치는 영향을 실험했다. 하디스는 두 구역으로 나뉘어 있었다(가스트로피직스 연구에 최적이었다). 한쪽은 조명이 보통 밝기였고 색조는 밝았으며 배경 음악은 시끄러웠다. 다른 쪽은 '고급 식당'의 안락한 분위기로 꾸며졌다. 여기에는 화분과 그림이 있었고 창문에는 블라인드가 쳐져 있었다. 조명은 간접 조명이었다. 아, 테이블에는 흰 테이블보를 씌우고 초를 올려두었다고 이야기했던가? 배경 음악으로는 부드러운 재즈 발라드 곡이 연주되고 있었다고도. 실험 결과 좀 더 편안한 분위기에서 먹은 손님들이 더 적게 먹고도(칼로리 섭취가 평균 150칼로리 이상 또는 18퍼센트 이상 줄어들었다) 식사가 더 맛있었다고 답했다.

분위기가 이런 영향을 미친다는 사실은 분명 레스토랑 경영자들에게 중요하다. 사실 하드 록 카페와 플래닛 할리우드 ^{Planet Hollywood} 체인에 창문이 없는 이유도 이 때문일 거라는 주장이 있었다. 그럼으로써 (카지노에서 그렇듯) 손님들에 대한 환경적 자극을 훨씬 쉽게 통제할 수 있다는 것이다.

미래의 식사 분위기

그럼 식사의 분위기는 어떻게 바뀌어나갈까? 최근 한 디자이너는 이렇게 말했다. "잠시 동안 레스토랑을 디자인하는 사업을 했다. 디자인은 확실히 음식을 먹는 경험에서 주요한 요소가 됐다. 분위기가 음식만큼 중요해져서 디자이너와 레스토랑 소유주들은 빛과 색 그리고 소재를 전보다 훨씬 더 세련되게 활용한다."[15] 미래에 레스토랑 디자인이 어떻게 달라질지 궁금하다면 상하이 메리어트 분드 ^{Marriott Bund} 호텔에 위치한 고지 키친앤바 ^{Goji Kitchen & Bar}에 가보시길. 이 미래적인 공간은 매일 시간에 따라 두 가지 분위기로 변신한다. 비용이 꽤 많이 드는 방법이지만 그만큼 분위기가 중요하다는 의미이기도 하다. 실내 장식에 얼마나 돈을 써야 할지 계산하기는 항상 어려운 일이다. 하지만 그게 음식을 먹는 경험에 얼마나 많은 영향을 미치는지 이해하기만 한다면 후회할 일은 절대 없을 것이다. 하지만 분위기를 '잘' 만드는 것은 정말 어려운 일이며, 누구도 분위기에서 자유롭지 않다는 사실도 기억해야 한다.

여기에는 개인별로 분위기를 어떻게 맞추느냐 하는 흥미로운 문제도 있다. 현재 대부분의 최고급 다중 감각적 식사는 1인석 식당(상하이의 울트라 바이올렛이나 스페인 이비자 섬의 서블리모션^{Sublimotion}을 생각해보자)에서 제공되거나 특정 요리에 헤드폰이 같이 나오는 식(예를 들어팻덕 레스토랑의 '바다 소리')이다. 하지만 나는 손님이 무엇을 먹고 마시든 그에 맞게 음경을 제공해줄 대형 지향성 스피커를 사용할 만한 레스토랑 경영자들을 여럿 알고 있다. 중요한 것은 손님들이 다른 테이블의 소리는 들을 수 없어야 한다는 사실이다. 이런 방법은 부유한 일부 레스토랑 경영자들을 제외한 대부분의 사람들에게는 너무 비용이 많이 든다. 그럼에도 개인 맞춤화가 더욱 강조되고 기술의 가격이 떨어지면 좀 더 널리 퍼질 것이다.

팻덕 레스토랑은 최근 내부 수리를 하면서 테이블마다 여러 색을 내는 LED 등을 설치했다. 손님이 식사를 하는 동안 이 등은 미묘한 빛의 변화를 통해 밤에서 낮으로 그리고 다시 저녁으로 이어지는 여정을 그려낼 것이다. 빛의 변화는 테이블마다 독립적으로 일어날 것이다. 말하자면 개인에게 최적화된 분위기의 미래인 셈이다. 나는 이게 시작이라고 믿는다.

사회적 의미의 식사
Social Dining

7

오리지널 소셜
네트워크

당신은 어떤지 모르지만 나는 밖에서 혼자 식사하는 것을 싫어한다. 그래서 어느 글에 시선이 갔다. 영국의 90대 홀아비인 해리 스콧 Harry Scott의 이야기였다. 그는 3년간 맥도널드에서 거의 매일 혼자 식사를 했다. 어떤 때는 하루에 두 번씩. 슬프게도 아내가 죽은 뒤에 함께 식사할 사람이 없었다는 것이 그 이유였다. 그래서 컴브리아 워킹톤의 맥도널드 지점 직원들이 이 괴짜 노인의 93세 생일 파티를 열어주었다. 당시 기사 속의 사진에서 해리는 우리가 상상하는 것보다 훨씬 몸이 좋아 보였다.[1]

　이것은 어쩌다 일어난 일이라고 넘길 수도 있다. 그럼에도 나는 이런 일이 사회 전체에서 일어나고 있다고 생각한다. 실제로 점점 더 많은 사람들이 혼자 식사를 하고 있다(그림 7-1). 최근 영국에서 실시된 조사에 따르면 거의 절반의 식사가 혼자 소비되고 있고 4분의 1 이상의 인구가 혼자 식사를 하고 있다. 더욱 슬픈 것은 많은 사람들이 대부분의 날에 혼자 식사를 한다는 사실이다(책상에 앉아 혼자 식사를 하거나 반조리 식품을 전자레인지에 돌려 먹거나 드라이브스루 drive-thru에서 간식을

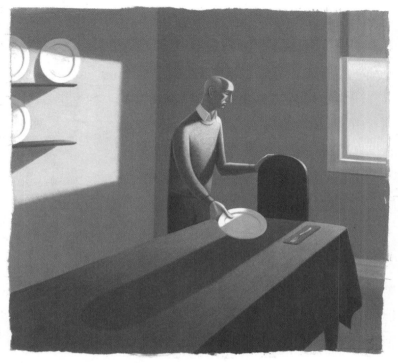

그림 7-1 당신은 지난주 몇 번이나 혼자 먹었습니까?

사다 때우는 식으로 말이다). 저 수치는 문화나 연령에 따라 다르다. 당신
도 지난주에 몇 번이나 혼자 밥을 먹었는지 세어보라. 당신은 이런 트
렌드에 맞서고 있는가, 아닌가.

하지만 누군가는 왜 이런 식사 습관의 변화에까지 신경을 써야 하
느냐고 물을지도 모른다. 오늘날 사회는 점점 더 고립화·개인화하고
있는데 말이다. 그리고 다른 사람들과 함께 밥을 먹는 것이 이 책의
주제인 가스트로피직스과 무슨 관련이 있는지도 의아할 것이다. 모

두가 이 주제에 신경을 써야 한다고 생각하지는 않는다. 넬 프리젤 Nell Frizzell은 〈가디언〉 지에 이렇게 썼다. "인생의 다른 즐거운 일들처럼 혼자 식사하는 것도 낡은 외투를 입고 등을 기댄 채 한 손으로 할 수 있는 그런 일이다. 당신만 원한다면 말이다. 외로운 일도 아니고 맛없는 일도 아니며 절망적인 일도 아니다. 그저 존재의 축복이다. 혼자 하는 식사는 그 단순함 그대로 우리를 살아 있게 한다."[2] 하지만 나는 동의하지 않는다. 뒤에서 살펴보겠지만 혼자 하는 식사('혼밥')는 사람들의 신체와 정신적 안녕에 여러 나쁜 영향을 미친다는 증거가 있다. 17편의 연구 논문을 메타 분석한 최근의 연구 결과를 보자(모두 18만 명의 청소년과 어린이를 대상으로 했다). 가족과 정기적으로 식사를 같이한 경우 아이들이 비만에 걸릴 위험은 12퍼센트 낮았다. 아이들이 건강한 음식을 먹을 확률은 25퍼센트 높아졌다. 이런 연구 외에도 가스트로피지스트로서 나는 1930년대 미국 심리학자인 해리 할로 Harry Harlow의 말에 동의한다. "좋은 식사는 동료나 친구와 함께 먹을 때 더욱 맛있다."[3] 가스트로피지스트들은 '혼밥'과 관련해 점점 늘어나고 있는 문제들을 해결할 건설적인 사고의 틀을 제공할 것이다.

왜 이렇게 많은 사람들이 혼자 먹을까?

이는 과거 어느 때보다 혼자 사는 사람이 늘어났다는 사실과 관련이 있다. 결혼은 늦게 하고 이혼율은 증가했으며 사람들은 혼자 더 오래 산다. 다른 중요한 요인은 식습관의 변화와 관련이 있다. 예를 들면, 최근에는 식사를 함께하기 위해 가족이 모이는 일이 크게 줄어들었다. 저녁을 함께 먹기 위해 사람들을 집에 초대한 것이 언제였는가? 최근의 조사에 따르면 영국 사람들 가운데 78퍼센트가 저녁 식사에 친구들을 초대하지 않는다. 그들이 내놓는 이유는 이렇다. 점점 눈코 뜰 새 없이 바빠져서 음식을 준비하는 것이 너무 큰일이라는 것이다. 사실 가정에서 음식 준비에 들이는 평균 시간은 1960년대의 한 시간에서 오늘날 34분으로 줄어들었다. 이런 모든 점을 고려하면 이제 세 명 중 한 명은 일주일 내내 혼자 저녁을 먹을 것으로 보인다.

혼밥은 여러 면에서 나쁘다. 우선 혼자 먹는 사람들은 나쁜 식습관을 갖는 경향이 있다. 예를 들어, 혼자 살면서 혼자 식사하는 남성의 경우 체중에 문제가 있을 가능성이 더 높다. 다시 말해 부족한 과일과 채소 섭취량 등 건강하지 못한 식습관 때문에 비만이거나 체중 미달일 가능성이 있다는 뜻이다. 놀랄 일도 아니지만 혼밥족들은 외로움을 더 느낀다. 병원이나 요양원의 노인들은 영양 결핍에 시달리는 경우가 많고 혼자 먹는 상황이 많아 상황이 악화되곤 한다. 식사에 사회적 요소를 추가하면 이런 사람들의 영양 상태를 개선시킬 수 있다. 예를 들어, 미국에서 실시된 몇 가지 연구에 따르면 요양 병원에서 지내는 노인들이 식사 시간에 요양사들과 좀 더 교류를 많이 하는 경우 식사량이 훨씬 늘어났다. 혼자 살고 혼자 식사하는 사람들은 그렇지 않은 사람들에 비해 음식물 쓰레기도 많았다. 슈퍼마켓에서 파는 식재료의 양이 혼자 사는 사람에게는 많기 때문에 문제는 더욱 심각해진다. 2013년 영국 정부의 조사에 따르면, 혼자 사는 사람들은 그렇지 않은 사람들에 비해 음식물 쓰레기를 40퍼센트 더 버렸다.

온라인 식사, 오프라인 식사

식사의 사회적 측면이 줄어드는 것은 (이유가 무엇이든) 혼자 먹는 사람의 비율이 증가해서만은 아니다. 기술도 일정 부분 원인을 제공하고 있다. 식사 시간에 텔레비전을 얼마나 보는가? 그리고 한손에 포크나 숟가락 또는 젓가락을 들고 다른 손에 스마트폰을 들고 있는 경우는 또 얼마나 많은가? 다른 사람들과 함께 식탁에 둘러앉은 경우에도 우리는 자주 텔레비전 때문에 주의가 흐트러지거나 모바일 기기를 만지작거린다. 통계에 따르면 절반의 사람들이 식사 중에 텔레비전을 보고 상당수는 각자의 방에서 텔레비전을 보며 식사를 한다! 2013년 브라질의 바인 살베 호르헤 Salve Jorge는 이런 상황을 개선할 독창적인 해법을 개발했다. 그들은 '오프라인 잔'이라는 것을 개발했다. 이 잔은 바닥이 일부 깎여 있어서 손님이 모바일 기기로 지탱해줘야만 온전히 설 수 있다. 이렇게 단골손님들을 기술로부터 강제적으로 '단절'시킴으로써 다른 사람들과 좀 더 교류하며 술을 마시기를 바랐던 것이다.

커플이 함께 식사한다. 서로 말은 하지 않고 휴대전화 스크린만 들여다보면서. 아마 다들 이런, 전혀 로맨틱하지 않은 광경을 봤을 것이다. 그것은 혼자 하는 식사를 함께하는 것이다. 물론 때로는 모바일 기기들에 마음을 빼앗기지 않아도 별로 할 말이 없을 때가 있다. 뉴욕 북부에 위치한 CIA요리학교 Culinary Institute of America의 보퀴즈 레스토랑은 이런 상황을 완화하기 위해 모든 테이블에 카드가 담긴 상자를 두었다. 각각의 카드에는 요리에 대한 질문이나 농담이 적혀 있다. 그런데 그걸 왜 거기에 두었을까? 분명히 고급 레스토랑에 있을 만한 물건이 아니다. 책임자에게 그런 물건을 놓아둔 이유를 물어보았다. 그러자 말을 잃어버린 커플들의 분위기를 녹여주기 위해서라는 대답이 돌아왔다. 손님들의 기분을 좋게 해주어 무엇을 주문하든 즐거움이 배가 되기를 바라는 마음이 담긴 것이다. 앞서 봤던 젖소 인형처럼 머릿속의 미각도 깨끗이 해주는 사례다.

식사량과 관련해서 최악의 행동은 텔레비전을 보면서 식사하는 것이다. 텔레비전을 켜놓고 식사를 하면 음식을 15퍼센트 더 먹는다는 연구 결과가 있다. 이 연구 결과에 따르면, 모든 텔레비전 프로그램이 똑같이 허리 치수를 늘리는 것은 아니다. 프로그램이 얼마나 주의를 끄느냐에 따라, 그리고 예전에 시청한 적이 있느냐에 따라 달라진다. 예를 들어, 오스트레일리아의 딕 스티븐슨 Dick Stevenson 연구팀은 미국 드라마 〈프렌즈〉의 똑같은 에피소드를 두 번 시청한 여성들이 다른 에피소드를 시청한 여성들에 비해 음식을 훨씬 많이 먹는다는 사실을 발견했다. 보통 음식과 관련된 감각 단서를 더 많이 인지할수록 더 적게 먹는 경향이 있다. 그러므로 텔레비전에 의해 주의가 흐트러지면(그리고 모바일 기기에도 아마 해당될 것이다) 음식과 관련한 자극에 집중하지 못하고 실제로 배가 부르다는 사실도 깨닫지 못한 채 더 많이 먹을 위험이 있다. 그리고 식사 중에 텔레비전을 보지 말아야 할 또다른 이유도 있다. "식사 시간은 아이들이 부모와 대화를 나눌 수 있는 중요한 시간으로 인지돼왔다. 그러므로 가능하다면, 주의를 산만하게 하는 것들로부터 식사 시간을 지켜라. 텔레비전과 휴대전화를 꺼라."

혼밥이 식사의 미래다?

내 동료 중에 몇 명(대부분 셰프들이다)은 때때로(어디까지나 때때로다, 기억하시라) 혼자 먹는 것이 좋다고 말한다. 왜 그럴까? 요리에 집중할 수 있기 때문이다(풍미의 조합과 질감의 대비에 집중한다는 뜻이다). 그들이 소문난 레스토랑에 가게 된다면 대화에 주의를 빼앗기기보다는 혼밥을 선택할 것이다. 그래서 나도 팻덕 레스토랑에 혼자 갔었다. 나더러 로맨틱하지 않다고 해도 할 말은 없지만, 어쨌든 나는 그날이 밸런타인데이라는 것도 몰랐다!* 이후 헤스턴은 이 이야기로 나를 놀리곤 했다.

다른 사람과 마찬가지로, 나도 혼자 먹는 식사가 다른 사람과 함께하는 식사만큼 즐겁지 않다. 음식이 아무리 맛있어도 그렇다. 결국 좋은 음식과 음료는 나눠 먹어야 좋다. 또한 식사와 와인은 좋을수록 더 나누고 싶어진다. 혼자 먹을 때보다 함께 먹을 때 기분도 좋아진다. 음식과 음료의 맛 역시 함께 먹을 때 좋다(최소한 다 같이 즐길 때). 흥미롭게도 극적인 기분 변화는 맛과 향 감각의 변화와도 관련이 있다. 함께 사는 사람과 싸우면서 밥이 맛있을 사람이 누가 있겠는가?

함께 나누는 식사는 인류의 보편적인 현상이다. 역사적으로 축제는 최소한 1만 2000년 전까지 거슬러 올라간다. 함께하는 식사만큼 진한 동료애companionship(라틴어로 '함께'를 의미하는 '쿰cum'과 '빵'을 의미하는 '파니스panis'에서 파생했다)를 표현하는 행위도 없다. 캐럴린 스틸Carolyn Steel

---

• 아주 옛날에는 혼밥족들이 책을 보았다면 요즘에는 스마트폰을 점점 더 많이 본다. 하지만 나는 끝까지 휴대전화를 갖지 않을 것이므로 스마트폰을 들여다보며 혼밥을 할 일은 없다.

은 저서 《허기진 도시 Hungry City》에서 이렇게 지적했다. "우리의 뇌는 음식을 나눠 먹는 사람과는 더욱 친밀감을 느끼도록, 그리고 우리와 다르게 먹는 사람은 낯선 사람으로 규정하도록 회로가 구성돼 있다."[4] (그녀는 오스카 와일드의 《보잘것없는 여인 A Woman of No Importance》에서 굉장한 구절을 인용하기도 했다. "멋진 식사 뒤에는 누구든 용서할 수 있다, 자신의 친척조차도.") 최근의 연구에 따르면, 함께 식사하면 호감도도 상승된다. 이것은 미식 외교라는 주제에 새로운 관점을 제공한다.

옥스퍼드대의 동료인 로빈 던바 Robin Dunbar 교수는 이렇게 말한다. "함께 먹는 행위는 뇌의 엔도르핀 시스템을 활성화시키고 엔도르핀은 사회적 관계에서 중요한 역할을 한다. 식사를 가운데 두고 함께 앉으면 사회적 네트워크가 형성되고 육체적·정신적 건강, 행복감과 안녕감, 삶의 목표에 큰 영향을 받는다."[5] 최근 통계를 보면 70퍼센트에 가까운 사람들이 이웃과 식사를 전혀 하지 않는다고 한다. 걱정되는 일이다. 더구나 20퍼센트의 사람들은 부모와 함께 식사한 것도 반년이 넘었다고 답했다.[6] "식탁이야말로 원조 소셜 네트워크"임을 잊지 마라.[7]

가스트로피직스 연구에 따르면 동료와 함께하는 식사는 식사량에도 큰 영향을 미친다. 우리의 식사량은 누구와 함께 있는지, 그들에게 좋은 인상을 남기고 싶어 하는지에 따라 결정된다. 실험실에서도 식당에서도 혼자 먹을 때보다 다른 사람과 함께 먹을 때 먹는 양이 많았다. 친구나 가족처럼 친근한 사람과 함께 먹을 때 이런 경향은 훨씬 강했다. 특히 남성은 레스토랑에서 누군가와 함께 먹을 때 먹는 양이 늘었다. 이렇게 식사량이 늘어나는 것은 누군가와 함께 먹으면서 식사 시간이 길어지는 것과 관련이 있다. 하지만 함께 있는 사람에게 좋은 인상을 남기고 싶으면(아니면 누군가와 함께 있는 것이 초조하면!) 더 적게 먹는 경향이 있다. 또 사람들은 주변 사람들이 음식을 거의 건드리지 않으면 적게 먹는 경향이 있다. 인상적이게도 24시간 동안 아무것도 먹지 않은 사람도 이런 경향을 보였다.

다음번에 외식할 일이 있다면 명심해둘 것이 있다. 사람들과 함께 먹을 때의 가장 큰 문제점은 가장 먼저 주문하는 것을 꺼리게 된다는 것이다. 이것은 먼저 주문한 사람이 뒤에 주문한 사람보다 음식과 음료를 더 맛있게 즐기는 경향이 있기 때문에 중요하다. 늦게 주문한 사람은 다른 것을 주문했어야 한다는 기분에 사로잡히게 되고 결과적으로 먼저 메뉴를 고른 사람보다 음식을 덜 즐기게 된다. 그리고 성별이 뒤섞여 있는 경우에는 여성이 먼저 주문하는 경향이 있어서 대체로 남성보다 여성이 조금 더 식사를 맛있게 즐길 가능성이 높다.

4장 '바삭거리는 소리가 클수록 맛있다'에서 봤듯이 최근 레스토랑과 바가 너무 시끄러워서 음식을 맛보는 것은 물론이고 생각도 할 수 없다고 불평하는 사람들이 많다. 한 평론가는 이렇게 말했다. "우리는 사회적 교류를 위해 레스토랑에 간다. 그럼에도 다른 사람의 말을 여전히 이해하지 못한 채 레스토랑을 나온다."[8] 이미 보았듯이 여기에 대한 반발로, 누구도 말을 하지 않는 침묵의 저녁 식사가 시작됐다. 하지만 이런 시도는 길게 이어지지 못했다. 기본적으로 식사는 사회적 행위이기 때문이다. 소음을 없애기 위해 귀마개를 하거나 헤드폰으로 요리에 특화된 소리(또는 음악)를 들려주는 것은 하나의 코스로는 효과가 좋다. 하지만 그 이상은 기대하기 어려우며, 식사의 사회적 역동성도 너무 많이 파괴한다.

한편 어둠 속에서 식사를 하게 하는 레스토랑의 경우 손님의 감각이 하나 제거되는데도 식사의 사회적 측면은 흐트러지지 않았다. 오히려 불이 꺼지면 손님들은 더욱 많이 대화하는 경향이 있다. 예를 들어, 지금 무엇을 먹는지 서로 추측하는 식으로 말이다.

최근까지는 혼자 밥을 먹는 사람을 보면 왠지 슬퍼 보였고 거의 왕따 같기도 했다. '뭐야, 친구도 없나?'라고 속으로 생각했을 수도 있다. 하지만 이제 이런 낙인은 사라지고 있다. 사실 점점 더 많은 사람들이 혼자 식사하고 있다. 2015년에는 혼자 밥을 먹는 사람의 수가 2년 만에 두 배가 됐다. 사실 영국의 레스토랑에서는 1인 예약이 가장 빠르게 늘고 있다. 그렇다면 혼밥족은 주문한 음식이 나올 때까지 무엇으로 시간을 보낼까? 최근의 조사에 따르면, 46퍼센트는 책을 읽을 거라고 했고 36퍼센트는 휴대전화를 볼 거라고 답했다.[9]

BBC가 내보낸 혼밥에 대한 방송에 시청자가 쓴 댓글에서 변화의 분위기가 잘 나타난다. "불과 한두 해 전만 해도 혼자 밖에서 밥을 먹는다는 생각에 우울해졌다. 나는 혼밥족들이 슬프고 외로운 사람이라고 생각했다. 이제는 꽤 자주 밖에서 혼자 밥을 먹는다. 그리고 어떨 때는 다른 사람들과 함께 먹는 것보다 혼자 먹는 것이 더 좋다. 내게 이런 변화를 가져온 것은 스마트폰이다. 혼밥족은 더 이상 혼자가 아니다."[10] 어떤 사람들은 공공장소에서 혼자 밥을 먹는 혼밥족들이 자신감이 넘치고 성취도도 높은 사람들이어서 자신의 노동에 합당한 보상을 즐기고 있다고 생각한다. 자기주장이 아주 강한 음식 비평가인 제이 레이너 Jay Rayner가 말했듯이 말이다. "나는 다른 사람들이 나를 슬픈 사람이라고 생각할까 걱정하지 않는다. (중략) 혼자 먹는 저녁은 당신이 사랑하는 사람, 바로 자기자신과 함께 하는 식사이기 때문이다."[11]

이런 태도 변화는 사람들이 자신들의 식사를 블로그나 소셜 미디어에 공유하고 있다는 점과 관련이 있다. 텀블러에는 '한 사람을 위한 어슴푸레한 식사 Dimly Lit Meals for One'라는 제목의 이미지 컬렉션도 있다. 이런 최신 경향은 우리가 모바일 기기와 '연인'만큼이나 밀접한 관계를 맺음에 따라 더욱 강화되고 있다. 한편 어떤 사람들은 MP3 플레이어와 헤드폰으로 스스로 고립되길 즐긴다.

앞서가는 레스토랑 경영자들은 이렇게 바뀌어가는 트렌드에서 기회를 찾는다. 샌디에이고 '톱 오브 더 마켓 Top of the Market'의 수석 셰프인 이반 플라워 Ivan Flower가 그 예다. 그 레스토랑의 경영진은 혼밥족의 수를 늘리기 위해 그를 영입했다. "레스토랑에는 이미 개방형 주방 앞에 바를 설치해 손님들을 앉혔지만 셰프들이 손님들과 충분히 대화를 나누지 않아 효과는 별로 없었다." 플라워가 말했다. "혼밥족은 이제 주방의 '쇼를 보려고' 그 자리에 앉는다. 쇼에는 요리 시범도 있고 무료 시식도 있으며 셰프와의 대화도 들어 있다." 어떤 신문은 식당 리뷰 코너에 혼밥족을 위한 레스토랑을 추천하기 시작했다.[12]

암스테르담의 팝업 레스토랑인 엔말 Eenmaal에는 테이블이 딱 하나다. 이런 곳이 개점 이래 단 하루도 빠짐없이 예약이 차 있으리라고 누가 생각이나 했을까. 이제 이 모험적인 레스토랑은 런던, 베를린, 뉴욕, 앤드워프 등지에 지점을 내려고 한다. 이 프로젝트의 설계자인 마리나 반 고어 Marina van Goor는 이렇게 말한다. "우리 사회에는 혼자 있을 수 있는 공공 공간이 없다."[13] 나는 레스토랑의 형태를 바꿔서 혼자 오는 손님에게 음식을 제공하는 것은 틈새 공략에 그칠 거라고 생각한다. 사람들이 함께하는 식사를 얼마나 높이 평가하는지 알고 있기 때문이다. 그럼에도 레스토랑 경영자들은 우리의 식사 습관에 불어온 변화에 적응하기 위해 더 많은 시도를 해볼 수 있을 것이다.

새로운 트렌드: 낯선 사람과 나눠 먹는 요리

실제로 레스토랑 메뉴를 분석해본 결과 혼밥족의 부상에도 불구하고 공유와 관련된 단어가 늘어났다. 요즘 샤퀴테리 보드charcuterie board(샤퀴테리는 프랑스식 수제 햄-옮긴이), 타파스tapas(스페인의 전채요리-옮긴이), 메제meze(중동, 그리스, 터키 등에서 식사 처음에 내놓는 다양한 전채요리-옮긴이) 등을 메뉴에서 훨씬 많이 찾아볼 수 있게 되었다. 모두 다른 사람과 나눠 먹는 요리들이다. 이것 역시 요리계의 비공식적인 경향이다. 여기 옥스퍼드를 예로 들면, 최고의 펍인 매그댈런 암스Magdalen Arms의 메뉴 가운데는 2~5인용이 많다.

그리고 테이스팅 메뉴도 유행한다. 테이스팅 메뉴란 셰프가 선정한 여러 요리가 소량씩 나오는 것이다. 대개 테이블에 앉은 모든 사람이 이런 요리를 주문하는 데 동의한다. 가스트로피지스트로서 레스토랑 경영자에게 조언하건대, 손님들이 하나의 요리를 주문하게 하고 싶다면 그들을 둥근 테이블에 앉혀라. 왜냐하면 사각 테이블보다는 둥근 테이블에 앉을 경우 사람들이 더 소속감을 느끼기 때문이다. 반대로 사각 테이블은 사람들이 좀 더 이기적인 특성을 드러내게 한다. 중국의 연회가 항상 둥근 테이블에서 열리는 이유가 갑자기 이해된다. 좀 더 과거로 가서 아서왕과 원탁의 기사들도 잊지 마시길. 사람들을 사각 식탁에 앉히는 가장 주요한 이유는 한 공간에서 식사하는 사람의 수를 극대화하기 위해서다. 다시 말해 원탁이 가장 민주적인 해결책이기는 하지만 만약 테이블이 너무 크다면 반대편에 앉은 사람과의 대화가 힘들 수도 있다.

레스토랑 경영자들은 손님들이 음식만 나누기를 바라지 않는다. 이제는 모든 격식을 허물고 모두가 크고 기다란 테이블에 앉아 함께 나누는 레스토랑도 있다. 바로 와가마마Wagamama와 부사바 이타이Busaba Eathai 같은 레스토랑에서 그렇듯이 말이다(둘 다 최고의 레스토랑 경영인인 앨런 야우Alan Yau의 놀랍도록 성공적인 벤처 레스토랑이다). 팽코티디엥Pain Quotidiens 체인 역시 마찬가지다. 이런 곳에서는 낯선 사람과 테이블을 공유하게 된다. 하지만 속담처럼 "이방인이 아니라 아직 만나지 못했던 친구만이 있을 뿐"이다. 옆 사람과의 물리적 거리는 연회석 사이사이에 2인용 테이블을 끼워 넣은 다른 유명한 레스토랑과 똑같다. 그리고 똑같이 긴 테이블이라도 '연결성'에는 여전히 질적인 차이가 있을 것이다. 사실 나는 문제를 이해하기 위해 새로운 가스트로피직스 실험이 시작될 거라고 생각한다! 낯선 사람과 붙어 앉은 테이블에서 얼마나 식사를 즐길 수 있을까? 언제나 그렇듯, 연구할 거리가 정말 많다.

소속돼 있다는 느낌

한번 생각해보자. 공공장소에서 낯선 사람들과 붙어 앉아 식사를 하는 것이 무척 이상해 보이기 시작할 것이다. 예를 들어, 다른 문화적 관점을 지닌 사람이 21세기의 서양을 방문했다면 레스토랑이 어떻게 보일까. 아마 19세기에 파리 레스토랑을 처음 방문했던 페루 여행자 앙투안 로니Antoine Rosny(이름은 프랑스 사람 같다)와 비슷한 느낌일 것이다(그러니까 꽤 '초창기' 레스토랑이었다). "식당에 들어간 나는 수많은 테이블이 나란히 놓여 있는 것에 놀랐다. 굉장히 큰 무리가 들어올 거라고 생각했다. 또는 타블 오트table d'hôte(셰프가 요리하는 동안 주방에서 식사하는 프랑스 전통-옮긴이)거나. 하지만 사람들이 서로 인사도 하지 않고 서로 쳐다보지도 않은 채 말 없이 따로 식사하는 것을 보았을 때 나의 놀라움은 최고조에 달했다. 그들은 심지어 음식을 나눠 먹지도 않았다!"[14]

인도네시아 예술가 멜라 자르스마Mella Jaarsma는 함께하는 식사의 의미를 탐구했다(그림 7-2). 길거리에서 사람들(어디에서든 2~6명씩 선정)을 초대한 뒤 서로 이어지는 턱받이를 하게 했다. 그리고 턱받이 위에 편평한 테이블을 올려놓았다. 그들은 짝을 이뤄서 상대를 위해 음식을 주문하고 먹여주었다. 이런 친밀한 행위는 말 그대로 공유하는 식사를 가능하게 한다. 이런 착용형 테이블이 식사하는 사람들(공연자들)을 어떻게 연결해주는지 보라. 그들은 서로가 서로를 지탱해주는 테이블을 만들어 음식을 먹었다(한 명이 화장실에 가야 한다면 어떤 일이 벌어질지 정말 걱정되지만 말이다!). 여기 참여했던 사람이 재미있는 말을

그림 7-2 〈나는 너를 먹이고 너는 나를 먹이고〉 공연의 한 장면.

했다. "멜라 자르스마의 작품 덕분에 나는 어른이 되고 처음으로 다른 사람이 나를 먹여주고 또 내가 다른 사람을 먹여주는 경험을 했다. (중략) (식사 시간 내내) 한 가지는 변함없었다. 먹고 먹이는 의식이 권력 관계를 분명하게 말해준다는 사실이다. (중략) 우리의 권력에 내포된 친근함은 우리를 관대하게 만든다. 현실에서 이런 친근함을 바라는 사람은 훨씬 많다."[15]

네덜란드 태생의 예술가 마리예 보헬장Marije Vogelzang은 '공유된 저녁 식사'라는 설치 미술 작품을 만들었다. 이 작품에서 손님들은 천장에 매달린 흰 테이블보로 연결되어 있다. 그들은 테이블보에 뚫린 구멍에 머리와 팔을 넣는다(그림 7-3). 작가는 이렇게 말했다. "테이블보와 테이블을 이용했다. 하지만 테이블보로 테이블을 덮는 대신 구멍을 뚫어 공중에 매달았다. 그러고는 참가자들이 머리를 테이블보 안에

그림 7-3 마리예 보헬장의 설
치 미술 〈공유된 저녁 식사〉.

넣고 앉게 했다. 이 작품은 사람들을 물리적으로 연결해준다. 만약 내가 여기서 테이블보를 잡아당기면 당신은 저쪽에서 그걸 느끼게 된다. 모든 사람의 몸을 덮어버린 것도 평등 감각을 만들어준다. 처음에는 사람들이 테이블보를 쓰지 않겠다고 할까 봐 걱정했다. 사람들은 서로를 몰랐기 때문이다. 하지만 사람들은 서로 연결돼 있기를 바라는 마음을 가졌으며, 뭔가에 함께 소속돼 있다는 느낌을 불러일으켰다."[16] 보헬장은 공유를 장려하기 위해 음식을 사용했다. 한 사람에게는 둘로 나뉜 접시에 멜론 한 조각씩을 담아주었다. 반대편에 앉은 사람에게는 비슷한 접시에 햄을 담아주었다. (서로 모르는 사이인) 참가자

230 **왜 맛 있 을 까**

들은 자연스럽게 짝을 이뤄 음식을 나눠 먹었다.

연결된 식사가 더 맛있다

많은 사람들은 운이 좋게도 함께 식사할 가족이 있다. 하지만 여전히 집 밖을 떠돌아다닐 일이 종종 있다. 출장 중일 때가 대표적이다. 우리는 모두 함께하는 시간, 흔히 저녁 식사 테이블에 둘러앉는 그 시간을 너무나 그리워한다. 인간과 컴퓨터 사이의 상호작용을 연구하는 연구자들은 이런 문제가 점점 커지고 있다고 생각한다. 그래서 그들은 기술을 이용하여 서로 떨어져 있는 사람들을 다시 연결해주고 식사 경험을 나누게 해줄 방법을 연구했다. 여기서 탄생한 것이 '텔레마틱 디너 파티'다. 쉽게 말하면 '스키팅 Skeating'이다(먹으면서 eating 스카이프를 하는 것 skyping이다).

정말 흥미로운 개념이지만 기술적으로는 어려움이 많다. 예를 들어, 디지털상에서 서로 다른 음식을 함께 먹을 경우 무슨 일이 일어날까? 사람들이 서로 '연결'되는 데 방해가 될까? 중요한 점은 어떻게 가상적으로 공유된 식사 경험을 더욱 몰입적이고 매력적으로 만들 것인가다. 텔레마틱 디너 파티에 참석했던 한 손님은 이렇게 말했다. "그들과 음식을 나눠 먹었다고 생각하지 않는다. 우리는 이 방에서, 그들은 다른 방에서 식사를 하고 있다고 느꼈다. 함께한다는 감각은 없었다."[17] 경험을 디자인하는 사람이라면 듣고 싶지 않은 말이다. 함께 식사한다는 것은 (무의식적일지라도) 식사하는 행동이 강하게 동기화되는 것이다. 마치 정교한 군무를 멀리서 똑같이 따라 하려고 노력하는 것처럼. 그런데 멀리 떨어져 있다 보면 신호가 오가는 데 시간이 걸리고 지연이 일어날 수도 있다. 이런 경우 식사의 사회적 역할이 무너지게 된다.

나는 이런 기술적인 해결책이 극한의 환경에서 가치가 있을 거라고 상상했다. 예를 들면, 화성에서 오랫동안 임무를 수행하는 사람을 위해서 말이다. 그는 멀리 지구에 있는 가족과 대화를 하고 싶을 것이다. 하지만 이곳 지구에 사는 나로서는 텔레마틱 디너 파티에 열광하지 못하겠다. 그게 완벽하게 작동한다고 해도(여기서 완벽하게 작동한다는 것은 동기화에 문제가 없다는 뜻이다).

나는 대신 다른 종류의 기술적 혁신에 매료됐다. 바로 두어 해 전부터 출시된 다양한 식사 공유 앱이다. 약간의 돈을 내고 이 앱을 이용하면 낯선 곳에 혼자 있는 사람도 현지인과 식사할 수 있다. 말 그대로 함께 식사하는 것이다. 많은 사이트가 이와 비슷한 서비스를 제공하지만 약간씩 느낌은 다르다. 그래서 거의 모든 서비스가 존재하며, 아직 없는 서비스도 곧 출시될 것이다! 예를 들어, 미국 사이트인 이트위드 ^EatWith^는 고급 레스토랑 같은 분위기인 반면 영국 사이트인 비즈이트 ^VizEat^는 식사를 통해 문화를 경험하도록 현지인들과의 식사를 강조한다. 비즈이트의 공동 창업자인 캐밀 루마니 ^Camille Rumani^에 따르면 이 사이트는 설립(2014년 7월에 설립되었다) 2년 만에 115개국에서 최소 17만 명의 호스트를 끌어들였다고 한다.

모두들 이런 의문이 생길 것이다. 에어비앤비 ^Airbnb^가 숙박의 개념을 바꾼 것이나 우버가 대중교통을 바꾼 것처럼 식사 공유 앱이 집

밖에서 식사하는 방법을 혁신할까. (미국의 도시들을 대상으로 우버이 츠 UberEats 앱이 출시됐다. 이 앱은 "마치 차량을 부르듯, 수백 개의 레스토랑에서 맛있는 음식을 먹게" 해준다고 약속한다.) 시장 조사 기관인 유로모니터 인터내셔널 Euromonitor International에 따르면, 2015년의 트렌드는 'P2P 방식의 식사'였다. 이것은 레스토랑(체인)의 매개 없이 요리사와 손님이 직접 관계를 맺는 것이다. 이런 트렌드의 징후로서 셰프들이 집에서 요리하기 시작했다. 가장 큰 시장은 아직 자기 집을 떠나지 않은, 하지만 여전히 함께 식사할 사람이 없는 사람들이다. 최신 스타트업인 테이블크라우드 Tablecrowd는 식사와 소셜 네트워킹을 연결했다. 또 다른 스타트업인 테이블 Tabl은 잉글랜드 남부에서 멋진 단체 식사를 제공해준다. 함께 식사하는 것은 근원적인 요구다. 당신도 배가 고파졌을 때 누군가를 식사에 초대하면 어떨까? 대개 혼자 식사할 때보다 좋은 시간을 가질 수 있을 것이다. 하지만 주문만큼은 당신이 먼저 하라. 식사의 즐거움을 최대한 누리고 싶다면 말이다.

기내식의 비밀

Airline Food

8

미슐랭 세프도 좌절시키는
10KM 상공의
식사

2014년 처음으로 비행기 안의 음식과 음료에 대해 생각하게 되었다. 당시 나는 장거리 비행 중이었고 노트북 배터리는 방전된 상태였다. 승무원이 음료를 실은 트롤리를 천천히 밀고 왔다. 그 순간 얼마나 많은 승객이 토마토 주스가 들어간 음료를 주문할지 궁금해졌다. 지상에도 블러디 메리^{Bloody Mary}(토마토 주스와 보드카를 섞은 칵테일의 이름으로 신교도를 박해한 가톨릭 여왕 메리 1세의 별명에서 유래했다-옮긴이)를 주문하는 이상한 사람이 없지는 않겠지만, 적어도 내 주위에서는 꽤나 드문 일이다. 하지만 비행기 안에서는 이 붉은 과일(아니, 채소인가?)이 뭐가 특이하기에 그리고 음료 트롤리에서 도대체 무슨 일이 일어나기에 다들 토마토 주스를 찾는 것일까?

무조건 내 말을 믿지는 마시길. 우선은 내가 관찰한 것이 정확한지부터 확인해보아야 한다. 다행히도 내 직관이 맞았다. 토마토 주스는 기내에서 주문하는 음료의 27퍼센트를 차지했다. 더구나 지상에서는 토마토 주스를 거들떠보지도 않을 사람들이 이 음료를 주문했다. 1000명이 넘는 승객들을 조사한 결과 23퍼센트가 그런 사람에 속했다. 무슨 일이 일어난 것일까? 질문에 답하기 전에 잠시 기내식의 역사를 간단히 살펴보자.

기내식은 왜 항상 맛이 없을까?

기내식이 늘 형편없었던 것은 아니다. 처음에 항공사들은 비행기를 탈 수 있을 만큼 부유한 사람들을 대상으로 영업을 했다. 믿든 말든 항공사들은 기내식의 질로 경쟁했기 때문에 카버리(고객 앞에서 구운 고기를 저며 주는 것-옮긴이), 로브스터, 소갈비 등을 원하는 사람 누구에게나 내놓았다(그림 8-1). 이것을 보면 이스트런던의 쇼어디치에 위치한 팝업 레스토랑인 플라이트 BA2012 ^{Flight BA2012}가 그렇게 성공한 이유를 이해할 수 있을 것이다. 여기서는 1948년 항공기의 퍼스트 클래스 메뉴에서 영감을 얻은 세 가지 음식으로 구성된 코스 메뉴를 체험할 수 있었다. 요즘의 기내식에서는 상상하기 힘든 메뉴다(그림 8-2).

하지만 1952년 모든 것이 바뀌었다. 이코노미 클래스가 생기면서 승객 수가 극적으로 증가하자 규모의 경제가 도입되기 시작했다. 국제항공운송협회 ^{IATA} 역시 어쩔 수가 없었다. 그들은 비행기에서 어떤 음식이 제공돼야 하는지를 제한하는 가이드라인을 만들었다. 최소한 이코노미 클래스에서는. 스칸디나비안 항공은 대서양을 가로질러 북미 대륙으로 가는 승객들에게 좀 좋아 보이는 빵을 제공했다는 이유로 2만 달러의 벌금을 물기도 했다. 경쟁사인 팬암 ^{Pan Am} 사가 불만을

그림 8-1 과거의 기내식! "손님, 오늘 로브스터 몇 마리 드시겠습니까?" 승객들은 신선한 노르웨이산 로브스터(껍데기가 그대로 있는)를 먹었고 얼음 위에 놓인 식전주도 즐길 수 있었다.

제기했던 것이다. 최근에는 기내식에 더욱 돈을 적게 쓰는 것이 분명하다(기내에서 조금이라도 음식을 제공한다면 말이다).

예전에는 승객이 기체의 엔진 고장으로 죽을 수도 있다는 생각에서 벗어나게 해주는 유일한 것이 기내식이었다. 승객들은 창밖의 풍경 외에 마음둘 곳이 없었기 때문에 음식의 질이 중요했다. 하지만 오늘날은 모든 것이 바뀌었다. 감사하게도 항공 여행은 그 어느 때보다

- MENU -

COPENHAGEN–BANGKOK

SALADE NICOISE
Mixed Salad "Nicoise"
—
CREPES FORESTIERE AU BACON
French Pancakes Filled with Mushrooms and Bacon
—
CREME BAVAROISE AU RHUM
Rum Bavarian Cream
—
CAFE
Coffee
—
AVANT L'ATTERRISSAGE/*Before landing*
—
FRUITS DE SAISON
Assorted Fresh Fruit
—
PETITS PAINS ET CROISSANT
Rolls and Croissant
—
BEURRE, FROMAGE ET CONFITURE
Butter, Cheese and Marmalade
—
OEUFS POCHES A LA FLORENTINE
Poached Eggs on Sautéed Spinach with Mornay Sauce
—
POMMES DE TERRE ROESTI
Roesti Potatoes
—
SAUCISSES
Sausages
—
CAFE OU THE
Coffee or Tea

BANGKOK–SINGAPORE

HORS-D'OEUVRE VARIES
Assorted Appetizers
—
POISSON A LA THAILANDAISE
Poached Fish Thai Style in Black Bean Sauce
—
LEGUMES CHIANG MAI
Mixed Chiang Mai Vegetables
—
RIZ FRIT
Fried Rice
—
OU/*or*
COTELETTES D'AGNEAU A L'ITALIENNI
Lamb Chops with Tomato and Oregano Sauce
—
POMMES DE TERRE A LA BOULANGERI
Potatoes à la Boulangère
—
EPINARDS AU BEURRE
Buttered Spinach
—
FROMAGE
Cheese
—
TARTELETTE AU CITRON
Lemon Meringue Tartlet
—
CAFE
Coffee

PLEASE ACCEPT OUR APOLOGY IF, DUE TO PREVIOUS
PASSENGER SELECTIONS, YOUR CHOICE IS NOT AVAILABLE.

IN ADDITION TO OUR FRESHLY BREWED COFFEE,
WE SERVE TEA AND DECAFFEINATED COFFEE WITH ALL MEALS.

© www.sasmuseet.net

그림 8-2 1950년대 코펜하겐에서 방콕을 경유해 싱가포르로 가는 항공편에서 제공된 프랑스어 메뉴판.

안전해졌다. 더구나 버튼 하나만 누르면 온갖 즐길 거리가 펼쳐진다.

　명심하라. 10킬로미터 상공에 있는 비행기 객실의 분위기는 고급스러운 식사에는 별로 도움이 되지 않는다. 고도가 높은 곳에서는 낮은 습도(객실의 공기는 2~3분마다 환기된다)와 기압 탓에 음식과 음료의 맛과 풍미가 약 30퍼센트 정도 상실된다. 이런 문제를 알아차린 많은 항공사들이 상공의 기압을 재현한 환경에서 메뉴를 시험해봤다. 예를 들어, 독일의 프라운호퍼 연구소에서는 오래된 에어버스 항공기에 저압실을 만들었다. 그러고는 사람들에게 음식을 제공하고 반응을 실험했다.

항공사들은 맛을 강화하기 위해 기내식에 설탕과 소금을 많이 넣었고 당연히도 요즘 제공되는 기내식은 건강한 음식과는 거리가 멀다. 실제로 영국 승객들은 공항에 들어가 목적지에 도착할 때까지 3400칼로리 이상을 먹는 것으로 추정된다.

몇 년간 항공사들은 셰프들에게 기내식을 개선할 방법을 물어왔다. 프랑스 UTA^{Union de Transports Aériens}(에어프랑스의 전신)는 셰프 레몽 올리베르^{Raymond Oliver}의 조언에 따라 기내식을 근본적으로 바꾸었고 기내식의 표준 형태를 확립했다. 사실 오늘날 이코노미 클래스에 나오는 치킨 또는 생선 요리는 그 기원이 올리베르 셰프까지 거슬러 올라간다. 올리베르는 승객들에게 친숙한 요리를 제공하려고 했다. 편안한 음식은 아니었지만 최소한 뭔가 안심이 되는 그런 음식이었다. 그는 준비하기는 쉽지만 소화하기는 쉽지 않은, 영양가 많은 음식을 찾았다. 그러면 비행기가 착륙하기 전까지 승객들이 다시 허기를 느끼지 않을 거라는 생각에서였다. 기내식은 비행기 안에서 다시 데웠을 때 풍미를 너무 많이 잃지 않아야 했다. 올리베르 셰프의 제안은 코코뱅과 뵈프 부르기뇽(포도주를 이용한 쇠고기 스튜-옮긴이) 그리고 크림 소스를 곁들인 송아지 고기였다(1973년이었다!) 이런 요리에는 장점이 있었다. 고기가 소스에 젖어 있어 비행기 안에서 가열해도 많이 마르지 않았을 것이다.

미슐랭 셰프도 좌절시키는

이제 항공사들이 기내식을 개선하기 위해 셰프를 영입하는 일은 아주 보편화됐다. 많은 항공사가 유명한 셰프를 고용했다. 예를 들어, 오스트레일리아의 닐 페리Neil Perry는 콴타스 항공과 팀을 이뤘고 헤스턴 블루멘탈은 영국 항공과 팀을 이뤘다. 최근에는 위대한 찰리 트로터Charlie Trotter가 유나이티드 항공에 조언을 했다. (트로터가 알려준 최고의 팁은 태국풍의 바비큐 소스로 맛을 낸 작은 립이었다. 향료와 소스는 높은 고도에서 식사하는 사람에게는 좋은 아이디어다.) 한편 에어프랑스는 훌륭한 셰프가 너무 많다 보니 여러 셰프들과 돌아가며 일한다.

일등석에 앉은 사람이라도 메뉴 카드에 셰프의 이름이 적혀 있지 않다면 자신이 먹는 음식을 스타 셰프가 개발했음을 거의 감지하지 못할 것이다. 셰프의 참여가 실제로 고객의 만족도를 크게 높였다는 증거는 없다. 게다가 스타 셰프에게 조언을 구했던 항공사들이 매년 발표되는 '기내식이 맛있는 10대 항공사' 목록에 더 빈번하게 오르는 것 같지도 않다. 셰프가 미슐랭 스타를 얼마나 받았든 그들의 기내식은 지상의 최고급 레스토랑에서 제공될 때와 같은 맛을 내지 못한다. 그럼에도 대다수의 승객들은 판에 박힌 기내식에서 벗어날 수 있었다는 점에 고마워한다. 덕분에 승객들은 먹고 싶은 것을 먹고 싶을 때 더 혹은 덜 먹을 수 있었다. 말하자면 주문형 음식이었다.

이미 봤듯이 음식이나 음료에 대한 평가는 음식이나 음료를 먹는 상황이나 환경에 영향을 받는다. 기내식 역시 다르지 않다. 항공사가 식음료 공급 업체와 체결한 장기 계약도 기내식 개선에 방해가 된다.

그러므로 항공사나 셰프가 기내식을 바꾸고 싶어도 정말 쉽지 않다. 대신 많은 케이터링 업체들이 혁신적인 셰프들을 영입하여 직접 자신들의 요리를 개선하고 있다. 여기에서 더욱 중요한 사실은 셰프의 역할이 재료와 레시피 그리고 음식 준비까지로 제한돼 있다는 점이다. 그리고 다들 알게 되었듯이 음식에만 초점을 맞춘 해법은 우리를 해법에서 점점 더 멀어지게 한다. 가스트로피직스의 관점을 도입할 때다.

비행기 소음이라는 장애물

다시 주스 이야기로 돌아가 보자! 비행기가 순항 고도에 다다르면 얼마나 엔진 가까이 앉느냐에 따라 다르지만 승객의 귀는 약 80~85dB의 배경 소음에 노출되게 된다. 이 소음은 맛을 느끼는 능력을 떨어뜨린다. 하지만 모든 음식의 맛이 똑같이 영향을 받는 것은 아니다. 토마토 주스와 우스터 소스(둘 다 블러드 메리의 성분이다)에서 중요한 것은 우마미라는 단백질 맛이다. 우마미의 가장 순수한 형태는 글루탐산나트륨 또는 MSG에서 맛볼 수 있다. 우마미는 동아시아에서는 오랫동안 알려진 맛이었고(예를 들어 일본이 그렇다. 우마미라는 말은 번역하면 '맛있는', '먹음직스러운'이라는 뜻이다) 최근에는 세계 다른 지역의 셰프들에게도 주목받기 시작했다. 서양 음식 중에는 파르메산 치즈, 버섯, 안초비, 그리고 무엇보다 토마토에 우마미가 풍부하다. 그래서 그렇게 많은 사람들이 비행기 안에서 토마토가 들어간 음료를 주문하는 것일까?

2015년 코넬대 연구팀은 비행기의 소음이 사람들의 우마미 감지 능력에 어떤 영향을 미치는지 실험했다. 실험 참가자들은 조용한 실험실 또는 실제와 비슷한 크기의 비행기 소음이 들려오는 실험실에 앉아 맑은 음료를 연달아 마시고 강도를 평가했다. 각각의 음료에는 강도가 1~3단계에 이르는 다섯 가지 기본 맛 가운데 하나가 들어 있었다. 그중 우마미 용액의 강도는 배경 소음을 증가시켰을 경우 훨씬 강하게 느껴지는 것으로 평가됐다. 반면 단맛은 적게 느껴지는 것으로 평가됐고 짠맛과 신맛 그리고 쓴맛은 별 영향이 없었다. 이런 결과를 보면 2013년부터 영국 항공이 우마미에서 영감을 얻은 기내식을 도입한 것이 이해가 된다.

그런데 왜 소음이 어떤 맛에는 영향을 미치고 어떤 맛에는 영향을 미치지 않을까? 흥미롭게도 각각의 맛에 대한 민감성은 스트레스와 관련이 있다는 이론이 있다. 대개 비행기 승객들도 스트레스를 느낀다. 특히 비행기가 덜컹거리는 경우에는. 오래전 연구에 따르면 시끄러운 소음으로 스트레스를 주는 경우 단맛은 훨씬 맛있게 느껴진 반면 짠맛은 그렇지 않았다. 이런 놀라운 결과에 대해서는 이렇게 설명하기도 한다. 달콤함은 음식에 에너지가 함유되어 있음을 알려주고 스트레스 환경에 대처하기 위해서는 우선 에너지가 필요하다는 것이다. 시끄러운 환경에서 우마미를 감지하는 능력이 올라가는 현상에도 비슷한 진화적 설명이 동원될 수 있다. 왜냐하면 달콤함과 마찬가지로 우마미 역시 단백질의 존재 가능성을 표시해주는 영양 지표이기 때문이다. 하지만 정확한 설명이 무엇이든, 가장 중요한 점은 소음이 단맛을 억제시키고 때로는 짠맛도 억제시키지만 우마미는 강화시킨다는 사실이다.

사람들에게 순수한 맛만 남긴 용액이 아니라 제대로 된 음식을 주면 어떤 일이 벌어질까? 시끄러운 백색소음(주파수를 맞추지 않은 라디오의 잡음을 생각하라)은 감자칩이나 비스킷, 치즈 같은 다양한 간식의 단맛과 짠맛을 덜 느끼게 했다. 그런데 조금 놀라운 점은 바삭함에 대한 평가는 (조용할 때보다) 배경 소음이 커졌을 때 높아졌다는 것이다. 그렇다면 항공사들은 기내식에 바삭거리는 소리, 딱딱거리는 소리, 아삭거리는 소리 등을 추가해야 할지도 모른다. 같은 이유로 신선한 과일을 담은 그릇을 준비하는 것도 좋다(실제로 어떤 항공사는 비즈니스 클래스 승객을 위해 과일 그릇을 준비한다). 그리고 샐러드에 참깨를 뿌려서 바삭거리게 하는 것도 세계 최고의 셰프를 고용하는 것보다 훨씬 저렴하다.

직관과는 어긋나는 말처럼 들리겠지만, 소음을 제거해주는 헤드폰을 끼면 고고도 상공에서 음식과 음료의 맛이 간단히 개선될 수도 있다. 다만 이렇게 배경 소음을 제거한 경우 또 다른 질문이 제기된다. 음식의 맛을 더 좋게 해주는 소리가 존재할까?

음향 양념

2014년 말 영국 항공은 장거리 여행객을 위해 '사운드 바이츠Sound Bites'를 도입했다. 승객들은 기내식을 고른 다음 좌석의 엔터테인먼트 시스템에서 채널 하나를 선택할 수 있다. 그 채널에서는 음식의 맛을 보완하기 위해 특별히 선곡된 곡들이 나온다. 내 연구실에서 밝혀진 사실들이 일부 선곡의 기초가 되었다. 주로 요리의 출신 국가나 지역을 선명히 드러내는 곡들이 선정됐다. 연구 결과 그 음식과 관련된 지역의 음악을 들려주면(또는 다른 감각 정보도 가능하다) 지역색이 더욱 강화된다고 한다(6장 '우리 분위기 있는 곳에서 먹어요' 참조). 베르디의 아리아(그리고 붉은색과 흰색 체크무늬의 테이블보가 있다면 더 좋다)를 들으면서 라자냐나 파스타를 먹는다고 하자. 또는 프로클레이머스The Proclaimers(스코틀랜드 출신의 쌍둥이 형제가 결성한 밴드-옮긴이)를 들으면서 스코틀랜드 연어 요리를 먹는다거나.

음향 양념의 가능성을 뒷받침하는 최초의 경험적 증거들 역시 브레이의 팻덕 리서치 키친에서 나왔다. 당시 나의 연구팀은 연구 담당 셰프였던 스테판 코서Steffan Kosser와 자키 페트리Jockie Petrie와 함께 높은 음을 많이 포함한 사운드스케이프에서는 달콤 쌉쌀한 신더 토피(땅콩에 버터와 설탕을 넣은 사탕을 바삭하게 만든 것-옮긴이)의 단맛이 더욱 분명해진다는 것을 보여주었다. 반면 낮은 음의 소음을 들으면 쓴맛이 더욱 강해졌다. 이런 효과는 그리 크지 않았지만(5~10퍼센트) 기내에서의 맛 경험 정도는 바꿔놓을 수 있었다. 그렇다면 다음에 고고도에서 식사를 하게 되면 설탕을 넣는 대신 칼로리가 전혀 없는 달콤한 음악을 듣는 것이 어떨까? 우리는 달콤한 곡을 꽤나 갖고 있지만 아쉽게도 소금을 대체할 완벽한 음향 배경은 아직도 개발 중이다.

자, 내 조언을 잘 받아들였다면 당신은 소음 제거용 헤드폰을 쓰고 음식의 풍미를 보완·개선해줄 적절한 음악을 들을 것이다. 그다음에는 무엇을 해야 할까? 또 다른 무엇을 해야 기내식을 더욱 즐길 수 있을까? 음식이 정말 즐길 만한 가치가 있는 것이라면 영화부터 꺼라. 7장 '오리지널 소셜 네트워크'에서 소개한 연구에 따르면 우리는 영화가 덜 만족스러울 때 음식을 좀 더 즐길 수 있다.

기온과 습도를 극복하는 법

배경 소음과 함께 고고도에서 식사하는 경우 또 하나의 큰 문제점은 낮아진 객실의 대기압이다. 이제 비행기의 객실 내부는 고도 1.8~2.4킬로미터에 해당하는 기압으로 유지된다. 이런 조건에서는 단맛, 신맛, 짠맛, 쓴맛을 느끼기 어렵다. 기내식이 맛없어지는 것도 이상한 일이 아니다. 하지만 더 복잡한 문제는 객실의 압력이 떨어짐에 따라 휘발성 냄새 분자의 수도 줄어든다는 점이다. 이것은 실제로 풍미를 지각하는 능력을 떨어뜨린다. 혁신적인 해결책은 '브리드 라이트 Breathe Right'라는 밴드를 코에 붙이는 것이다. 이 밴드는 원래 운동선수들의 코에 붙여서 들이쉬는 공기의 양을 늘리고 더 나아가 운동능력을 향상시키기 위해 고안되었다. 이 밴드를 붙이면 코 안의 공기흐름이 최대 25퍼센트까지 증가한다. 그러므로 승객들에게 귀마개와 함께 이 밴드를 제공하면 고고도에서도 공기 중에 떠다니는 음식이나 음료의 휘발성 향미 성분에 대한 노출량을 늘릴 수 있다. 하지만이런 해결책은 아직 시도조차 되지 않았고 불행히도 연구 결과 역시아직은 희망적이지 않다.

런던대의 철학자이자 와인 작가인 배리 스미스 교수가 공중에서 (그러니까 낮은 대기압에서) 맛 경험을 개선시킬 또 다른 방법을 생각해 냈다. 스미스 교수는 높은 고도에서 생산된 와인, 예를 들면, 아르헨티나의 뉴 월드 말벡 New World Malbec 이 지상보다 기내에서 더 높이 평가되는 경향이 있음을 알아차렸다. 왜 그럴까? 그의 추측에 따르면, 이런 와인이 만들어지는(즉 블렌드되는) 산의 대기 조건이 비행기 객실과 비슷하기 때문이다. 예를 들어, 아르헨티나의 니콜라스 카테나 자파타 Nicolas Catena Zapata 와인은 약 1.7킬로미터 이상의 고도에서 자란 포도로 만들어진다. 그러니 고고도에서 와인 맛이 더 좋은 것이 이상한 일은 아니다. 다음에 비행기에 타면 스미스 교수의 제안에 따라 과실 향이 더욱 풍부한 와인을 고르도록 하자. 스미스 교수는 강한 타닌 맛을 지닌 유명한 와인들은 피하라고 조언할 것이다. 이 와인들은 강한 떫은맛과 쓴맛을 혀에 남기기 때문이다.

비행기 객실의 또 다른 문제는 습도가 지상보다 훨씬 낮다는 점이다(보통 가정이 30퍼센트 이상인 반면 기내는 20퍼센트 이하다). 항공권에 돈을 많이 들이는 사람에게는 좋은 소식이 있다. 바로 비행기 앞부분의 습도가 조금 높다는 것이다. 낮은 습도 역시 코를 건조하게 하여 휘발성 냄새 분자를 탐지하기 어렵게 하기 때문에 맛을 지각하는 능력을 떨어뜨린다. 한두 해 전에 헤스턴 블루멘탈 셰프는 이 문제에 대해 자신만의 특이한 해법을 제시했다. 비행 중에 음식과 음료를 즐기고 싶은 사람은 코 세정기와 물 스프레이를 가져가라는 것이었다. 콧구멍 안의 습도를 높여서 몇 분마다 재순환되는 객실 내 공기의 부족한 습기를 상쇄시킨다는 것이다. 대단히 맞는 말이긴 하지만 누가 이 조언을 받아들일까? 어쨌든 이 점만은 기억하라. 코 세정기가 제대로 작동한다면 당신 가까이에 앉은 승객의 냄새도 증가할 것이라는 사실을. 당신이 정말 그런 것을 원하지는 않을 것이다.

식기만 바꿔도 기내식 간을 맞출 수 있다?

와인 마니아인 나의 형은 몇 해 전에 스위스 스키 산장에 머무르다가 한 가지 깨달음을 얻었다. 당시 형은 오래 보관해온 와인 한 병을 따기로 했다. 하지만 늦은 밤이라 와인을 따를 곳이 화장실에 있는 플라스틱 컵밖에 없었다. 그는 그 와인(키슬러 샤르도네 Kistler Chardonnay)이 어떤 맛인지 정확히 알고 있었다. 그는 그 와인을 정말 좋아해서 여러 상자를 사두었다. 하지만 어울리지 않는 잔으로 와인을 마신 형은 그렇게도 좋아하던 맛을 느끼지 못했다. 꽤나 많은 돈을 들여 와인을 샀는데도 말이다. 기내에서 낯선 상표의 와인을 제공받았을 경우 잔과는 상관없이 내용물의 질과 맛에만 집중하기는 어렵다. 얄팍한 플라스틱 용기에 들어 있는 비싼 음료를 마시고 실망한 적이 있지 않은가? 음료가 아무리 유명하더라도 값싼 용기는 마시는 즐거움을 앗아가 버린다.

나는 이렇게 생각한다. 우리 모두가 직관적으로 알고 이제는 연구 결과로도 뒷받침되듯 적절한 잔에 음료가 나와야 그 맛을 더 좋아하게 된다. 생각해보라, 와인 잔에 차를 마시면 좋을까? 물론 아니다! 수많은 항공사가 도대체 무슨 생각을 하는지 궁금하기만 하다. 어떻게 비즈니스 클래스에서 그렇게 가볍고 얄팍하고 저렴한 플라스틱 잔에 샴페인을 제공할 수 있을까. 샴페인을 긴 잔에 담는 것은 조금 도움이 되겠지만, 어쨌든 샴페인 맛을 충분히 즐기고 싶은 사람이라면 플라스틱 잔이 아니라 유리잔을 써야 한다. 왜냐하면 지상이든 기내든 이런 경험에는 무게가 중요하기 때문이다.

초음속 비행 시절에는 1그램조차 고려의 대상이었다(현재의 정기 항공편보다 훨씬 심하게). 디자이너들은 콩코드 비행기에서 사용할 극단적으로 가벼운 새 식기를 만들어야 했고 마침내 아름다운 티타늄 식기를 선보였다. 보기에도 세련됐고 이전의 어떤 금속보다 가벼웠다. 잘해냈다! 아니, 잘해냈다고 생각했다. 문제는 사람들이 좋아하지 않았다는 점이다. 티타늄 식기는 너무 가벼운 느낌이었고 결국 비행기에 실리지 못했다.

최근 어느 혁신적인 항공사는 식기의 소재를 고민했다. 왜 그랬을까? 포크와 스푼(그러니까 입안에 들어가는 것들)이 음식의 맛을 바꿀 수 있기 때문이다. 나의 연구팀은 2년 전쯤 런던의 공작연구소Institute of Making와 관련 연구들을 함께했다. 우리는 요구르트 샘플에 약간의 소금을 뿌린 다음 구리나 아연으로 도금한 스테인리스스틸 스푼으로 떠먹었을 경우 좀 더 짜게 느껴진다는 사실을 증명했다. 그렇다면 이런 소재의 새로운 식기로 기내식의 간을 맞출 수 있을까? 시끄러운 비행기 소음에 의해 우선적으로 억제되는 맛이 단맛과 짠맛이라는 사실을 기억하자. 하지만 안타깝게도 짠맛과 쓴맛 그리고 신맛을 강화하는 금속은 있지만 단맛을 증진시키는 금속은 아직 알려지지 않았다. 내 추측에 납이 단맛을 강화할 것 같지만 거기에는 독성이 들어 있다. 따라서 사람들이 식기로 사용하고 싶어 하진 않을 것이다.

지루한 기내식은 이제 그만

당신은 이렇게 말할 것이다. 그러면 가까운 미래에 정말 뭔가 변하긴 할까? 내일의 기내식은 어떤 모습일까? 내가 들은 바로는 한 대형 항공사가 지금 우리에게 익숙해진 모든 기내 음식과 음료를 부끄럽게 만들 새로운 음식과 음료를 준비하고 있다고 한다. 더 이상은 말해 줄 수가 없다. 하지만 한 항공사가 시작하면 조만간 다른 항공사도 따라갈 것이다. 그리고 결국에는 항공사들이 초창기처럼 기내식과 서비스로 경쟁하게 되기를 바란다.

이 말이 믿기지 않는가? 그렇다면 1960년대 말의 항공 여행을 잠깐 들여다보자. 당시 트랜스월드 항공(아메리칸 항공과 합병하면서 2001년 12월 운항을 종료한 항공사-옮긴이)은 미국의 주요 도시 사이에서 '외국 분위기'를 내는 항공편을 운행하기 시작했다. 〈포천〉 지의 전 에디터이자 베스트셀러 《미래 쇼크 Future Shock》의 저자인 앨빈 토플러 Alvin Toffler 의 말을 직접 인용하겠다. "트랜스월드 항공의 승객은 이제 음식, 음악, 잡지, 영화, 그리고 스튜어디스의 옷까지 모두 프랑스풍인 항공기를 선택할 수 있게 되었다. 어떤 사람은 토가(로마 시대의 헐렁한 겉옷-옮긴이) 차림의 스튜어디스가 있는 '로마식' 항공기를 선택할 수도 있다. '맨해튼 펜트하우스' 항공기를 탈 수도 있다. 또는 '예스러운 영국식' 항공기를 탈 수도 있다. 여기에서는 여성들이 '서빙하는 하녀'라고 불리며 실내는 아마 영국식 펍과 비슷할 것이다."

토플러의 말은 계속된다. "트랜스월드 항공은 이제 교통수단이 아니라 섬세하게 설계된 심리학적 패키지를 함께 파는 것이 분명하다. 우리는 이 항공사가 머지않아 빛과 멀티미디어 투영기를 이용해, 극장처럼 잠시나마 통합적인 경험을 창출할 것이라고 기대한다." 그리고 트랜스월드 항공이 사라지기 전에 이런 풍경은 보편화됐다. 1970년대 초반 잠깐 동안 사람들은 아메리칸 항공 747편 뒷자리의 피아노 라운지에서 진짜 제대로 작동하는 월리처 Wurlitzer 전자피아노를 볼 수 있었다. 그리고 국영인 영국 해외항공사(영국 항공의 전신)는 런던에 내리는 미혼의 남성 승객에게 '과학적으로' 미팅을 제공하려고 했다. 이 프로젝트는 '런던의 아름다운 싱글들'이라고 불렸지만 의회의 비판으로 백지화됐다.[1] 비행기 안은 다중 감각적 경험을 설계하고 싶은 사람에게는 정말 장벽이다.

기억에 남는 식사
The Meal Remembered

9

프루스트의
마들렌처럼

당신의 가장 완벽한 식사는 무엇이었는가? 그 경험에 대해 정확히 기억나는 것은 무엇인가? 무엇을 먹었는가? 누구와 먹었는가? 아마 더 흥미로운 질문은 이것일 것이다. 무엇을 잊고 있었는지 아는가? 지나친 질문이라면 좀 더 최근의 저녁 식사를 떠올려보자. 마지막으로 식당에 갔을 때는 어땠는가? 같은 질문에 답해보자. 내 추측은 이렇다. 당신은 아마 식사를 하기 위해 어디에 누구와 갔는지를 기억해 낼 것이다. 하지만 식사 자체, 그러니까 음식의 맛과 향은 훨씬 희미할 것이다.* 그렇지 않다면 당신은 좋아하는 식당에 갈 때마다 매번 똑같은 음식을 시킨다는 뜻일 것이다. 내가 그렇듯이.

좋든 나쁘든 식사 시간은 한두 시간을 넘지 않는다. 평범한 식사는 쉽게 잊히는 반면 훌륭한 식사는 빛나는 모습으로 머릿속에 남아 우리가 기억을 떠올릴 때마다 우리를 즐겁게 해줄 것이다. 아주 형편없

---

* 그리고 당신이 나와 비슷하다면 요리가 도착할 때쯤에는 메인 코스가 무엇이었는지 잊어버릴 것이다. 그래서 웨이터가 요리를 테이블에 가져다줄 때마다 설명을 해달라고 해야 한다. 특히나 평소와 다른 음식이라면.

었던 식사는 우리 마음에 상처로 남을 것이다. 아무리 잊고 싶더라도 말이다! 나의 형은 감초로 맛을 낸 냉동 연어를 몹시 싫어해서 그 맛을 잊고 싶어 했지만 절대 잊을 수가 없었다. 이미 10여 년 전에 먹은 것인데도 말이다.

식사에 대한 기억, 최소한 맛있는 음식에 대한 기억은 즐거운 경험이다. 그 기억은 며칠, 몇 주, 심지어 몇 년간 지속되기도 한다. 이는 특정 식당이나 체인점에 다시 갈지 말지를 결정하게 하는 요인이기에 식당 주인에게는 아주 중요하다. 우리의 풍미 기억은 슈퍼마켓에서 어떤 브랜드의 식품을 계속 먹을지 아니면 다른 브랜드로 갈아탈지를 결정해준다. 대개 이런 결정은 해당 제품의 맛에 대한 기억에 의해 일어난다. 또는 마지막으로 그 제품을 접했던 경험에 대한 기억에 의해서도 일어난다.

기억에 남는 식사가 있나요?

가장 단순하게 본다면 식사에 대한 기억은 실제 식사보다 생생하지 않다. 실험심리학의 대부인 윌리엄 제임스^{William James}(소설가 헨리 제임스 ^{Henry James}와 형제지간이다)가 "맵지도 톡 쏘지도 않는"이라고 회상했던 것처럼 말이다. 하지만 가스트로피지스트들은 우리의 마음이 우리를 곧잘 속인다는 사실을 너무나 잘 안다. 우리는 얼마 전에 생생하게 경험한 것들도 모두 잊어버릴 뿐만 아니라 잘못 기억하는 경우도 많다. 우리는 전혀 일어나지 않았던 일을 기억하거나 실제와는 다른 일을 기억한다. 식사에 대한 기억도 마찬가지다.

모든 경험을 자세히 기억에 저장하는 일은 지나치게 수고스럽다. 그래서 뇌는 여러 개의 인지적 지름길을 활용한다. 예를 들어, 우리는 높고 낮은 지점(봉우리와 계곡)을 기억하는 경향이 있고 식사의 시작과 끝에도 주목한다('초두효과'와 '최신효과'라고 부른다). 또한 시간이 흘러도 많이 변하지 않는 사건의 경우에는 그 지속 시간을 무시해버리는 경향이 있다. 이 현상('지속시간 경시 duration neglect'라고 부른다)이 식사에도 적용된다는 사실이 밝혀졌다. 이런 정신적 휴리스틱 heuristics(어떤 사안이나 상황에 대해 엄밀히 분석하기보다는 제한된 정보만으로 즉흥적·직관적으로 판단하는 의사결정 방식-옮긴이) 덕분에 우리는 삶의 모든 것을 기억할 필요 없이 중요한 것만 떠올리면 된다. 하지만 식사의 어떤 요소가 기억에 남는지는 상황에 따라 달라진다.

특정 음식이나 음료를 기억에 남기고 싶은 사람은 이런 '마음의 속임수'를 알아두어야 한다. 이쯤에서 '경험 엔지니어'가 필요하다. 경험 엔지니어들은 무엇이 왜 우리의 기억에 남는지를 연구한다. 여기에서 가스트로피지스트에게 가장 중요한 목표는 당신이 누구에게 음식을 제공하든 그들과 당신의 상호작용에서 좋았던 점을 기억하게 하는 것이다. 예를 들어, 앞서 언급한 라임 젤리 사건을 기억하는가? 2011년 워싱턴 DC의 셰프 바이런 브라운 Byron Brown은 손님들의 기억에 남을 연극적인 식사를 만들었다.*

상식적으로 최고의 음식과 음료 디자이너들(여기에서 나는 세계 최고

---

* 내 학생으로 정말 뛰어난 기억력을 지닌 심리학자 에드 쿠크 Ed Cooke가 이 프로젝트에 조언했다. 수업 중간에 에드는 몇 년 전에 읽은 책의 내용을 정말 놀라울 정도로 세세하게 기억해냈다.

의 셰프와 분자 믹솔로지스트 그리고 식기 아티스트들을 떠올린다)은 손님들에게 최고의 맛 경험을 만들어주기 위해 노력해야 한다. 하지만 사실 그들이 초점을 맞춰야 하는 것은 가장 엉성한 기억을 만드는 것이다. 음식과 음료에 대한 실제 지각과 그에 대한 기억을 양적으로나 질적으로 명확히 구분하기 전까지는 머릿속에 정확한 장기 기억이 새겨질 가능성이 없다. 분명 식사 자체와 그에 대한 기억은 연결돼 있지만 가스트로피지스트와 경험 디자이너들은 이를 분리할 체계적인 방법을 찾아냈다.

나와 가까운 셰프 한 명은 자신만의 실험을 하고 있다(정식 심리학자처럼). 그는 자신이 제공한 멋진 식사에서 손님들이 무엇을 기억하는지 알고 싶어 했다. 그는 손님들이 다녀가고 몇 주 뒤에 이메일로 설문지를 보냈다. 돌아온 답장에 그는 큰 충격을 받았다! 이메일에 응답한 사람들은 식사가 무척 좋았다고 답했지만 무엇을 먹었는지 정확하게 기억하지 못했다. 흥미롭게도 손님들의 기억에 가장 크게 남은 순간은 웨이트리스가 요리 위에 향 같은 것을 뿌렸을 때였다. 다시 말해 사람들의 마음에 남는 것은 음식의 맛보다는 서비스, 특히 과장되거나 놀라운 서비스였다. 음식을 기억하지 못하면 셰프의 요리에 대해 어떤 말도 할 수 없다. 요리 자체는 즐길 만한 것이었다. 대부분의 사람들은 당시에는 기억에 남는 식사라고 말했을 것이다. 하지만 나중에는 전혀 기억하지 못한다. 최소한 특정한 성분과 맛의 조합을 기억하지 못하는 경우도 많다.

결과에 충격을 받은 셰프는 계속 투덜거렸다. 손님들이 무엇을 먹었는지 기억하지 못하고 그가 창조해낸 특별한 맛의 조합도 기억하지 못한다면 무엇 때문에 온갖 정성을 들여 음식을 만든단 말인가? 나는 그에게 너무 자책하지 말라고 위로했다. 그리고 거기에는 요리와 관련 없는 심리학적 이유가 있다고 말해주었다. 사람들이 음식을 먹었을 때의 즐거움을 기억하는 것은 '그 경험'이 좋았다는 뜻이기 때문이다. 그들에게 남은 식사의 기억은 사실 지나치게 활발한 상상력이 만들어낸 것일지 모른다. 더 놀라운 건, 이런 손님들이 기억이 너무 생생해 요리의 맛이 다시 느껴질 정도라고 말한다는 것이다. 그들은 맛본 적이 없는 뭔가의 맛, 적어도 그 셰프의 식당에서는 맛봤을 리가 없는 음식 맛을 상상하는 것이 거의 틀림없다.

나는 그에게 기억의 결함과 싸우는 것은 소용 없는 일이라고 말했다. 그는 우리의 마음이 기억을 지우고 우리를 속이는 방법들에 대해 더 많이 알아야 했다. 우리는 대개 우리가 맛보는 것에 관심을 쏟지 않는다. 오히려 우리의 뇌는 음식이나 음료에 문제가 없는지를 먼저 확인한다. 또 음식이 기대한 (또는 예상한) 맛을 내는지를 확인한다. 일단 안전하다는 사실을 알고 나면 우리는 인지적 자원(심리학자들은 '주의'라고 부른다)을 더욱 흥미로운 문제로 옮겨간다. 함께 식사하는 사람이나 텔레비전 프로그램 또는 방금 문자를 보낸 사람 등으로 말이다. 이 말은 우리가 먹고 있는 것에 더 이상 관심을 쏟을 필요를 느끼지 않는다는 의미다. 그리고 심리학자들이 너무나 잘 알듯이, 우리가 관심을 쏟지 않으면(예를 들어, 무엇을 먹고 있는지에 대해) 불과 몇 분 뒤라고 해도 그것을 기억할 가능성이 거의 없다. 몇 주나 몇 달 뒤는 말할 것도 없다. 이 문제에서도 감정이 중요한 역할을 한다.

사람들이 먹는 동안 음식의 풍미를 바꾸면(실제로 실험해보았다) 눈치채지 못하는 경우가 많았다. 마치 우리가 항상 '후각적으로 변화 맹시change blindness(변화 맹시란 연속적으로 나오는 장면들에서 어느 한 부분의 변화가 있음에도 이를 알아차리지 못하는 현상-옮긴이)' 상태인 것처럼. 흥미롭게도 최근 몇 년간 식품 회사들이 이 현상을 활용하기 위해 연구 중이다. 기본 아이디어는 이렇다. 먼저 맛은 좋지만 건강에는 좋지 않은 성분을 음식의 처음과 마지막에 넣는다. 그리고 제품 중간에 이 성분의 함량을 줄인다. 이때 소비자들은 맛에 별로 주의를 기울이지 않는다. 빵의 경우 소금이 빵껍질에 비대칭적으로 분포한다고 생각해보자. 소비자는 처음 빵을 먹을 때는 맛이 좋다고 느낄 것이다. 그의 뇌는 빵의 나머지 부분도 처음과 정확히 똑같은 맛일 거라고 가정해버린다. 이 전략은 오후에 먹는 간단한 식사가 아닌 이상, 그리고 빵껍질을 잘라낸 오이 샌드위치가 아닌 이상 아마 잘 통할 것이다! 또는 막대 모양의 초콜릿 같은 것을 상상해보라. 대부분의 사람들이 중간이 아닌, 처음이나 끝부터 먹을 것이다. 사실 유니레버는 이 분야의 특허도 몇 개 보유하고 있다.

이런 혁신적인 상품 개발 전략은 '변화 맹시'라는 현상에 기초한다. 또한 우리 뇌가 겉보기에 같아 보이는 것은 맛도 같을 거라고 여긴다는 가정에 기초하기도 한다. 최신 가스트로피직스 연구에 따르면 이런 '마음의 속임수'를 이해함으로써 식음료 회사는 설탕, 소금, 지방 같은 성분을 많이 넣지 않고도 소비자가 기대하는 맛을 낼 수 있을 것이다.

블라인드 테스트가 보여주는 것

당신은 색과 질감이 비슷한 두 가지 잼을 구분할 수 있는가? 또는 향이 다른 두 가지 차를 구분하는 것은 어떤가? 대부분의 사람들이 당연히 할 수 있다고 대답할 것이다. 그래서 우리가 다른 잼이 아니라 바로 그 잼을 사는 것이 아닌가? 또 집에 여러 종류의 차를 구비해 놓는 것도 향을 구분할 수 있기 때문이 아니겠는가. 하지만 연구 결과 우리의 지각 능력은 꽤 걱정스러운 한계를 지니고 있다. 우리가 실제로는 놀라울 정도로 음식에 대한 기억(또는 의식)이 없다는 사실이 밝혀졌다. 심지어 불과 1, 2분 전에 맛본 음식에 대해서도 그렇다. 이런 현상에는 '선택맹'이라는 고전적 이름이 붙어 있다. 스웨덴의 슈퍼마켓에서 쇼핑하는 손님들(그중 약 200명)에게 맛 실험에 참여하겠느냐고 물었다. 동의한 사람들에게 두 가지 잼을 주고 평가하게 했다. 두 잼은 색과 질감이 비슷했다(예를 들어, 검은 건포도와 블랙베리). 손님이 일단 좋아하는 잼을 고르면, 다시 한 번 맛을 보게 하고 그것을 고른 이유를 물어보았다. 그들은 토스트에 바르면 특별한 맛이 난다는 등 그 잼을 고른 이유를 들려주었다.

그런데 그들이 알아차리지 못한 것이 있다. 그들이 '좋아하는' 잼을 두 번째로 맛보기 전에 잼이 바뀌었다는 사실이다. 이를 위해 실험자들은 양끝에 뚜껑이 달린 병을 사용했다. 이를 알아차리지 못한 손님들은 자신이 방금 별로라고 했던 잼을 왜 좋아하는지를 구구절절 설명했다. 과일 향의 차를 이용한 또 다른 실험에서도 똑같은 일이 일어났다. 전체 손님 가운데 3분의 1 미만이 이런 속임수를 눈치챘다. 잼의 맛이 아주 다를 때도(시나몬 애플 잼과 묽은 자몽 잼 또는 달콤한 향이 나는 망고 향 차와 강한 맛이 나는 아니스 향 차도 좋다) 절반 정도만이 바뀌었다는 사실을 알아챘다. 이는 많은 사람들이 1, 2분 전에 맛본 음식의 풍미에 대해서조차 명확한 기억을 갖고 있지 않다는 뜻이다.

이런 결과는 의심의 여지없이 놀랍지만 맛의 블라인드 테스트 결과와 일치한다. 소비자들은 블라인드 테스트, 즉 상표를 가린 채 여러 상품을 맛보게 해도 자신이 선호하는 브랜드를 정확히 골라낼 수 있다고 자신한다. 그들은 몇 번씩 하나의 상품을 고르고는 그게 자신이 가장 좋아하는 브랜드라고 주장한다(짐작건대 그 맛을 기억과 비교해서 그런 결론을 내리는 듯하다). 그렇지 않다면 왜 값싼 상품이나 가정에서 만든 대체품을 쓰지 않고 더 비싼 브랜드 제품을 사겠는가? 대개 그들이 자신 있게 선택한 브랜드는 그들이 평소 사용하던 브랜드가 아니었다. 모든 제품의 맛이 같아서가 아니었다. 대개는 그렇지 않았다. 맛에 대한 기억은 실제 맛과 같지 않다.

물론 이것이 모든 제품에 적용되는 것은 아니다. 몇몇 동료들은 이 대목에서 목소리를 높인다. 특히 와인의 세계에서는 상황이 아주 다르다는 것이다. 그들은 전문가들조차 형편없는 결과를 보여주었던 와인 블라인드 테스트를 믿지 말아야 한다고 주장한다. 사실대로 말하면 와인 블라인드 테스트에는 나도 반박하지 못할 놀라운 위업들이 있다. 하지만 여기에서는 두 가지 시나리오를 구분하는 것이 중요하다. 한 시나리오에서는 와인 블라인드 테스트에 참여한 전문가가 갑자기 처음 그 와인을 시음했던 오래전의 포도밭과 당시 함께했던 사람들 그리고 그들이 신었던 구두까지 기억해낸다. 반대로 다른 시나리오에서는 전문가가 와인의 감각적 특성에 대해 보다 정량적이고 이성적인 평가를 한다. 이때 전문가는 와인의 원산지가 아닐 법한 곳을 주의 깊게 제거해나감으로써 와인의 원산지를 결정한다. 두 시나리오 모두 인상적이지만 첫 번째 시나리오만이 진정한 맛의 기억을 보여준다고 할 수 있다. 흥미롭게도 와인 블라인드 테스트는 전문가들이 두 번째 접근법에 초점을 맞추게 한다. 나는 와인을 구분하는 능력이 맛이나 풍미와 관련된 기억보다는 냉정한 추론과 계산에서 나온다고 생각한다.

스틱션: 식사의 무엇이 기억에 남을까?*

음식과 음료에 대한 고객들(또는 친구들)의 경험에 영향을 주고 싶은 사람들에게는 반가운 소식이 있다. 즉 '오래가는' 긍정적 기억을 만들어줄 전략이 여럿 있다. 이런 긍정적 기억은 해당 식당에 다시 방문할지 말지를 결정할 때 중요한 기준이 된다(또는 당신이 가정에서 요리한다면 친구들에게서 정말 요리를 잘하는 사람이라는 칭찬을 받을 수도 있다). 첫 번째 전략은 예상치 못한 선물을 주는 것이다. 예를 들어, 손님들이 예상하지 못했고 주문도 하지 않았던 전채요리^{amuse bouche}를 시

---

* 경험 관리의 측면에서 (스틱션은) 어떤 시간에 대해 등록되고 기억된 특별한 단서들을 의미한다. 스틱션^{Sticktion}(고착 마찰력이라는 뜻을 지닌 조어로 맞닿은 두 물체가 정적 상태를 넘어 움직이기 시작하는 순간의 마찰력을 의미-옮긴이)은 경험 속에서 눈에 띄지만 경험을 압도하지는 않는다. 잘 설계된다면 기억에 남고 경험의 '동기'와도 연관된다.[1]

식거리로 제공하는 식이다. 이것은 손님들의 기억에 오래도록 긍정적으로 남을 것이다.

비슷하게 여러 코스로 구성된 테이스팅 메뉴 역시 더욱 오래 기억될 기회를 준다. 각각의 요리 그리고 모든 요리의 첫 번째 맛은 '풍미를 발견'할 잠재적인 기회를 제공한다. 같은 음식을 많이 제공하는 것은 음식에 대한 훌륭한 기억을 만든다는 관점에서는 정말 미친 짓이다. 사람들은 처음 한두 입만 기억하고 그게 그 음식에 대한 기억의 전부가 될 것이다. 이것이 바로 '지속시간 경시 현상'이다. 나머지 음식은 테이블에서 치워지자마자 기억에서 사라질 것이다. 그렇게 기회는 사라져버린다!

'훌륭한 맛 기억'을 디자인하려는 사람은 탁월함(과 새로움) 효과를 생각해야 한다. 설명하자면 이렇다. 만약 내가 당신에게 기억할 것들의 목록을 준다고 하자. 예를 들어, 테이스팅 메뉴의 이름들이다. 그러면 당신은 아마 처음 한두 메뉴와 마지막 메뉴를 좀 더 잘 기억할 것이다. 중간에 있는 메뉴들이 기억에 남으려면 더욱 눈에 띄어야 한다. 수많은 셰프들이 첫 요리(아뮤즈 부셰는 말할 것도 없고)에 그렇게 신경 쓰는 것이 이상한 일은 아니다. 아마 사람들은 이것을 경험 엔지니어링의 흥미로운 사례라고 생각할 것이다. 어떤 요리가 기억에 가장 오래 남을지를 안다면 그 요리를 정말 완벽하게 만드는 것이 손님들에게 최고의 인상(또는 기억)을 심어줄 최선의 방법일 것이다. 바라건대 손님들이 기억할 만한 코스의 수를 알아내는 동시에 셰프에게는 그 코스들이 무엇으로 구성되는지 보여줄 수 있어야 한다.

더욱 기억에 남을 만한 식사를 제공하려는 경우 어떤 문제가 생길까? 어느 식당에서 설문조사를 진행한 결과 손님의 3분의 1은 불과 몇 분 전에 먹은 빵도 기억하지 못했다. 이것을 보면, 기억에 남는 식사를 만들려면 얼마나 많은 노력이 필요한지 알 수 있다. 사실 뉴욕 같은 도시에서는 점점 많은 식당들이 손님들에게 빵을 제공하지 않고 있다. 흥미롭게도 이것은 초두효과에 어긋나는 것처럼 보인다. 하지만 짐작건대 사람들이 빵을 식사에서 의미 있는 부분으로 생각하지 않기 때문에 빵을 제공하지 않는 것이다. 빵은 요리 자체라는 주요한 경험이 아니라 테이블보 같은 배경으로 생각될 것이다.

경험 엔지니어들은 유명 식당을 찾은 사람들의 기억을 연구한 결과 기억이 음식과 별로 관련이 없다는 사실을 발견했다. 예를 들어, 영국의 피자헛 매장에서 식사한 120여 명의 손님에게 일주일 뒤에 설문조사를 실시한 결과 식당 직원들이 보여준 친절과 에너지가 가장 기억에 남아 있었다. 또 중요한 것은 식당 직원들이 얼마나 빨리 손님에게 달려오느냐다. 결국 손님들이 주로 무엇을 기억하는지 알면 음식을 제공하는 패턴을 개선하기가 유리하다. 미슐랭 스타 레스토랑이든 펍이든 상관없이. 아는 것이 힘이다!

내가 항상 같은 요리를 시키는 이유

당신은 이렇게 물을지도 모른다. 예전에 먹었던 요리의 맛과 향은 쉽게 기억에서 사라질지라도 최소한 우리가 가장 좋아하는 요리나 셰프의 대표 요리는 기억하지 않느냐고. 나의 경우 근처 이탈리아 음식점에서 가장 좋아하는 요리는 튀긴 청어와 카넬로니 콘 카르네 cannelloni con carne(고기를 채운 튜브 형태의 파스타 요리-옮긴이)다. 내가 절대 잊지 않는 요리다.* 그리고 인도 요리를 외식할 때마다 메뉴는 치킨 잘프레지chicken jalfrezi(고기나 생선 등을 튀긴 뒤에 맵고 걸쭉한 소스를 추가한 인도식 요리-옮긴이)와 필라우 라이스pilau rice(고기 국물로 죽처럼 끓인 쌀 요리-옮긴이), 페샤와르식 난(페샤와르는 파키스탄 북부의 도시이고 난은 살짝 구운 납작한 인도식 빵-옮긴이)이다. 내가 항상 같은 요리를 시키는 것을 보고 아내는 내게 자폐 성향이 있다고 확신한다! 하지만 나는 새것을 싫어하는 증세(새것을 좋아하는 증세의 반대)의 문제가 아니라고 생각한다. 아니, 자신이 무엇을 좋아하는지 안다면 메뉴를 바꿀 이유가 있나?

런던 북쪽 이즐링턴에 있던 하우스 오브 울프 같은 레스토랑은 하락세다. 이 레스토랑의 비즈니스 모델은 팝업 셰프들과 요리 아티스트들에게 4~6주씩 식당 공간을 제공해주는 것이다. 각각의 셰프들은 대단한 사람들이지만 한 명 한 명이 매우 다르다. 그러므로 지난번에 요리했던 셰프가 긍정적으로 기억에 남았어도 다시 그곳을 찾아오게 만들 만한 요리에 대한 기억은 남지 않는다. 즉 구체적인 것이 아무것도 없다. 경영의 권위자들은 이 점에 대해 명확히 지적하고 있다. 식당이 정말 성공하려면 한두 개의 고정적인 요리로 유명해져야 한다. 손님들이 기억하고 다시 찾아오게 하는 요리 말이다. 하우스 오브 울프는 메뉴를 늘 바꾸는 다른 레스토랑들처럼 오래 지속되지 못했다

---

* 하지만 이런 요리들이 일반적으로 어떤 맛인지 안다고 하거나 지난번에 먹었던 음식의 맛을 기억한다고 하기는 어려울 것이다.

(비가 새는 지붕도 별로 도움이 되지 않았을 것이다). 대조적으로, 메뉴가 고정돼 있는 랑트르코트 L'Entrecôte 같은 체인점을 생각해보자. 손님들은 지난번 기억에 남은 바로 그 음식을 또 먹기 위해 식당을 다시 찾는다. 매일 대기줄이 길고 예약을 받지 않는데도 나의 처가 식구들처럼 40년 이상 이곳을 찾는 사람들도 있다(10장 '왜 스타벅스는 진동벨 대신 이름을 부를까?' 참조). 추측건대 긴 줄도 가치를 더해주는 '경험'의 일부일 것이다.

음식을 기억에 남기기 위한 기발한 제안들

손님에게 식사의 기억을 남기는 또 다른 방법은 음식과 관련된 이야기를 들려주는 것이다. 팻덕 레스토랑이 좋은 예다. 이곳에서의 식사는 오리 발자국 모양의 지도와 돋보기를 건네받는 것으로 시작된다(그림 9-1). 덕분에 당신은 여행하는 느낌을 받게 된다. 스토리텔링 덕분에 손님들은 여러 코스의 테이스팅 메뉴를 이해하게 된다. 스토리텔링이 없다면 이 코스는 그저 셰프의 명성에 기댄 무작위적인 요리로만 보일 수도 있다(심지어 감상적으로 보일 수도 있다). 이야기와 내러티브를 제공함으로써 손님은 전체 경험을 분석하거나 '한 덩어리로 모으게(즉 개별적인 것들을 한데 모아 더욱 쉽게 처리되거나 기억되게 한다)' 된다. 일단 '한 덩어리로 모으면', 그 경험은 더욱 쉽게 기억된다. 이것은 전통적인 세 코스 또는 다섯 코스의 식사가 없어지면서 더 중요해졌다.

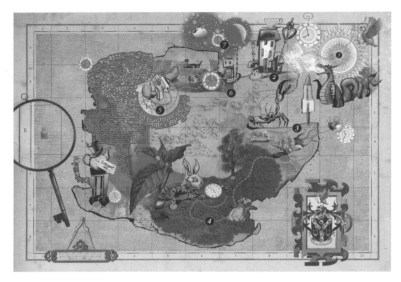

그림 9-1 팻덕 레스토랑이 제공하는 지도. 손님들은 (돋보기로) 지도를 탐색해볼 수 있다.

특별한 식사를 위해 손님에게 메뉴판을 주는 것도 좋은 방법이다. 나도 헤스턴 블루멘탈의 레스토랑에 처음 갔을 때 메뉴판을 받았다. 이 메뉴판은 액자에 담긴 채 우리 집 부엌에 걸려 있다. 거의 15년이나 지났음에도 벽에 걸린 메뉴판을 읽으면 너무나 즐거웠던 기억이 되살아난다. (당신도 알다시피, 반드시 맛이 기억날 필요는 없다. 당시 상황과 함께 내가 상상했던 요리의 맛이 기억난다). 아마도 메뉴가 더 자세할수록 효과가 좋을 것이다.

오래 지속되는 (또는 '끈질긴') 인상을 주기 위해서는 메뉴판이 식사 시간 내내 테이블 위에 놓여 있는 편이 좋다. 아직도 나는 내가 방금 깨끗이 비운 요리가 기억에 남길 바라면서(하지만 많은 음식들이 그랬듯이 이미 잊고 있었다) 다음에 어떤 요리가 나올지를 보기 위해 벨럼(소,

양, 새끼 염소의 가죽으로 만든 양피지-옮긴이) 봉투처럼 생긴 메뉴판을 집어 들었던 장면을 바로 어제 일처럼 생생히 기억하고 있다. 내 손가락에 피부의 질감이 느껴져서 충격을 받았다(봉투가 특별 처리되어 있었다). 내가 전혀 예상하지 못했던 '놀라움'의 순간은 이후로도 기억에 남았다. 사실 앞서 언급했듯이 우리의 주의를 끌고 우리가 하던(또는 집중하던) 일을 멈추게 하는 것은 특이하거나 놀라운 경험이다. 무엇이 가장 기억에 남는지를 알아야 한다. 머릿속에서 철저히 분석해야 이해되는 이벤트(또는 요리)가 기억에 제대로 남는다. 심리학자들은 이것을 '처리의 깊이^{depth of processing}(심층적으로 분석한 정보가 피상적으로 분석한 정보보다 기억하기 쉬운 현상-옮긴이)'라고 부른다. 머릿속에서 더욱 심층적으로 처리할수록 더욱 기억에 남는다.

음식을 기억에 남기기 위한 마지막 제안은 '최종 효과^{end effect}'와 관련이 있다. 기억은 마지막 경험에 좌우되는 경향이 있으며, 이는 음식에서도 예외가 아니다. 결국 마지막에 좋은 분위기로 식사를 끝내면 즐거움이 기억에 남는다. 이와 관련된 단순한 실험을 보자. 연구자들은 80명의 사람들에게 초콜릿 쿠키를 나눠준 뒤에 다시 오트밀 쿠키를 주었다. 다른 80명의 사람들에게는 반대 순서로 쿠키를 주었다. 30분 뒤에 쿠키 맛이 어땠느냐고 묻자 마지막에 초콜릿 쿠키를 먹은 사람들이 더 맛있었다고 대답했다. 최종 효과는 '마음껏 먹는(즉 뷔페식)' 식사가 좋게 기억되지 못하는 이유를 설명해준다. 적어도 내 경험상(학생 시절이었다) 이런 경우에는 자신이 불쾌할 정도로 과식했다는 기억이 마지막에 남는다. 반면 마지막에 리몬첼로^{limoncello}(레몬으로 만든 이탈리아 남부의 술-옮긴이) 한잔이 깜짝 등장하는 이탈리아 레스토랑은 분위기를 돋우는 예상치 못한 선물과 함께 식사가 끝나면서 좀 더 좋은 기억을 남길 수 있다. 그러니 당신도 식사에 초대한 손님이 식사를 마치기 전에 놀라운 경험을 선사해주면 어떨까?

왜 집중해서 먹는 식사가 맛있을까?

다음번에 텔레비전이나 컴퓨터 앞에서 식사를 하게 되면 자신이 무엇을 하고 있는지 주의 깊게 관찰해보라. 앞서 보았듯, 식사에 집중하는 것이 중요하다. 그리고 우리가 무엇을 먹고 있는지에 집중하면 식사의 즐거움은 커지고 다중 감각적인 자극은 향상되며 포만감도 커진다. 그러면 음식이나 음료에 대해서도 잘 기억하게 될까? 확실히 도움이 될 것 같다. 또 집중해서 식사하면 나중에(그 식사의 후반부에 또는 다음 식사에) 먹는 양도 줄어들 것 같다. 하지만 확실히 하려면 가스트로피직스 연구가 필요하다. 내 생각에 사람들이 SNS에 올리는 음식 사진은 식사 자체와 요리에 대한 외적인 기억을 창조하는 듯하다. 이것은 일종의 비망록이다. 사람들이 잊어버릴 뻔한 것을 기억하게 도와주는 것은 무엇보다도 이미지다.

하지만 레스토랑과는 별개로 우리는 좋아하는 음식의 어떤 면을 기억하는 것일까? 사람들은 자신이 좋아하는 브랜드에 큰 변화가 생길 때마다 불평하는 경우가 많다. 예를 들어 뉴 코크가 나왔을 때나 캐드버리 데어리 밀크Cadbury Dairy Milk의 모양이 바뀌었을 때 이런 식의 소비자 역풍이 불었다. 이런 행동은 우리가 가장 좋아하는 음식의 맛을 기억에 보관한다는 사실을 암시할 수도 있다. 하지만 이런 식품에 대한 기억은 지난번 먹었을 때를 벗어나지 못한다. 덕분에 식음료 회사들의 '헬스 바이 스텔스' 전략이 가능한 것이다. 이를 통해 회사들은 설탕이나 소금처럼 몸에 좋지 않은 성분을 줄이면서도 소비자들이 변화를 깨닫지 못하게 했다. 너무 빨리 변하면 소비자들이 서면이나 전화 또는 이메일로 항의한다. 좋아하던 브랜드가 더 이상 예전 같은 맛이 아니라면서! 하지만 식품 회사들을 더욱 어렵게 하는 문제는 따로 있다. 캔의 색이나 초콜릿의 모양같이 본질과 별로 상관없는 변화일지라도 소비자가 지각하는 맛에 영향을 미칠 수 있다는 사실 말이다(그리고 이는 소비자의 불만으로 이어진다). 내용물 자체가 변하지 않았더라도 말이다(3장 '어떤 색깔이 더 맛있을까?' 참조).

가스트로피지스트는 이렇게 말할 것이다. 소비자들이 변화를 감지하면(예를 들어, 라벨에서 '저지방'이나 '저염'이라는 글자를 읽는다면) 맛보고 있는 대상에 대해 좀 더 주의를 기울일 거라고. 그러므로 회사로서는 새로운 저지방·저당·저염 제품을 곧이곧대로 마케팅하는 것이 별로 좋은 생각은 아니다. 소비자들의 머릿속에 맛에 대한 기대를 형성하기 때문이다(앞서 설명했듯이). 소비자들은 맛에 더욱 집중해서 차이를 찾아낼 것이다. 이것이 좋을 리가 없다. 네덜란드 감각과학자 에프 쾨스터 Ep Köster가 말했듯이, 냄새와 맛 그리고 식감에 관한 한, 기억은 우리가 전에 경험했던 음식 자극을 정확하게 구별하거나 알아차리기보다는 차이를 감지하는 것에 초점을 맞추는 듯하다.

블라인드 테스트에서는 자신이 가장 좋아하는 브랜드조차 제대로 알아내지 못하면서 자신이 좋아하는 브랜드가 변했다는 사실을 알고는 시끄럽게 불만을 표시한다. 이런 행동을 도대체 어떻게 이해해야 할까? 서로 모순되는 것처럼 보이는데 말이다. 우리는 기본적으로는 맛에 대해 둔감한 것 같다. 즉 우리의 뇌는 뭔가가 기대와 다르게 감지되지 않는 이상 주의를 기울이지 않는다. 다만 기대와 다르다는 것을 알게 되었을 때 집중하기 시작한다. 그러므로 가족에게 건강한 식습관을 심어주고 싶다면 요리를 조금씩 계속 변화시켜라. 그리고 그 변화가 무엇이든 가족들이 알아차리지 못하게 하라.

맛있게 먹은 기억을 심어드립니다

영화 〈토탈 리콜Total Recall〉에서처럼 어떤 기억을 우리 머릿속에 집어넣고 싶어 하는 사람(재정적 또는 상업적 이윤을 위해)만이 '기억에 남는 식사'에 관심이 있을 거라고 생각하지는 말기를. 이 연구에는 중요한 요소가 또 있다. 최근에 일어난 일을 기억하기 힘들어하거나 아예 기억하지 못하는 불행한 개인들과 관련해서 말이다. 그들은 테이블에서 요리가 치워지자마자 방금 자신이 무엇을 먹었는지 잊어버린다. 예를 들어, 코르사코프 신드롬Korsakoff's syndrome(보통 극단적인 알코올 중독으로 생긴다)을 앓는 기억상실증 환자는 식사가 끝나고 나서 잠깐 주의가 흩어진 경우 방금 무엇을 먹었다는 사실을 전혀 기억하지 못하고 다시 식사를 가져다주면 두 번이고 세 번이고 즐겁게 먹는다. 이 문제를 해결할 한 가지 방법은 금방 밥을 먹었음을 알리는 시각적 단서를 주변에 남겨두는 것이다.

두어 해 전에 나는 런던에서 활동하는 향기 전문가와 디자인 에이전시와 함께하는 프로젝트에 컨설턴트로 참여한 적이 있다. 우리는 먹었다는 사실을 잊곤 하는 초기 알츠하이머 환자와 치매 환자를 도울 방법을 개발했다. 기본적인 아이디어는 이랬다. 환자들이 이미 식사를 했음을 주지받을 수만 있다면 그렇지 않은 경우에 비해 반독립적인 생활을 영위하기가 쉬워질 것이다. 나의 공동 연구자들은 아침에 아침 식사 냄새를 방출하는 장치를 개발했다. 점심에는 점심 식사 냄새가, 그리고 저녁에는 저녁 식사의 매혹적인 냄새가 방출되었다. 이 제품은 얼마 전부터 구매가 가능해졌다. 가스트로피지스트의 임무는 어떤 냄새를 사용할 것인지를 고민하는 것이었다. 베이컨 굽는 냄새가 누군가에게는 아침 식사의 단서인 반면 어떤 종교를 믿는 사람들에게는 그렇지 않기 때문이다. 더구나 우리가 먹는 음식도 시대에 따라 변한다. 그러므로 은퇴할 나이인 사람들에게 잘 통하는 음식의 향을 찾아야 했다.

이런 감각적 간섭을 개발하는 것은 중요하다. 현재 전 세계적으로 거의 5000만 명이 치매로 고통받고 있다. 50명의 치매 환자가 (가족과 함께) 석 달간 '오드 Ode'라고 불리는 실험적 솔루션에 참여했다. 그중 절반 이상이 몸무게가 안정되었거나 증가했다. 평균적으로 증가한 몸무게는 2킬로그램이었다. 2013년 스몰 비즈니스 컵 Small Business Cup이 가장 혁신적인 영국의 비즈니스 아이디어로 꼽힌 것도 놀라운 일이 아니다.[2]

사람들의 식습관에 영향을 주기 위해 음식에 대한 기억을 '해킹'하는 정말 흥미로운 연구도 있다. 예를 들어, 연구자들은 음식과 관련된 경험에 대해 잘못된 기억을 이식해주는 것(예를 들어, 비트를 먹은 뒤에 아팠던 사람의 이야기를 하는 것)만으로도 음식에 대한 사람들의 태도와 행동이 미묘하게 영향을 받는다는 사실을 밝혀냈다. 잘못된 정보와 거짓 기억은 커다란 행동의 변화를 가져올 수 있다(예를 들어, 비트 선호도가 떨어지고 소비가 줄어든다). 이제는 실험실에서 이루어지는 연구들을 활용하여 사람들에게 건강한 식습관을 만들어주는 데도 관심이 늘어나고 있다. 예를 들어, 채소를 맛있게 먹은 거짓 기억을 어린이들에게 심어줌으로써 채소 섭취량을 늘릴 수 있을까? 그것이 윤리적으로는 타당할까?

프루스트의 마들렌처럼

결국 식사가 끝나면 식사에 대한 기억만 남는다. 우리는 좋은 기억은 품고 아주 형편없는 기억도 때로 품는다. 그 중간은 대부분 잊힌다. 미래를 내다보는 셰프들은 더욱 기억에 남는 경험을 창조한다. 경험 엔지니어들의 단어로 표현하면 '스틱션'을 더 많이 갖고 있다. 그 덕분에 그들은 장기적으로 성공한다.

우리가 어떤 레스토랑에 다시 갈지, 어떤 식품이나 음료를 계속 살지, 그리고 얼마나 먹고 마실지를 결정해주는 것은 음식의 맛과 풍미에 대한 기억이다. 사실 전날 점심보다는 오늘 점심에 먹은 것을 떠올리면 간식 먹는 양을 크게 줄일 수 있다. 그러므로 최근 먹은 것을 기억하는 것은 생각보다 훨씬 중요하다. 다행히 가스트로피직스적 접근은 더 이상 기억을 하지 못하는 사람들뿐만 아니라 더욱 기억을 잘하고 싶은 사람들에게도 도움을 주고 있다.

그리고 여기서 자세히 다룰 수는 없지만 음식 그 자체도 기억을 되살릴 수 있다는 사실을 명심해야 한다. 자주 인용되는 프루스트 ^{Marcel Proust}의 마들렌처럼. 그리고 미국의 추수감사절 같은 이른바 '기억 식사'도 있다.

1825년 장 안텔름 브리야사바랭^{Jean Anthelme Brillat-Savarin}은 고전《미각의 생리학^{The Physiology of Taste}》을 펴냈다. 이 유명한 프랑스 미식가는 나이가 들어감에 따라 느끼는 맛과 풍미에 대해 이렇게 썼다. "식탁의 즐거움은 모든 시대, 모든 세대가 공유하는 것이며 모든 나라에서 매일 함께하는 것이다. 이 즐거움은 다른 즐거움과 함께하며, 그것들을 능가한다. 그리고 기억에 남아 우리를 위로해준다."[3] 이 노년의 미식가가 잘 알고 있었듯이, 먹고 마시는 행위는 삶의 가장 즐거운 경험 중 하나다. 이런 즐거움에 대한 기억이 사라진다면 도대체 어떤 즐거움이 남을까?

왜 스타벅스는
진동벨 대신
이름을 부를까?

스타벅스에서 주문할 때마다 바리스타는 손님의 이름을 물어본다. 음료가 담긴 컵 옆면에 당신의 이름이 적혀 있다. 붐비는 시간에 혼동을 피하기 위한 조치로 보인다. 카운터 앞에는 음료를 기다리는 사람이 많으니까. 모두가 카푸치노나 라테를 기다린다. 하지만 이름을 적는 것은 그저 운영상의 편의를 위한 것만은 아니다. 오히려 이러한 '개인 맞춤화'는 회사의 정책이다. 어떤 사람들은 이런 조치가 손님들에게 더욱 좋은 경험을 선사한다고 믿는다. 사람들은 그 음료가 자신을 위해 특별히 만들어졌다는 인상을 받는다. 여기에서 가스트로피지스트가 정말 궁금한 질문은 이것이다. 이런 (또는 다른 형식의) 개인 맞춤화가 음식이나 음료를 더 맛있게 해줄까?

코카콜라의 마케팅 전략

2013~4년 코카콜라가 진행한 '마음을 전해요 Share a Coke'의 엄청난

성공 덕분에 개인 맞춤형 제품이 널리 유행하게 되었다. '마음을 전해요'는 콜라 병의 라벨에 고객들의 이름을 새겨넣는 것이었다(그림 10-1). 오해하지 마시길, 이것은 피상적인 개인 맞춤화에 지나지 않는다(제품 자체는 바뀌지 않았다는 뜻이다). 코카콜라는 세계 어디에서든 완전히 똑같았지만 앞쪽 라벨에 새겨진 자신의 이름이 사람들의 경험을 바꿔줬다. 너무나 쉽고 간단하지만 대단히 효과적이었다. 이 캠페인 덕분에 코카콜라는 10여 년 만에 처음으로 판매량이 늘어났다.

다른 식음료 회사들이 코카콜라를 따라 개인 맞춤화를 시도한 것은 물론이다. 사실 〈포브스〉 지의 기사에 따르면 "개인 맞춤화는 트렌드가 아니라 마케팅 쓰나미다". 예를 들어, 2015년 말 모엣 앤 샹동Moët & Chandon은 영국 전역의 셀프리지Selfridges 지점에 포토 부스를 설치하고 고객들이 미니 모엣 샴페인 병 앞에서 찍은 사진을 업로드하게 했다. 분명히 완벽한 크리스마스 선물이다. 베데트^{Vedett}는 고객들이 자신의 사진으로 맥주 병을 꾸미게 했고 프리토레이는 감자칩 1만 봉지에 '가장 좋았던 여름'을 주제로 사진을 붙이게 했다. 2016년 켈로그는 일정량 이상의 시리얼을 구입한 고객에게 개인 맞춤형 스푼을 보내주겠다고 제안했다.[•]

왜 자기 머그잔으로 마신 커피가 더 맛있을까?

왜 사람들은 자신과 관련된 제품에 다르게 반응할까? 한 가지 가능성은 '자기 우선순위 효과^{self-prioritization effect}'와 관련이 있다. 최근 옥스퍼드대의 심리학자들은 그 자체로는 아무런 뜻도 없는 임의의 시각적 상징(예를 들어, 원이나 네모 또는 세모 등)이 우리와 연결되는 즉시 특별한 의미를 띠게 된다는 사실을 발견했다. 어느 연구에서는 실험 참가자에게 하나의 자극(예를 들어, 파란색 삼각형)을 자신과 연관 짓고 다른 자극(노란색 사각형이나 빨간색 원)은 친구나 다른 사람과 연관 짓게 했다. 그리고 한 무리의 실험 참가자들은 자신과 관련된 자극이 보일 때마다 최대한 빠르게 버튼을 누르게 했고, 다른 무리의 실험 참가자들은 다른 사람들과 관련된 자극이 보일 때마다 버튼을 누르게 했다.

• 작가 윌 셀프^{Will Self}는 좀 무례한(아니면 철없다고 해야 하나?) 문구를 스푼에 새겼다. "마침내 켈로그로부터 나의 개인 스푼을 받았다. 생각보다 괜찮다."(〈뉴 스테이츠먼^{New Statesman}〉, 2015년 9월 29일, (http://www.newstatesman.com/culture/food-drink/2015/09/finally-my-personalised-spoon-kellogg-s-has-turned-and-it-s-way-better-i)).

그 결과 실험 참가자들은 다른 사람보다는 자신과 관련된 자극을 더 먼저 보고 더 빨리 반응했다. 다시 말해 이런 자극은 우리 자신과 관련되어 있기 때문에, 어떤 의미에서는 우리에게 '속해' 있기 때문에 우리 눈에 더욱 쉽게 띄게 된다.

나는 이런 의심이 들었다. 소비자들이 자신의 이름이 적힌 일회용 컵이나 코카콜라 병을 만났을 때도 비슷한 현상이 일어나는 것은 아닐까. 아마 같은 이유로, 테이블에 오른 생일 케이크도 생일을 맞은 사람에게는 더 맛있게 느껴질 것이다.

혹시 가장 좋아하는 머그잔이 있는가? 나는 한쪽 면에 돼지가, 다른 면에 닭이 그려진 오렌지색의 머그잔을 좋아해서 매일 아침 여기에 카푸치노를 담는다. 그래서 그 잔이 아직 식기세척기에 들어 있으면 짜증이 난다. 물론 내가 어느 잔에 마시든 커피 맛은 똑같다. 그런데도 왠지 커피를 마시는 기분이 나지 않고 맛도 다르게 느껴진다. 왜 똑같은 음료라도 가장 좋아하는 머그잔으로 마시면 더 맛있게 느껴지는 것일까? 어느 정도는 자기 우선순위 효과 때문일 수도 있다. 어떤 사람은 이것을 '감각 전이sensation transference('감정 복화술affective ventriloquism'이라고도 불린다)'의 일종으로 생각한다. 감각 전이는 미국의 전설적인 마케터인 루이스 체스킨Louis Cheskin이 반세기도 더 전에 도입한 개념이다. 감각 전이에 의해 자신만의 컵이나 머그잔에 대한 느낌(즉 소유권과 친근함이라는 따뜻한 느낌)이 내용물에 대한 지각으로 전이된다. 아마 행동경제학자들이 좋아하는 '소유 효과endowment effect'와도 연결될 것이다. 소유 효과는 사람들이 자신이 소유한다는 이유만으로 특정 물건의 가치를 높게 평가하는 것이다. 이 현상은 '현상 유지 편

향status quo bias(현상을 유지하는 쪽으로 의사결정이 이루어지는 경향을 일컫는 심리학 용어-옮긴이)'이라고도 알려져 있다.

내가 알기로는 아직 제대로 실험은 이루어지지 않았다. 누군가 꼭 실험해야 한다. 가스트로피지스트들은 사람들에게(30~40명이면 충분할 것이다) 자신의 잔과 다른 사람의 머그잔으로 커피를 마시게 하고 맛을 평가하게 해야 한다. 두 잔의 커피는 같을 수도 있고 다를 수도 있다. 오직 가스트로피지스트들만 안다(또는 그러기를 바란다). 하지만 사람들이 어떤 컵으로 마시는 것을 더 좋아하는지 알아내기 위해 연구해볼 필요는 없다. 재미있게도 사람들에게 어느 잔으로 마시는 것이 더 맛있겠느냐고 물으면 자신이 선호하는 머그잔으로 마시는 것이 더 좋을 거라고 인정하지 않는다. 그것으로는 맛을 바꾸지 못한다고 믿기 때문이다. 그래서 자신이 놀림을 받는다고 생각하기도 한다. 하지만 가스트로피지스트로서 나는 이런 개인 맞춤화가 음식이나 음료의 맛에 정말 영향을 미친다고 믿는다. 매우 미묘하기는 하겠지만 그럼에도 중요할 것이다.

칵테일 파티 효과: 이름만 들어도 반응하게 되네

심리학자들은 우리의 이름이 특별한 의미를 지닌다는 사실을 알고 있다. 시끄러운 곳에서도 이름은 '튀게' 들린다. 아마 당신도 이런 경험이 있을 것이다. 시끄러운 파티장에서 누군가 당신에 대해 이야기하는 것을 갑자기 알아차리게 되는 경우 말이다. 그래서 여기에는 '칵테일 파티 효과^{cocktail party effect}'라는 이름이 붙었다. 우리가 평생 이름을 얼마나 많이 듣는지를 생각하면 자신의 이름에 우선순위를 두는 것은 놀랍지 않다. 자기 우선순위 효과가 사람들의 행동에 얼마나 빨리 영향을 미치는지 명심해야 한다. 대상이 어떤 의미에서 '우리 것'이 되는 순간 우리에게 영향을 미친다. 우리에게 주어지기만 하면 별것 아닌 파란 삼각형조차 다른 대접을 받는다. 이런 행동 변화를 보여주는 다른 사례도 있다. 뇌 영상 연구에 따르면 자신과 관련된 자극과 다른 사람이 관련된 자극은 서로 다른 뇌 신경 회로에 의해 활성화된다.

지금까지는 아무것도 아니다. 심지어 성의 첫 번째 철자조차 우리 행동에 영향을 준다. 예를 들어, 성의 첫 번째 철자가 알파벳의 뒷글자인 사람은 시간이 제한된 온라인 경매에서 더 일찍 반응하는 경향이 있다. 즉 성이 Z자로 시작하는 사람은 참을성이 적다! 아마 학교에서 그들의 이름이 가장 마지막에 불린 것과 관련이 있을 것이다. 왜냐하면 결혼한 뒤에 얻은 성일 경우에는 똑같은 영향을 미치지 않았기 때문이다. 이런 '성姓 효과^{last-name effect}' 외에도 다른 흥미로운 현상이 많다. 예를 들어, 사람들은 자신의 이름과 비슷한 철자의 제품을 선호하는 경향이 있다('이름 효과^{name-letter effect}'). 또 마케터들은 사람들이 자신의 이름과 한두 글자라도 공통된 제품이나 브랜드를 좋아하며, 심지어 그런 이름을 지닌 사람을 잠재적인 파트너로 선호한다는 사실을 알고 있다.

이런 논리를 음식에 확장한다면 우리가 우리 이름과 같은 철자를 지닌 요리를 조금이라도 더 선호할 것이라는 예측이 가능하다. 내 경우에는 긴 여행 뒤에 늘 매운('Sp'i'c'y, 내 성은 'Sp'en'c'e다) 음식을 찾아 먹곤 한다. 내 성과 세 글자가 같다는 사실이 내가 매운맛을 좋아하는 데 어느 정도 영향을 미쳤을 것이다. 더구나 내가 가장 좋아하는 요리인 칠리 콘 카르네('ch'i'l'I con carne, 간 쇠고기, 콩, 칠리 파우더로 끓인 매운 스튜-옮긴이)를 주문할 때면 늘 내 이름과 겹치는 글자가 떠오른다[내 이름은 찰스('Ch'ar'l'es)]다. 당신도 한번 해보길. 당신이 좋아하는 음식과 당신의 이름은 몇 글자가 같은가? 그리고 다음번에 빅토리아 Victoria라는 이름의 여성을 만나면 그녀가 스펀지케이크를 좋아한다는 사실에 놀라지 말기를.

식사 경험이 좋아지도록 식당의 서비스를 개인 맞춤화할 방법은 많다. 그중 비교적 쉬운 것을 소개한다. 스페인 발렌시아에 있는 카마레나 Richard Camarena의 레스토랑 아롭 Arrop에서는 테이블에 빵 바구니를 내갈 때 손님이 고른 빵의 종류를 기록해둔다. 그리고 손님들이 다시 식당을 찾으면 지난번에 고른 빵을 알려주며 같은 것으로 내올지, 다른 것으로 내올지 물어본다. 이것만으로 그들은 자신들이 손님들에게 신경 쓰고 있다는 사실을 은근히 알린다. 다른 잘나가는 레스토랑들도 비슷한 기법을 쓴다.

앞에서 여러 번 소개했던 레스토랑의 사례도 보자. 바로 미슐랭 3스타를 받은 팻덕 레스토랑이다. 이곳 직원들은 손님이 식사하는 모습을 유심히 지켜본다. 오른손잡이인지 왼손잡이인지를 보는 것이다. 왼손잡이 손님인 경우 그에 맞게 서비스를 한다. 하지만 테이블에 앉은 사람에게는 이런 말을 하지 않는다. 사실 별로 신경 쓰지 않는 손님들은 그저 식사가 '물 흐르듯' 진행된다고 느낄 뿐이다. 좀 더 주의 깊은 손님은 아마 개인에게 맞춘 서비스에 주목할 것이다. 그리고 자신을 위해 세밀한 부분까지 신경 써주는 주의력과 노력에 고마워할 것이다.

건배(cheers) 효과: 모두가 당신의 이름을 아는 곳

자주 가는 식당에서 자신을 알아봐주는 것을 싫어할 사람이 있을까? 말하자면 이런 상황이다. "안녕하세요, 스펜스 씨. 다시 뵙게 돼 기쁩니다." 여기에는 1980년대 시트콤에 나오는 보스턴 바의 이름을 붙였다. 바로 '건배 Cheers 효과'다. 동네 피자헛 매장에서 일하는 직원이 우리 이름을 기억해줄 것 같지는 않지만* 초특급 레스토랑은 손님들에게 특별한 느낌을 주는 일이라면 뭐든 하는 법이다. 가장 극단적인 사례는 찰리 트로터가 자주 쓰던 '커브사이드! Kerbside!'다. 그의 이름을 붙인 시카고의 레스토랑 주방에서 툭하면 울려퍼지던 말이었다. 런던에서 활동하는 셰프인 제시 던포드 우드 Jesse Dunford Wood도 예전에 그 레스토랑에서 일한 적이 있었다. 그에 따르면 '커브사이드'란 말은 중요한 손님 VIP이 거의 도착했다는 뜻이었다. 이 말이 울려 퍼지면 주방에 있던 모든 사람이 레스토랑 입구에 줄을 서서 손님을 맞이했다(그림 10-2). 유명한 텔레비전 시리즈인 〈다운턴 애비 Downton Abbey〉의 애청자라면 이 장면을 알아볼 것이다. 집 주인이 오랜 여행 끝에 집에 돌아오면 그 집에서 일하는 사람들이 이런 식으로 환영해주었다.

---

* 그럼에도 9장 '프루스트의 마들렌처럼'에서 보았듯이 저렴한 체인 음식점에서도 따뜻한 환대는 손님을 다시 방문하게 하는, 가장 기억할 만한 특성이다.

그림 10-2 찰리 트로터가 직원들과 함께 VIP(여기서는 시카고 시장인 람 이매뉴얼 Rahm Emanuel)를 기다리고 있다. 이런 환대를 받으면 손님은 자신이 특별하다는 느낌을 받게 된다.

 뉴욕에서 여러 식당을 경영하는 대니 마이어 Danny Meyer는 2010년 《테이블 세팅 Setting the Table》이라는 책을 내면서 레스토랑 경영인으로서 큰 변화를 겪었다. 마이어가 운영하는 레스토랑으로는 유니온 스퀘어 카페 Union Square Café, 그레이머시 태번 Gramercy Tavern, 일레븐 매디슨 파크 Eleven Madison Park 등이 있었다. 그는 책에서 레스토랑 서비스를 개인에게 맞춤화하는 것이 중요하다고 여러 차례 강조했다. 몇 년간 그는 손님들의 정보를 축적해왔고 이를 통해 다시 방문한 손님들을 환대해주었다. 사실 그는 단골들에 대한 정보뿐만 아니라 요리에서 저지른 작은 실수들을 기록한 파일도 보관하고 있다. 당신도 상상할 수 있을 만한 정보들이다.

 어떤 사람은 창가 자리를 선호한다든지 또는 작은 룸을 선호한다든지 같은 것들이다. 그럼 손님들의 이름은 무엇인지? 보다 중요하게는 손님들이 자신을 알아보는 것을 좋아하는지, 또는 그냥 알아보지 못하는 것을 좋아하는지? 또 그들이 슈퍼 투스칸 와인을 좋아하는지, 또는 제이-지^{Jay-Z}(미국의 래퍼-옮긴이)처럼 부르고뉴산 화이트 와인을 좋아하는지.

마이어의 뉴욕 레스토랑은 세심한 개인 맞춤형 서비스의 관점에서 선구적인 곳으로 자주 언급된다. 시카고의 명소인 앨리니아, 넥스트^{Next}, 모토, 아이엔지^{iNG} 같은 곳들도 손님들에 대해 뭐든 알아내려고 노력 중이다. 앨리니아와 넥스트 그리고 에이비에리^{The Aviary}의 공동 소유주인 닉 코코너스^{Nick Kokonas}에 따르면 그는 개장 직후부터 손님 한 명 한 명에 대한 데이터베이스를 갖추었다. 그에 따르면 "그저 (손님들을) 외모와 이름을 바탕으로 알아보고 환영하자는 의도였다. 집을 찾아온 오랜 친구에게 안부 인사를 하듯 말이다." 하지만 시간이 흐르면서 손님들에게 좀 더 개인 맞춤화된 경험을 제공하는 쪽으로 바뀌었다. 때때로 레스토랑 경영인들은 오랫동안 오지 않은 단골들의 최근 소식을 알기 위해 그 정보를 활용하라고 제안하기도 한다.[1]

처음 들어간 레스토랑에서 내 취향을 알고 있다면?

레스토랑 경영인들은 단골손님들에게 특별한 기분을 주기 위해 롤로덱스^{Rolodex}(주소록, 전화번호부 등으로 쓰는 회전식 카드-옮긴이) 같은 것을 활용한다. 하지만 당신의 식당에 한번도 와보지 않은 사람에게도 특별한 기분을 주려면 어떻게 해야 할까?

낯선 도시에 가서 어느 식당을 방문했다. 그런데 식당 직원이 당신 이름을 듣고 당신을 알아보면 어떤 기분일까? 그날 저녁 당신은 당신 테이블에 당신과 고향(어딘가 머나먼 곳)이 같은 웨이터가 배정돼 있음을 알게 됐다. 얼마나 이상한 기분일까? 하지만 걱정하지 마시라. 이것은 초능력이 아니다. 그 레스토랑은 당신이 도착하기에 앞서 인터넷으로 당신 이름을 검색해본 것이다. 예를 들어, 일레븐 매디슨 파크의 지배인인 저스틴 롤러 Justin Roller는 모든 손님이 도착하기 전에 검색을 해보는 것으로 유명하다. 손님들에게 특별하면서도 편안한(거의 집에 있는 것처럼 편안하다는 뜻이다) 느낌을 주기 위해서다. "예를 들어, 롤러가 그날이 손님들의 결혼기념일임을 알게 됐다고 해보자. 그다음에 롤러는 몇 번째 결혼기념일인지를 알아낼 것이다. (중략) 이 모든 검색은 완전히 처음 오는 손님을 이름으로 불러주고 그들이 코트를 벗기도 전에 결혼 10주년을 축하한다고 말해줄 때 보상을 받는다('우리는 환대받는다는 느낌을 주고 싶습니다'라고 다른 직원이 말한다)."[2] 평론가들은 우수한 고객 서비스가 마이어의 레스토랑에서 얼마나 중요한지를 자주 지적한다. 이제 우리는 그 비밀을 알게 되었다.

당신이 가게에 들어가기도 전인데 식당이 인터넷 검색으로 당신에 대해 알아본다면 화가 날까? 아니면 그에 따른 개인 맞춤형 서비스를 환영할까? 2010년 실시됐던 설문조사에 따르면 북미 사람들의 40퍼센트 가까이가 괜찮다고 답했다.[3] 그들은 인터넷 검색이 뭔가 특별한 대접으로 이어진다고 가정하고 있었다. 하지만 응답자의 15퍼센트는 완전히 소름끼친다고 생각했다. 개인 맞춤화로 더 나은 경험을 하게 된다는 사람들과 개인의 프라이버시가 침범당한다고 느끼는 사람들

사이에 아마도 가느다란 선을 그릴 수 있을 것 같다. 〈뉴욕타임스〉에는 어느 레스토랑 컨설턴트의 인터뷰가 실렸다. "당신이 손님들에게 '1970년대산 부르고뉴산 화이트 와인을 좋아하시는군요'라고 말한다면 손님은 오싹해질 것이다. 그러지 말고 그들에게 무엇을 좋아하는지 묻고 부르고뉴산 화이트 와인 쪽으로 유도해야 한다."[4]

팻덕 레스토랑이 손님들에 대해 인터넷 검색을 한다는 사실이 최근 언론을 통해 알려지자 수백 개의 예약이 즉각 취소됐다. 하루 3만 개의 예약이 들어오는 유명한 식당에 큰 문제는 아니지만, 그래도 조금은 문제였다. 역설적인 것은 이 레스토랑이 북미의 다른 최고급 레스토랑들과 마찬가지로 여러 해 동안 손님들을 인터넷으로 검색해왔다는 사실이다. 하지만 그게 중요한 것은 아니다. 더 흥미로운 사실은 북미 사람들과의 반응 차이다. 아마도 영국 사람들은 조금 더 예약을 하지 않았을까 싶다.

추억을 소환하는 식탁

이런 최고급 식당의 서비스 철학은 분명 그들 서비스의 기초를 이룬다. 그리고 그 궁극적인 목표는 사람들이 레스토랑을 다시 찾게 하는 것이다. 매년 가장 많은 손님들이 꼽는 불만 사항은 형편없는 서비스임을 기억하라. 전문가적인 자세는 물론이고 음식에 대한 조언도 중요하다. 하지만 개인 맞춤화가 핵심이다. 개인 맞춤화는 손님들에게 특별한 느낌을 안겨줄 가장 좋은 방법 가운데 하나다. 서비스를 개인 맞춤화할수록 우리는 더욱 경험을 즐길 수 있고 음식은 더 맛있게 기억되며 팁도 더 많이 남길 것이다(영국인들이 북미 사람들에 비해 조금 더 신중한 면이 있지만).

이제 과제는 일레븐 매디슨 파크 같은 레스토랑에서 개인의 특징에 따른, 또는 한 사람만을 위한 개인 맞춤형 서비스를 어떻게 구축하고 상업화하느냐다. 세심한 식당 경영자들은 검색 중 지배인의 눈에 걸린 몇몇 행운의 주인공들뿐만 아니라 모든 손님들이 특별한 느낌을 받길 원한다. 하지만 개인 맞춤화가 모든 곳에 보편화되면 어느 정도 매력을 잃어버릴 것이 틀림없다. 손님들이 자연스러운 친근함이 아닌 인위적인 느낌을 받을 위험도 존재한다.

"언제 태어났는지 말해주세요. 당신만을 위한 요리를 만들어드리겠습니다." 10여 년 전 팻덕 레스토랑의 메뉴판에 이렇게 적혀 있었다. 이때는 테이스팅 메뉴가 아직 선택 메뉴였다. 최근 팻덕 레스토랑은 개인 맞춤화에 좀 더 체계적으로 접근한다. 바로 향수, 즉 그리움을 이용한 접근이다.* 그리고 손님들에 대해 인터넷 검색을 하는 대신(또는 검색과 더불어) 레스토랑 직원들이 손님들에게 직접 질문을 한다. 팻덕 레스토랑에서는 예약을 확정한 시점부터(보통 두 달 전) 손님에게 맞춤형 경험을 제공하기 위한 핵심 정보를 찾는다.

그중 일부 정보는 식사 마지막에 활용된다. 굴뚝에서 귀여운 연기

---

* 팻덕 레스토랑은 어느 부부를 이혼의 위기에서 구해내기도 했다. 2015년 12월 16일 〈데일리 메일〉 온라인에서 J. 트위디J. Tweedy의 기사 "어떻게 팻덕 레스토랑은 부부를 이혼으로부터 구해냈는가 – 헤스턴이 밝히기를, 싸우던 부부가 '향수를 불러일으키는' 식사를 하고 재결합했다고"를 참고하라.(http://www.dailymail.co.uk/femail/article-3362700/Heston-Blumenthal-says-dining-Fat-Duck-saved-couple-divorce.html).

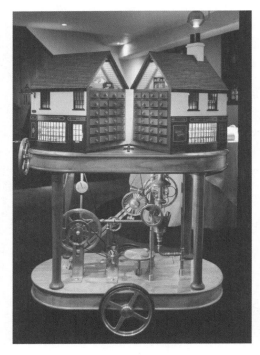

그림 10-3 팻덕 레스토랑에서 식사 마지막에 나오는 '작은 디저트 가게'. 서랍 안에 당신만을 위한 개인 맞춤형 선물이 기다리고 있다.

가 피어오르는 작은 디저트 가게가 손님의 테이블로 다가온다. 이 경탄할 만한 공학적 창조물은 화려한 인형의 집과 비슷해 보인다(그리고 소문에 따르면 가격은 롤스로이스보다 비싸다고 한다!). 동전을 디저트 가게에 넣으면(그림 10-3) 서랍이 혼란스럽게 열리고 닫힌다. 그러다 이 새로운 발명품*은 마치 우연인 듯 멈춘다. 하나의 서랍은 여전히 열

---

* 나는 아우크스부르크 출신의 한스 야코프 바크만Hans Jakob I. Backmann이 만든 식탁 위의 자동 장치를 가장 좋아한다. 여기에는 디아나와 켄타우루스가 등장한다(약 1602~6년 제작. https://artdone.wordpress.com/2016/05/10/celebration-125-years/hans-jakob-i-bachmann-table-automaton-featuring-diana-and-a-centaur-augsburg-ca-1602-06-khm-vienna/).

린 채로(무작위적으로 보이지만 당연히 그렇지 않다). 그러면 웨이터가 서랍 안에서 손님을 위한 맞춤형 디저트 봉투를 꺼내 전해준다. 봉투 안에서 손님이 찾은 디저트는 그들의 어린 시절을 떠올리게 한다. 마치 '사탕 가게에 간 아이'처럼. 여기서는 향수가 개인 맞춤화를 일으키는 대표적인 요소로 사용됐다. (특정 나이대의 대표라는 뜻이다. 예를 들면, 특정 연도에 태어난 사람들의 대표.) 이런 막간극이 유년 시절의 긍정적 기억과 감정을 불러일으키고 손님의 머릿속에 남은 전체적인 식사에 대한 기억에 색채감을 줄 것이다.

현재 이런 수준의 개인 맞춤화는 최고 수준의 레스토랑에서만 제공되고 있지만 오래지 않아 상황이 달라질 것이다. 이미 좀 더 많은 레스토랑들이 유용한 고객 정보를 골라주는 벤가 ^{Venga}나 오픈테이블 ^{OpenTable} 같은 다양한 온라인 도구를 이용해 개인 맞춤화를 상업화하고 있다. 고객 관리와 충성도 프로그램을 레스토랑의 포스 ^{POS} 시스템과 통합함으로써 직원들은 손님들의 평균적인 소비와 가장 좋아하는 메뉴, 심지어 좋아하는 술도 알 수 있다. 그리고 (앞서 봤듯이) 일부 최고급 레스토랑은 손님이 왼손잡이인지 오른손잡이인지도 기록해둔다. 벤가 시스템은 비싸지만(현재 한 지점에서 한달 사용하는데 149~249달러 정도가 든다) 점점 더 많은 레스토랑들이 그 정도 비용은 들여도 괜찮다고 느끼고 있다. 레스토랑들이 원하는 것이 무엇인지 알 수 있는 힌트가 있다. "워싱턴 DC에 위치한 핑퐁딤섬 ^{Ping Pong Dim Sum}의 마케팅 매니저 마이커 페러 ^{Myca Ferrer}는 손님이 문을 열고 들어오면 이미 그가 무엇을 주문할지 알고 있다."[5] 아마 이런 예측 소프트웨어는 레스토랑의 엄청난 음식물 쓰레기를 줄이는 데도 도움이 될 것이다.

이름표를 붙이는 일부터

저녁 파티를 개인 맞춤형으로 준비하고 싶다면 손님들이 앉을 곳에 이름표를 붙이는 일부터 시작하자. 영국 여왕의 파티 플래너가 조언한 바에 따르면 이런 방법을 통해 지루해하는 사람들을 한데 모을 수 있다. 하지만 누가 알까, 이를 통해 손님들이 식사를 좀 더 즐기게 될지. 또는 잘 모르던 사람에 대해 인터넷 검색을 해볼 수도 있다. 나쁠 것은 없다. 물론 손님들도 상관하지 않는다면 말이다. 아니면 말고!

소수의 손님들이 셰프가 요리를 하거나 마무리를 하는 공간 앞쪽에 둥글게 앉는다. 혼자인 손님들은 볼거리도 있고 누군가와 이야기를 나눌 수도 있다. 손님들은 자신이 먹을 음식이 조리되는 모습을 지켜볼 수 있다. 셰프에 따라서는 연극적이거나 스펙터클한 요소도 있을 수 있다. 중요한 점은 개인 맞춤화의 관점에서 살펴볼 것이 많다는 사실이다. 미슐랭 3스타 셰프가 요리하는 뉴욕 브루클린 페어 Brooklyn Fare나 상하이 12체어스 12 Chairs의 요리처럼 보통은 정식 prix fixe(가격이 결정돼 있다는 뜻)의 형식을 띤다. 식사하는 손님이 셰프를 직접 볼 수 있다면 결국 개인 맞춤형이 되지 않을 수 없다.

개인화된 식사의 궁극적인 형태는 개인 셰프다. 부자나 유명인의 집에만 개인 셰프가 있는 것은 아니다. 몇몇 레스토랑에서도 이런 서비스를 하고 있다. 휴스턴의 푸아드 Fuad's가 그중 하나다. 이곳의 수석 셰프인 조지프 마시쿠리 Joseph Mashkoori가 손님의 테이블에 가서 무엇을 먹을 것인지 묻는다. 그는 한두 가지 제안을 하지만 샤토브리앙(등심 스테이크-옮긴이)부터 필리 스테이크 샌드위치(얇게 썬 고기와 치즈로 만든 샌드위치-옮긴이)까지 손님이 원하는 것은 무엇이든 기쁘게 만들어 줄 것이다. 한편 뉴욕의 예한기르 메타^{Jehangir Mehta}는 '미 앤드 유^{Me and You}'라는 자신의 레스토랑에서 비슷한 것을 시도했다. 웹사이트를 보면 손님들은 이런 약속을 받는다. "다른 어디에도 없는 독특한 개인 식사. 모든 음식은 고객의 입맛에 맞춰집니다. 고객의 미각에 따라 침샘을 자극합니다." 이탈리아 바코네에 있는 솔로 퍼 듀^{Solo Per Due} 레스토랑은 2인용 테이블 하나만 두고 대단히 개인적인 식사 경험을 제공한다.

선택지가 많을수록 좋다?

한 가지 측면에서 이런 개인 맞춤화는 테이스팅 메뉴의 부상과 배치되는 것처럼 보인다(테이스팅 메뉴의 경우 사실상 손님은 무엇을 먹을지 선택할 수가 없다).* 웨이터는 손님에게 알레르기와 기타 식습관에 대해 물을 수는 있지만 그게 전부다. 사실 손님이 주로 고민해야 하는 것은 와인 페어링을 할지 말지 정도다. 와인 페어링이 가능한 곳이라면 말이다. 하지만 정확히 무엇 때문에 테이스팅 메뉴가 점점 인기를 얻는 걸까? 개인 맞춤화와 완전히 반대의 이유 때문은 아닐까?

어떤 비평가들은 테이스팅 메뉴가 기억에 남는 식사를 위한 셰프

---

* 게다가 테이스팅 메뉴가 있는 레스토랑의 상당수는 한 테이블의 모든 손님이 테이스팅 메뉴를 택하거나 아니면 아무도 택하면 안 된다고 주장한다.

와 레스토랑의 전략이라고 생각한다. 9장 '프루스트의 마들렌처럼'에서 보았듯이, 손님들이 더 많은 요리를 시도할수록 '스틱션'의 기회가 늘어난다. 테이스팅 메뉴는 대개 알 라 카르트[a la carte](일품요리-옮긴이) 메뉴보다 많은 수의 코스로 구성되어 있다. 모든 사람이 동시에 같은 음식을 먹을 경우 식사를 정말 공유하고 있다는 느낌이 강해질 것이다(7장 '오리지널 소셜 네트워크' 참조). 그리고 셰프의 관점에서는 제철 식품만 사용하기 때문에 경제성이 있고 최선의 품목을 선택할 수 있으며 부족한 선택지를 보완할 수 있다.• 물론 이것이 손님들에게서 더 많은 돈을 짜내기 위한 전략이라는 냉소적인 주장을 하는 사람도 있다. 보통 테이스팅 메뉴가 더 비싸기 때문이다. 반면 좀 더 긍정적인 면을 꼽으라면 손님들이 선택의 과정을 거치지 않아도 된다는 것이다. 이는 좋은 식당일수록 손님들에게 선택지를 적게 주어야 한다는 레스토랑들의 불문율과 관련이 있을지도 모르겠다.[6]

어떤 사람들은 선택권을 잃으면 기분 나빠한다. 〈파이낸셜 타임스〉에 실린 팀 헤이워드[Tim Hayward]의 기사를 보자. "선택권이 없는 메뉴는 식사의 원칙에 반하는 신성 모독이다."[7] 하지만 손님의 선택 범위를 제한하는 것은 테이스팅 메뉴만이 아니다. 알 라 카르트부터 공통으로 제공하는 음식까지 여러 스타일의 음식점에서 선택지는 꾸준히 줄어드는 느낌이다. 하지만 어떤 면에서 테이스팅 메뉴는 정식 메뉴의 확장일 뿐이거나 프랑스 같은 유럽 국가들의 흔한 특징인 호텔 정식으

• 손님들이 온갖 알레르기, 각종 불내증, 식습관 등을 표현하는 요즘 같은 시대에 셰프가 통제권을 되찾으려는 시도로 여겨진다. 나는 셰프들이 그 많은 요구 사항들을 어떻게 맞춰주는지 놀랍기만 하다.

로 보이기도 한다. 프랑스(그리고 런던, 뉴욕, 보고타 등)의 랑트르코트 체인은 선택을 제한하면서도 대단한 성공을 거두고 있고 또 오랫동안 사랑받아왔다. 여기에는 음료와 디저트 메뉴는 있지만 시작 요리와 메인 코스에는 샐러드와 스테이크(손님은 얼마나 익힐지밖에 선택할 수 없다), 맛있는 소스(레시피는 비밀이다)와 프렌치프라이라는 단 한 가지 선택지밖에 없다. 사실상 선택이 불가능하고 개인 맞춤형도 아니지만 사람들은 때로 한 시간 이상씩 줄을 선다(예약을 받지 않는다). 그렇다면 스스로에게 물어보자. 손님들은 과연 얼마나 많은 선택지를 원하는 것일까?

한편 마케터들의 말, 그러니까 선택지는 많을수록 좋다는 말이 항상 진실은 아니라는 것도 틀림없는 진실이다. 사람들에게 너무 많은 선택지를 주면 부담을 느낄 수도 있다. 만약 저녁 식사에 관해 선택하게 한다면 일곱 가지가 적당한 수로 여겨진다. 일곱 가지의 시작 요리, 일곱에서 열 가지의 메인 요리, 그리고 일곱 가지의 디저트다. 이보다 적으면 선택권이 너무 없어질 위험이 있다. 반면 이보다 많으면 손님들은 결정하기 힘들어한다. 물론 더 많은 선택지를 제공하고 싶은 레스토랑들을 위한 제안도 있다. 메뉴를 여러 섹션으로 나누는 것이다. 얼마나 나누면 될까? 한번 맞혀보라. 역시 일곱 개를 추천한다.

영국 오길비 앤 매더 그룹Ogilvy & Mather Group의 부사장인 로리 서덜랜드Rory Sutherland는 이런 일화를 들려주었다. 항공사들이 할인을 해주던 목적지의 수를 줄여버렸다. 그러자 바로 할인 항공권이 동나버렸다.[8] 이것은 언뜻 경제 원칙에 반하는 것처럼 보인다. 사실 선택지가 많을수록 승객들은 자신이 가고 싶은 곳을 쉽게 찾아내야 한다. 하지만 판매 데이터에 따르면 절대 그렇지 않다. 행동경제학자들에 따르면 사람들은 너무 많은 선택지가 주어지면 오히려 선택을 하지 못한다. 아마 그런 이유로 뉴욕 같은 곳에서는 '향신료 소믈리에'가 등장했을 것이다. 그들은 객관식 문항을 통해 머스터드 소스를 고를지 마요네즈 소스를 고를지에 대해 조언해준다.

이케아 효과: 참여할수록 더 맛있다

다들 이런 경험을 해보았을 것이다. 친구들을 위해 집에서 식사를 준비했다. 이번에는 정말 잘했다고, 음식 맛도 좋다고 느꼈다. 손님들도 늘 그랬듯이 예의 바르게 음식이 맛있다고 말해주었다. 하지만 그들은 정말로 어떻게 느낄까? 가스트로피지스트로서 조언하건대, 그들의 말을 믿지 마라. 차라리 그들의 행동을 지켜보는 편이 낫다. 문제는 여전히 남는다. 손님들이 단지 예의가 바른 것인지 또는 다른 사람이 만든 음식이기에 맛도 다르게 느끼는지.

우리가 직접 만든 것을 높게 평가하는 현상을 '이케아 효과Ikea effect'라고 부른다. 예를 들면, 우리가 직접 조립한 나무 테이블은 완제품 상태로 배달된 테이블보다 가치가 있다. 단지 우리가 직접 조립했다는 이유만으로. 하지만 여기서 궁금한 것은 우리가 친구를 위해 만드는 식사에도 똑같은 현상이 적용되는가다. 그리고 그 답은 우리가 처음부터 식사를 만들었는지, 또는 반조리 제품을 이용했는지에 크게 좌우된다.

노르웨이 연구자들이 관련 연구를 진행했다. 그들은 다양한 개인들로 구성된 집단(모두 학생은 아니었다)을 주방 실험실로 들여보내 반조리 제품으로 식사를 만들게 했다. 연구자들은 실험 참가자들이 자신의 식사를 직접 만든 뒤에, 또는 다른 사람이 만들었다는 말을 들은 뒤에 어떻게 말하는지 조사했다. 흥미롭게도 스스로 식사를 만든 사람들(또는 그렇다고 생각한 사람들)이 그렇지 않은 사람에 비해 음식 맛이 좋다고 평가했다. 사실은 모두가 똑같은 음식(인도식 티카 마살라^{tikka} ^{masala}였다)을 맛보았는데도 말이다. 더구나 포장지의 조리법대로 고기를 튀긴 사람들은, 고기를 그저 데우기만 했던 사람보다 음식이 맛있다고 평가했다. 다시 말해 조리 과정에 더 많이 관여할수록 결과물의 맛은 더 좋아지는 경향이 있었다(적어도 당사자들에게는).

그러므로 친구들을 저녁 식사에 초대해 당신이 직접 음식의 재료를 준비하고 조리를 했다면 (반조리 제품을 사용한 경우에 비해) 음식 맛이 조금 다르게 느껴질 것이다. 하지만 나쁜 소식도 있다. 즉 음식이 친구들보다는 당신에게 맛있을 거라는 점이다(다른 사람들은 만들지 않았으니). 그러니 친구들도 조리 과정에 참여시켜야 음식을 맛있다고 느낄 것이다.

'남이 만든 샌드위치가 더 맛있다'는 주장은 틀렸다

마케터들이 가장 좋아하는 사례연구가 있다. 베티 크로커^{Betty Crocker} 케이크 믹스와 관련된 것이다. 널리 회자되는 이야기에 따르면 이 케이크 믹스가 20세기 중반 처음 시장에 출시됐을 때는 성공하지 못했다고 한다. 그러자 한 마케팅 임원이 제품의 조리 방식을 바꿔야 한다고 주장했다.[9] 집에서 믹스에 달걀을 섞도록 말이다. 이는 소비자들을 좀 더 귀찮게 하는 것이었다. 이성적으로는 별로 좋은 생각처럼 보이지 않았다. 그런데도 판매는 천천히 늘어났다. 소비자들은 믹스에 달걀을 섞음으로써 자신이 진짜 요리를 하고 있다고 느꼈던 것이다! 그 덕분에 누가 만들든 케이크는 더 맛있게 느껴지게 됐다. 소비자가 조리 과정에 좀 더 많이 관여했기 때문이다. 바로 이케아 효과다.

베티 크로커 이야기는 여기저기 인용된다. 심지어 북미 최고의 음식 작가인 마이클 폴란 Michael Pollan 도 자신의 베스트셀러에서 이 이야기를 했다. 너무 그럴 듯해서 오히려 사실 같지 않다. 아마 사실이 아닐 것이다. 〈본 아페이티 Bon Appétit〉 지에 실린 '케이크 믹스의 2013년 역사'라는 글에 따르면 그렇다. '가정에서 신선한 달걀을 추가해야 하는 케이크 믹스'에 대한 특허(믹스 가루 자체에 대한 것 말고)는 1935년 'P. 더프 앤드 선스 P. Duff&Sons'라는 회사가 취득했다. 1950년대 케이크 믹스(달걀을 넣어야 하는 것과 넣지 않아도 되는 것 모두)의 판매는 정체됐다. 케이크 믹스의 혁신은 달걀이 아니라 아이싱 icing(케이크나 과자 등의 장식)을 도입한 것이었다. 케이크와 번(우유와 버터의 향미를 기본으로 건포도나 호두를 넣고 구운 둥글고 작은 빵-옮긴이)을 '개인이 원하는대로 예쁘게 맞춤화'하는 데 대한 관심이 폭발적으로 늘었고, 케이크 믹스의 판매량을 회복시켰다. 베티 크로커의 이야기는 단지 오래된 거짓말에 불과하다. 그럼에도 개인 맞춤화의 중요성을 지적하고 있다는 점만은 여전히 유효하다.

이 주제를 마무리하기 전에 대단한 분의 주장에 딴지를 걸어야겠다. 바로 노벨상을 받은 실험심리학자이자 행동경제학자인 대니얼 카너먼Daniel Kahneman이다. 그는 무려 〈뉴욕타임스〉 지에 "다른 사람이 만들어준 샌드위치가 더 맛있다"고 썼다. 이 말이 여러 뉴스 매체에 등장한 것을 보면 전 세계 기자들이 이 주장에 동의했음이 틀림없다. 하지만 이 주장은 추측에 근거를 두었을 뿐이다. 적어도 내가 아는 한, 아무도 샌드위치를 제대로 연구한 적이 없기 때문이다. 그리고 이케아 효과에 따르면 우리가 다른 사람이 만들어준 샌드위치를 더 좋아한다고 믿을 근거가 없다. 나는 당신을 모르지만, 어쨌든 당신보다는 내가 만든 샌드위치가 더 맛있다고 생각한다! 나만 이런 생각을 하는 것이 아니다. 온라인 토론방을 보면 다른 사람들도 나와 비슷한 생각을 하는 것 같다. 다시 한 번 가스트로피직스가 나서주길 바란다.

마지막으로 묻고 싶다. 왜 어떤 요리는 맞춤형으로 해도 되지만 다른 요리는 맞춤형으로 해서는 안 될까? 맞춤형이란 개인화의 한 형태다. 다만 통제권이 손님에게 주어진 개인화다. 즉 손님 자신에게 힘이 주어졌다는 느낌을 주는 개인화인 셈이다(오싹해지기보다는). 케이크 믹스의 판매가 되살아난 것은 각자에게 맞춤화된 케이크 아이싱 덕분이었다. 식사의 경우 손님이 자신의 요리가 어떻게 조리되고 양념되며 서빙되어야 하는지, 커리가 얼마나 매워야 하고 버거는 얼마나 익혀야 하는지 선택하는 것이 바로 맞춤화다. 동네의 이탈리아 레스토랑에서 웨이터가 파스타에 파르메산 치즈를 뿌릴지 말지 묻는 것도, 동네 스테이크 집에서 본능적으로 소금이나 후추에 손을 뻗는 것도 모두 맞춤화의 사례다. 하지만 어떤 경우 음식에 맞춤화라는 이름을 붙일 수 있을까? 레스토랑 운영자들의 연보에서 별로 유명하지 않은 이야기를 가지고 설명하겠다.

소금과 후추를 요구하는 게 잘못인가요?

미슐랭 스타를 받은 첫 번째 영국 셰프인 마르코 피에르 화이트 Marco Pierre White는 나의 고향인 잉글랜드 북부 리즈 출신이다. 누나는 내 열여섯 번째 생일에 그의 요리책 《화이트 히트 White Heat》를 선물했다. 내가 처음 요리를 배운 책이다. 이 책은 30년이 지난 지금도 여전히 서가에 꽂혀 있다(그리고 가끔 서가에서 나오기도 한다). 여기에 실린 레몬 타르트 레시피는 정말 끝내준다. 하지만 그가 처음 유명해진 것은(또는 공공연한 악명이던가?) 소금과 후추를 달라는 무례한 손님들을 레스토랑에서 쫓아낸 덕분이었다. 화이트는 어떤 손님이든 자신의 레스토랑에서 양념(또는 개인 취향 맞춤)을 달라고 하는 것은 모욕이라고 말했다. 요리에 양념을 하는 것은 셰프의 권한 아닌가? 그러므로 손님이 소금과 후추를 요구하는 것은 셰프를 모욕하는 것과 다름없었다. 왜 그럴까? 셰프가 주방에서 제대로 일을 하지 않았다는 암시이기 때문이다. 최소한 화이트 셰프는 그렇게 생각했다.

나중에 사람들은 이 사건을 스타(또는 프리마 돈나) 셰프의 부상을 암시하는 초기 징후로 보기도 했다. 더 이상 어둡고 뜨거운 뒷방에 숨어 절대 모습을 드러내지 않는, 손님에게는 거의 알려지지 않은 존재가 아니라는 것이다. 나는 이것이 오늘날의 상황을 예견했다고 본다. 유명한 셰프가 레스토랑 전면에 개방된 주방을 갖게 된 상황 말이다. 다시 말해 셰프는 이제 쇼의 스타에 가까워졌다. 그들은 지휘자다. 우리 모두가 알듯이!

마르코 피에르 화이트가 개인에게 맞춤화된 식사에 처음 의문을 품은 이후 소금과 후추는 점차 레스토랑에서 보기 힘들어졌다. 적어도 유명한 최고급 모더니스트 퀴진에서는 볼 수 없다.* 누군가는 이렇게 물을 것이다. 그렇다면 소금과 후추는 셰프가 내주고 싶어 하지 않는 선택권이자 손님이 자신의 음식을 개인화할 기회 아닐까? (물론 최고의 레스토랑 경영자들은 다른 부분에서 개인화를 시도하고 있다.)

선택의 문제

나는 팻덕 레스토랑에서 소금이나 후추를 달라고 해볼 생각도 하지 않았다. 하지만 그러지 못할 이유는 무엇일까라는 생각을 하기는 했다(디저트에 간을 해줄 설탕과 구연산 통이 없을 이유도 없지 않나?) 이것은 부분적으로는 셰프에 대한 믿음과 관련 있고 주방에서 열심히 일하는 요리팀에 대한 믿음과도 관련 있다. 대부분의 요리는 내가 (그리고 아마 당신도) 전에 한번도 접해보지 못한 것이어서 셰프의 의도가 무엇인지, 무엇을 목표로 했는지 알기 어렵다. 나는 그 요리를 판정할

---

* 나는 셰프(주방)의 허세와 소금과 후추의 유무가 거의 틀림없이 관련된다고 본다.

내적인 기준을 갖고 있지 않다. 확실한 것은 요리가 맛있다는 것뿐이다. 그래서 내가 무슨 맛을 느껴야 하는지 모른다면 어떤 결과를 목표로 하는지 또는 직접 소금과 후추를 뿌려야 하는지 확신하지 못한다.

처음 스테이크를 먹으러 갔을 때의 상황과 비교해보자. 그냥 아무 스테이크가 아니라 와규和牛(일본의 소 품종-옮긴이)로 만든 230그램짜리 립아이 스테이크다(가격은 무려 140파운드다). 런던 파크레인에 자리한 도체스터 호텔의 레스토랑 커트Cut(오스트리아의 스타 셰프인 볼프강 푸크Wolfgang Puck가 운영한다)에서 주문했다고 상상해보자. 나라면 이 고기를 어떻게 조리할지 내게 물어봐주기를 바랄 것이다. 그리고 테이블에 소금과 후추가 없다면 큰 소동이 일어날 것이다!* 그런데 가격이 팻덕 레스토랑과 그리 다르지 않다는 사실에 주목하자(프라이와 사이드 메뉴와 스타터 등을 시키지 않았다면). 어떤 경우에는 음식의 맞춤화를 기대해도 좋지만 어떤 경우에는 그럴 가치가 없다. 가격이나 주방의 기술과는 상관없이 말이다.

그럼 무엇이 차이일까? 나는 이미 스테이크를 여러 번 먹었고 내가 지향하는 내적 기준을 가지고 있다. 물론 음식에 대한 나의 기억은 부정확할 수 있지만 말이다(9장 '프루스트의 마들렌처럼' 참조). 하지만 여전히 나는 맛에 대한 관념(또는 최소한 생각)은 가지고 있다. 그럼에도 후추 그라인더가 테이블에 있다면 습관적으로 거기에 손을 뻗어 내가 먹을 음식에 자유롭게 뿌릴 것이다. 한입도 먹기 전일지라도. 이런

• 마르코 피에르 화이트는 요즘 스테이크 체인점을 운영한다. 옥스퍼드에도 화이트의 레스토랑이 있다. 거기서 소금과 후추를 달라고 하면 무슨 일이 벌어질지 궁금했지만 그곳은 화이트의 이름과 사진을 붙여두었을 뿐, 그와 직접적 관련이 없다. 그저 프랜차이즈일 뿐이다.

습관을 어떻게 설명할 수 있을까? 이런 단순한 행동으로 나는 요리를 얼마나 나의 것으로 만들 수 있을까(맞춤화). 그리고 이것이 자동적으로 음식 맛을 향상시켜줄까(웨이터가 내려놓은 음식 접시를 우리가 약간 움직이면 음식 맛이 더 좋아지는 것과 마찬가지다). 우리는 자신이 좋아하는 맛이 맛 스펙트럼의 극단을 향한다는 사실을 깨달을 것이고(예를 들어, 나는 내가 다른 사람보다 매운 요리를 좋아한다는 사실을 안다), 따라서 대중을 위해 준비된 대부분의 음식을 우리 개인에게 맞춘다면 더 맛있게 느낄 수 있을 것이다.

주방이나 손님의 테이블에서 양념과 향신료를 어느 정도나 넣느냐에 따라 맛은 달라질 수 있다. 그러므로 스테이크같이 비교적 조리를 많이 하지 않은 요리는 개인 취향에 맞춰 양념을 해도 괜찮다. 때로는 셰프도 그러길 바란다. 하지만 고기가 다 조리되어 나올 때나 소스와 함께 나올 때는 손님이 스스로 양념할 이유가 사라진다. 특히 최고 셰프의 레스토랑에서는 더욱. 그리고 팻덕 레스토랑의 멋진 요리들은 원재료를 알아내기 힘들 정도로 대단히 많이 가공된 편이다(즉 재료가 완전히 새로운 무엇인가로 변했다는 뜻이다). 이런 조건에서는 개인에게 맞춤화하기가 어렵다. 목적이 더 이상 분명하지 않기 때문이다. 그렇다고 맞춤화를 아예 못하는 것은 아니다. 개인화는 서비스나 식사의 다른 측면에서 일어난다.

셰프의 음식을 건드릴 권리

마지막으로 마르코 피에르 화이트의 생각처럼 손님들에게는 셰프의 음식을 건드릴 권리가 없는지 살펴보자. 셰프에게 요리의 간을 맞추게 하는 것이 정말 최선일까(셰프가 미슐랭 스타를 여러 개 받았다고 가정할 경우)? 결국 손님은 언제나 옳지 못한 걸까? 1장 '맛있게 먹었다는 느낌은 정확히 어떤 느낌일까?'에서 보았듯이 우리는 매우 다른 맛의 세계에서 살고 있음을 잊지 말아야 한다. 우리가 각자의 맛과 향 그리고 풍미 지각이 실제로 얼마나 다르고 개인적인지를 깨닫는다면 다시 생각할 것도 없다. 그럼 미래에는 레스토랑이 우리의 개인적인 입맛에 맞춘 음식과 음료를 제공할 것인가? 미래파는 그럴 거라고 예상했다. 미래파 운동의 창사자인 F. T. 마리네티는 이렇게 썼다. "우리는 식사의 질을 바꿀 것이다. 개개인의 요리는 성별과 성격, 직업과 감수성에 맞춰질 것이다."[10] 최근에는 초콜릿(메종 카이에 Maison Cailler)부터 샴페인(듀발-르루아 Duval-Leroy)까지 모든 곳에서 개인화의 바람이 불고 있다. 일리 Illy는 새로운 시스템을 개발해서 손님들이 자신에게 맞는 커피를 마실 수 있게 한다.

그러므로 다음번에 친구들을 저녁 식사에 초대할 때는 소금과 후추를 테이블에 올려두기를. 당신이 만든 요리가 (당신 생각에) 얼마나 맛있든, 어떤 재료로 만들었든 상관없이 말이다. 가스트로피지스트로서 말하건대, 손님이 요리에 간을 하는 것이 셰프에 대한 모독이라고 생각해서는 안 된다. 그보다는 우리 모두가 대단히 다른 맛의 세계에 살고 있음을 인식하고 그에 맞추는 것으로 생각해야 할 것이다.

맛보다 경험

The Experientail Meal

11

소리, 분위기,
맛 모두를 즐기세요

"경험을 즐기시나요?" 런던의 카페 로열 Royal에서 열린 알베르트 아드리아 Albert Adrià의 '약 50일'(런던의 호텔 카페 로열이 개점 150주년을 맞아 2016년 2~4월 선보인 한정판 식사-옮긴이)을 안내하는 직원들이 몇 번이나 물었다. 그런데 언제부터 이런 것이 질문이 되었을까? 음식 자체에 대해 묻는 게 낫지 않았을까? 이 문제의 근본을 들여다보면 이 장의 주제가 보인다. 바로 우후죽순처럼 생겨나는 '경험 산업'이다. 앨빈 토플러가 1970년에 출간한 베스트셀러 《미래 쇼크》에서 처음 예측한 대로 말이다.

 B. 조지프 파인 2세 B. Joseph Pine, II와 제임스 H. 길모어 James H. Gilmore 는 필립 코틀러의 초기(1974) 아이디어에 기초해 시장에 '경험 경제 experience economy'를 도입했다. 그들에 따르면 손님들이 실제로 사는 것은 식사와 음료가 아니고 다른 제품이나 서비스도 아니라는 것이다. 오히려 사람들이 점점 원하는 것은 '경험'이라고 했다. 여기서 경험이란 다중 감각이다. 외식은 영양적 요구를 실현하기 위한 것이 아니라는 사실을 깨달으면 왜 많은 사람들이 아드리아의 질문에 대한

답을 알고자 하는지 이해될 것이다.

전 세계적으로 점점 더 많은 셰프들과 레스토랑 경영자들이 식사 중에 다중 감각적 경험을 제공하겠다는 약속을 하고 있다. 예를 들어, 안도니 아두리즈^{Andoni Aduriz} 셰프(지금은 산세바스티안 무가리츠의 셰프)는 페란 아드리아의 엘불리 ^{elBulli} 레스토랑에서 일할 때 이렇게 말했다. "그에게 가장 중요한 것은 사람들이 엘불리에서 먹는 경험이었다."[1] 또는 마르크 피에르 화이트의 프랜차이즈 레스토랑을 설명한 신문 기사를 보자. "2년 전에 개점한 스테이크집은 웹사이트에 '경험의 모든 것. 소리, 분위기. 편안한 환경에서 친구나 가족과 함께 즐기세요'라고 소개되었다."[2]

마술사 셰프, 배우 웨이터

여기서 보겠지만 레스토랑 요리는 영양(또는 '레스토랑'이라는 단어의 원래 의미인 '복원')을 제공하는 전통적인 기능에서 벗어나 예술적인 표현을 담는 매개체가 되어가는 추세다. 레스토랑은 무대가 되고 있다. 세계 최고의 레스토랑에서 웨이터와 셰프는 배우와 마술사의 역할을 하고 있다. 식사 시간이 되면 먼저 분위기가 잡히고 무대가 주어지며 스토리텔링과 마술이 펼쳐진다. 이것은 정말 '접시를 떠난' 식사의 정수다. 산 펠레그리노가 선정하는 세계 50대 레스토랑에 들기 위해 경쟁하는 셰프들 사이에서 크게 유행 중이다.[3] 누군가는 셰프들이 이런 목록에 지나치게 영향을 받는 게 아니냐고 말할 수도 있겠지만…….

"(뉴욕의) 일레븐 매디슨 파크에서 대니얼 험 Daniel Humm과 윌 기다라 Will Guidara는 모든 것을 변화시킨 프로그램을 고안했다. '산 펠레그리노가 연극적 요소를 지닌 레스토랑을 선호한다'는 사실을 인지한 결과다. 스리카드몬테 three-card-monte(세 장의 카드를 섞은 뒤 한 장을 맞히는 카드놀이-옮긴이) 디저트와 (오래된 로컬 푸드 운동에 따라) 옛날 소풍 바구니에서 유래한 치즈 및 맥주 코스가 포함돼 있다." 물론 모두가 좋아했던 것은 아니다. 한 비평가는 이렇게 말했다. "와인 산업이 파커화(여기서 파커는 와인 평론가 로버트 파커를 뜻한다-옮긴이)되었다면 레스토랑의 세계는 산 펠레그리노화되었다." 한편 (모모푸쿠 Momofuku로 유명한) 데이비드 장 David Chang은 전형적인 '50대' 레스토랑에 대해 이렇게 묘사한다. "아드리아와 레드제피 Redzepi, 켈러 Keller를 위해 일하는 사람이 운영하는 중식당이다. 그는 불 위에서 요리한다. 모든 것은 테루아(자연환경 등이 만든 독특한 향미-옮긴이)를 설명하는 소재가 된다. 성게를 자신의 양식장에서 키우고 직접 채취한다." 현재 전 세계 수많은 최고급 식당과 술집의 트렌드는 '경험 판매'라고 말하는 사람도 있다.

스페인 이비자 섬의 서블리모션은 현재 세계에서 가장 비싼 식사를 제공하는 곳이다. 이곳에서는 식사값으로 1인당 1500유로(약 190만 원)쯤 나올 것을 각오해야 한다. 그 가격이라면 20코스로 구성된 테이스팅 메뉴는 음식이라고 할 수도 없다. 그렇지 않은가? 이곳의 식사는 굉장히 뛰어나야 한다. 그건 기본이다. 그리고 그 이상이 필요하다. 식사가 얼마나 맛있든 손님들은 단순히 식사 자체보다는 '경험'을 위해 많은 돈을 기꺼이 지불하는 것이기 때문이다.

'셰프의 테이블에 앉아' 식사를 한다는 콘셉트에 점점 많은 사람이 참여하고 개방된 주방이 늘어나는 것도 조리 과정이 일종의 연극으로 변환되는 징후다. 많은 최고급 레스토랑에서 주방 투어는 점점 보편적인 요소가 되고 있다. 줄리엣 킨스먼 Juliet Kinsman은 〈인디펜던트 온 선데이 Independent on Sunday〉지에 이렇게 썼다. "예전에는 손님이 요리팀이 일하는 모습을 보고 싶어 하면 레스토랑 경영인은 당황했을 것이다. 이제는 그런 장면이 전시되고 요리팀의 노동은 풍미의 일부가 된다. 손님들은 식사를 하면서 그런 장면을 보고 싶어 한다. 바르셀로나에 있는 ABaC 레스토랑 앤 호텔 ABaC Restaurant & Hotel에서는 손님들이 테이블에 앉아 200제곱미터 넓이의 주방을 들여다볼 수 있다(미슐랭 2스타를 받은 조르디 크루즈 Jordi Cruz의 14코스 또는 21코스 메뉴를 맛보면서 말이다). 런던 동쪽의 타이핑 룸 Typing Room에서는 리 웨스콧 Lee Wescott이 체스트넛 크림을 그릇에 담는 모습을 보면서 요리를 더 맛있게 먹을 수 있다."[4]

심지어 10장 '스타벅스 바리스타가 손님 이름을 물어보는 이유'에서 만났던 선택지의 제거도 경험 디자인의 측면에서 생각해볼 수 있다. 하지만 이것은 정말 시작에 불과하다. 가능성은 훨씬 많고 점점 늘어나고 있다. 2011년 발행된 레스토랑 디자인과 관련된 책에 따르면 레스토랑의 50퍼센트 이상이 극장적인 요소로 이루어져 있다(그림 11-1). 당장 내가 있는 곳도 그 비율이 늘어나는 추세다.

입으로 들어온 구스타프 클림트 '키스'

최근 몇 년 사이에 음식을 서빙하는 것도 연극적으로 변해가고 있

그림 11-1 영국의 유명 셰프 제시 던포드 우드가 스파클링 와인 병머리를 큰 칼로 쳐낸다. 이곳 셰프의 테이블에서는 이렇게 극적인 장면과 함께 식사가 시작된다.

다. 테이블에서 직접 플레이팅함으로써 말이다. 예를 들어, 시카고의 앨리니아에서는 디저트들이 몇 분간 진행되는 공연과 함께 제공된다. 하나의 요리를 위해 웨이터는 테이블에 방수 테이블보를 덮고 모든 소스와 재료를 가져온다. 그다음에 주방에서 나온 셰프가 놀란 손님 앞에서 단단한 재료를 부수고 소스로 그림을 그리며 '테이블 플레이팅'을 시작한다(테이블 위에 '잭슨 폴록Jackson Pollock' 식으로 소스를 점점이 떨어뜨린다). 분명 연습을 완벽히 했을 것이기에 그들은 뛰어난 기술로 테이블 위에 디저트를 그린다. 상하이 서블리모션에서도 비슷한 일이 일어난다. 여기에서는 직원이 재료가 담긴 일종의 팔레트를 들고 와 테이블 위에 구스타프 클림트Gustav Klimt의 작품 '키스The Kiss'를 '그린다'. 셰프가 일단 작업을 끝내면 손님들은 테이블의 디저트를 먹는다.

한편 나와 함께 일했던 셰프인 제시 던포드 우드는 런던 북부 켄살라이즈에 위치한 팔러^{Parlour}에서 디저트를 연극적으로 플레이팅하는 것으로 유명하다. 그는 위험한 무기를 휘두른다. 바로 용접 램프다! 손님들은 헤드폰을 쓰고는 감정적 반응을 불러일으키는 익숙한 음악을 듣는다. 지난번에 내가 갔을 때는 영화 〈2001 스페이스 오디세이^{2001 A Space Odyssey}〉의 유명한 주제곡(리하르트 슈트라우스^{Richard Georg Strauss}의 〈차라투스트라는 이렇게 말했다〉의 첫 곡이 오프닝 장면과 주요 장면에 등장한다-옮긴이)이 먼저 나왔고 이어 진 와일더^{Gene Wilder}가 부르는 영화 〈찰리와 초콜릿 공장^{Willy Wonka and the Chocolate Factory}〉의 OST가 나왔다. 벽에서 연기가 흘러나왔다. 진정한 다중 감각적 경험이었다. 특히 셰프가 작업 중에 손님들과 같은 음악을 듣는다는 점이 재미있다. 테이블에 앉은 모든 사람은 음악 경험에 의해 서로 연결되어 있다.

물론 모험이 과해질 우려는 언제나 존재한다. 예를 들어, 스티븐 스필버그가 로스앤젤레스에 만든 수중 테마의 레스토랑 다이브^{Dive}가 그렇다. 여기에 갔던 사람들에 따르면, 조명이 꽤나 극단적이다. 한쪽 벽에 가득한 모니터는 수중 주제의 영상 클립을 끊임없이 보여주었다. 한 평론가는 이렇게 적었다. "주기적으로 스피커에서 '잠수해라! 잠수해라!'라고 외친다. 그러면 빨간 불만 켜지고 모든 조명이 사라진다."[5] 꽤나 강렬한 소리였을 것이다. 게다가 너무 과하게도 느껴진다. 레스토랑이 문을 닫은 것도 놀라운 일이 아니다.

가장 드라마틱하거나 비일상적인 장소에서 식사를 하면 기억에 많이 남을 것이다. 예를 들어, 몰디브의 수중 레스토랑이나 '디너 인 더

그림 11-2 위 : 2005년 4월 문을 연 몰디브 수중 레스토랑 이타(Ithaa)는 랭글리 아일랜드의 해수면 5미터 아래에 있다. 최대 14명의 손님이 앉을 수 있다. 아래 : '디너 인 더 스카이'. 이곳의 손님들은 지상에서 수십 미터 높이에 매달린 공간에서 식사를 한다. 누군가 이야기했듯 음식보다는 독특한 경험에 방점이 찍혀 있는 레스토랑.

스카이$^{Dinner\ in\ the\ Sky}$(하늘에서의 식사라는 뜻-옮긴이)' 같은 것이 금방 머릿속에 떠오른다(그림 11-2). 일렉트로룩스 큐브 $^{The\ Electrolux\ Cube}$ 같은 것은 후자의 콘셉트로 꽤 성공하기도 했다. 이 투명한 구조물은 잠깐 동안 런던 사우스뱅크의 로열 페스티벌 홀$^{the\ Royal\ Festival\ Hall}$ 꼭대기에 자리를 잡고 손님들을 받았었다. 미슐랭 스타를 받은 영국 셰프들이 줄줄이 등장해 18명의 손님들에게 음식을 내주었다. 멋진 풍경을 포함하면 이곳에서의 경험은 팝업 식사 이벤트를 훌쩍 뛰어넘을 것이다. 이제 이 큐브는 유럽 곳곳의 풍광이 멋진 장소에 등장한다. 밀라노의 두오모 광장이 보이는 지붕이나 스톡홀름의 로열 오페라 하우스^{Royal} $^{Opera\ House}$ 위같이. 브뤼셀에도 등장했었다. 한정된 식사 기회를 제공한다는 점도 이 레스토랑의 성공 요인이었을 것이다(당시 레스토랑 분야에서는 희소성이 높은 평가를 받았다).

'그 밖의 모든 것'을 최적화하라

음식의 코스가 바뀔 때마다 분위기가 바뀌는 식당은 어떨까? 돈이 넘쳐나는 셰프라면 기술로 이런 일을 실현시키겠지만 그렇지 않은 셰프들은 요리 코스가 바뀔 때마다 손님들을 이 방에서 저 방으로 옮겨 다니게 해서 같은 효과를 낼 수 있다. 그랜트 애커츠 같은 셰프가 썼듯이 "손님들은 한 공간에서 테이스팅 메뉴를 일부 먹고 나서 모양, 디자인, 조명, 심지어 향까지 완전히 다른 환경으로 옮겨갈 것이다."[6] 오해하지 마라. 이제 식사 경험은 점점 더 극적이고 모험적인 쪽으로 향하고 있다(자주 기술에 의해 추동된다). 이를테면 스토리텔링이나 연극적 요소가 가미되는 식으로 말이다. 아, 그리고 아예 연극이 되거나. 그러니 완전히 새로운 경험형 식사의 세계에 들어선 걸 환영한다. 단지 조명의 색을 조절하거나 음악 또는 음경을 각각의 요리에 맞추는 것만을 이야기하는 게 아니다. 우리는 이미 주위의 향이 특정 요리를 완성해주는 사례를 많이 만났다(2장 '냄새만으로 배부르지는 않겠지만' 참조). 이비자 섬의 하드 록 호텔^{Hard Rock Hotel}에서 일하는 파코 론세로^{Paco Roncero} 같은 셰프들은 여기서 더 나아가 식당의 공기(즉 온도나 습도)까지 조절한다.

다음 세대의 경험 제공자들은 '그 밖의 모든 것'들을 최적화함으로써 이미 훌륭한 상품을 강화(그러니까 보강)할 것이다. 이 게임에서 정상에 서 있는 사람은 혁신을 주도하는 셰프들이다(미슐랭 스타를 두세 개쯤 갖고 있고 해마다 산 펠레그리노의 세계 50대 맛집 리스트에 등장하는 셰프들). 그들은 아무리 좋은 음식을 내놓아도 '그 밖의 모든 것'을 조절하지 않는다면 식사 경험을 최적화할 수 없다는 것을 깨달았다. 물론 앞서 말했듯이 셰프가 방향을 바꿔서 '접시 밖의' 요리에 초점을 맞출 수도 있다. 산 펠레그리노 심사단이 바라는 것이 그것이니까. 한 평론가는 이렇게 말했다. "셰프는 미학적 선호와 그 방법론적 약점에 신경을 씀으로써 목록에 올랐다."[7] 셰프들은 이 점에 대해서는 분명하다. 상하이 울트라바이올렛의 프랑스 셰프 폴 페레는 코스별로 다중 감각적 분위기를 바꾸는 것은 "음식에 대한 집중을 강화하기 위해서지, 주의를 흐트러뜨리기 위해서가 아니"라고 말한다.[8]

그는 이런 말도 했다. "당신은 내가 전달하려고 하는 내용에서 벗어날 수는 없다. 모든 것이 당신을 요리에 집중하게 만들 것이다."⁹ 이런 미래적인 식당에서 기술 덕분에 가능해진 분위기 있는 조명은 15~20코스의 테이스팅 메뉴에서 손님의 주의와 흥미를 사로잡는 핵심적 요소인 연극적인 요소와 스토리텔링 요소를 가능하게 했다.

어떻게 그러는지 궁금하다면 울트라바이올렛에서 식사를 해본 기자의 말을 들어보자. "저녁 식사는 애플 와사비 셔벗과 함께 극적으로 시작됐다. 차갑게 얼려서 얇게 썰어낸 셔벗이었다. 고딕풍의 수도원이 벽에 그려져 있고 공기는 성스러운 향으로 가득 찼다. AC/DC(1970년대 결성된 오스트레일리아 록밴드-옮긴이)의 〈헬스 벨스 Hells Bells〉가 귀를 강타했다."¹⁰ 한편 서블리모션에서의 저녁에 대해서는 이렇게 적었다. "감정을 뒤흔드는 '감각 극장'…… 맛있는 미식학과 믹솔로지 그리고 기술이 만난 밤."¹¹ 울트라바이올렛은 몰입형의 다중 감각적 경험을 창조하기 위해 최신 기술을 한데 모은 최초의 레스토랑이라고 선전한다. 울트라바이올렛은 2012년 5월 문을 열면서 전 세계 언론의 관심을 받았다.*

또 다른 본격적인 미식 이벤트에는 일회성의 겔리나즈 Gelinaz가 포함된다. 세계 최고의 셰프들이 이 이벤트의 음식을 준비하고 코스 요리가 음악과 춤 그리고 영상 사이에 배치되었다. 내 생각에 차라리 다

---

* 이 연도는 누가 먼저 문을 열었는지 알기 위해 중요하다. 울트라바이올렛은 2012년, 서블리모션은 2014년 개점했다. 오늘날 수많은 셰프들이 누가 원조인지 싸우고 있지만 사실 처음을 장식한 것은 미래파였다(13장 '완벽한 식사의 조건' 참조). 이런 레스토랑들이 '이터테인먼트 eatertainment(eat와 entertainment의 합성어로 볼거리가 있는 레스토랑-옮긴이)'에 속하는 것인지 궁금한 사람이 있을 것이다. 이터테인먼트가 경멸조의 단어라는 점을 생각하면, 나는 아니라고 본다.

행인 것은 이 이벤트가 여덟 시간 이상 진행되었다는 점이다. 스페인의 엘 셀러 드 칸 로카 레스토랑은 최근 몇 년간 세계 50대 레스토랑 목록 상위에 자리 잡았다. 2013년 5월 셰프(로카 형제)들은 음악 감독인 주빈 메타 Zubin Metha 와 비주얼 아티스트 프랑크 알레우 Franc Aleu 와 함께 근사한 20코스의 요리 오페라를 만들었다. 제목은 '로카 형제와 꿈의 향연 El Somni'이다. 이 일회성 만찬은 신중하게 선정된 12명의 손님을 위해 특별히 설계된 바르셀로나의 원형 건축물에서 열렸다. 정말 말 그대로 일생에 한 번뿐인 경험이다! 뛰어난 음향 시스템이 설치됐고 시각적인 충격이 손님들을 감쌌다. 비용을 아끼지 않았다. 사실, 나는 이런 만찬 이벤트를 열려면 도대체 비용이 얼마나 들지 생각만 해도 겁이 난다. 손익분기점을 넘길 방법이 없다. 손님들이 터무니없이 많은 값을 지불하지 않는다면 말이다(손님들이 이렇게 지불하지는 않는다). 하지만 이 이벤트가 국제적으로 널리 알려진 것을 고려하면 여러 브랜드가 이런 도전에 나설 만하다.

당신의 식사를 위해 작곡된 음악

디저트를 먹는다고 해보자. 주방에서 디저트가 나오는 동시에 첼리스트가 당신 옆에 앉아 특별히 작곡한 곡을 연주한다면 즐거울까? 특별한 곡이 아니라 자주 듣던 뮤지컬 음악도 상관없다. 최소한 대단히 희귀한 경험이 될 것이다. 그렇지 않은가?[12] 식사를 위해 특별히 음악을 작곡하는 것은 새로운 일이 아니다. 꽤 과거에는(16세기 중반까지)

'타펠 무지크^{Tafel-musik}(테이블 뮤직)'가 잔치 같은 특별한 식사를 위해 작곡되었다. 최근에는 작곡가와 아티스트 그리고 소리 디자이너들이 다시 한 번 식사를 위한 음악을 설계하고 있다. 예전에는 음악이 행사를 위해 작곡되었다면 요즘에는 음식 자체와 어울리도록 설계된다는 사실이 다르다.

당신은 무엇이 주변의 음경에 영향을 미치는지, 레스토랑의 음악이 우리의 경험에 어떤 영향을 미치는지 궁금할 수도 있다. 음식 맛에 미치는 영향도 궁금할 것이다. 전체적인 경험에 미치는 영향은 말할 것도 없다. 우리가 근사한 식당에서의 식사만이 아니라 요리가 맛있는 지역 술집에 대해서도 함께 이야기하고 있다는 사실을 기억하라. 앞서 우리는 바다 소리가 어떻게 굴의 맛을 강화하는지 살펴보았다. 콘디먼트 정키의 여러 연구에 따르면 여름과 관련된 소리를 들려주면 딸기가 더 달콤하고 신선하게 느껴진다고 한다. 이런 증거들을 소리 양념에 대한 연구 결과와 한데 모으면 감각 인식(그러니까 그것이 무엇인지)과 맛 평가(얼마나 맛있었는지)는 식사를 하는 사람이 어떤 소리를 들었는지에 따라 결정된다는 것을 확인할 수 있다. 직접 시도해보길.

특정 요리(또는 심지어 전체 식사)를 위한 음악이나 음경을 설계할 경우 한 가지 흥미로운 어려움과 마주치게 된다. 각 곡의 구조나 연주 시간이 전통적인 음악과는 매우 다를 가능성이 높다는 점이다. 사실 식사(또는 요리)를 위해 특별히 작곡된 음악은 대중음악과 달리 마치 게임음악처럼 배경 소리가 많다. 이 음악은 약간 반복적이고 일관적이지만 식사가 하나의 코스에서 다른 코스(또는 단계)로 진행됨에 따라 매끄럽게 진화할 잠재력을 지니고 있다. 이것은 소리 디자이너인 벤 호우지 Ben Houge가 자신의 혁신적인 음향학적 설치 작품에서 목표로 삼은 것이다. 예를 들어, 2012년 그는 미국 매사추세츠주 케임브리지에 위치한 본디르 Bondir 레스토랑에서 셰프 제이슨 본드 Jason Bond와 일했다. 각 테이블에는 각각의 손님들을 위한 큰 스피커가 하나씩 마련돼 있었다. 여기에는 알고리즘에 기반한 30개의 실시간 음악 채널이 준비돼 있어서 테이블마다 손님이 도착한 시간에 맞게 음악을 내보냈다.

'이상한 나라의 앨리스' 코스 요리

2012년 〈뉴욕타임스〉에는 이런 기사가 실렸다. "최고의 레스토랑인 코펜하겐의 노마, 시카고의 앨리니아, 스페인의 무가리츠와 아르삭 Arzak은 음식을 일종의 추상 미술이나 실험적 스토리텔링으로 판다."[13] 훌륭한 사례로는 팻덕 레스토랑이 《이상한 나라의 앨리스》를 주제로 선보인 코스들을 들 수 있다. 특히 '미친 모자 장수의 티파티'라는 요리는 루이스 캐럴 Lewis Carroll의 책에서 직접 튀어나온 것 같다. 팻덕 레스토랑이 2015년 말 (내부 수리를 마치고) 다시 문을 열었을 때 블루멘탈은 〈빌리 엘리어트〉의 시나리오 작가 리 홀 Lee Hall에게 메뉴를 이야기로 만들어달라고 했다. "메뉴가 이야기가 되게"해달라는 것이었다. "도입부가 있고 여러 챕터가 있다. 그리고 챕터의 제목은 무슨 일이 일어날지를 알려준다." 최고의 셰프들은 거기에서 멈추지 않는다. 그들은 언론과의 인터뷰에서 레스토랑의 근본 성격을 다시 정의하고 있다고 말한다. 그러면서 내러티브를 강조하는 경우가 크게 늘어났다. "사실 팻덕 레스토랑은 스토리텔링과 관련 있다. 나는 스토리텔링이라는 용어로 우리의 모든 접근에 대해 생각하고 싶다."[14] 이런 맥락에서 셰프인 조제프 유세프가 자신의 '가스트로피직스적' 식사를 소개한 책자를 테이블에 올려둔 것이 이해가 간다. 한편 앨리니아의 셰프인 그랜트 애커츠는 만약 식사가 연극과 같다면 어떨지를 계속 탐구해왔다.

마술도 점점 저녁 테이블의 한 자리를 차지하고 있다. 예를 들어, 뉴욕의 일레븐 매디슨 파크는 디저트의 일부로 카드 마술을 도입했다. 블루멘탈은 마술사의 자문을 얻어 웨이터가 손가락을 튕기면 불이 붙는 셔벗을 실험했다. 한 기자는 이렇게 적었다. "블루멘탈은 마술사와 함께 이 작업을 해냈다. 웨이터가 손가락을 튕기면 그릇의 숨겨진 칸에 담겨 있던 보리 셔벗에 불이 붙었다. 그러면 셔벗의 겉은 따뜻해지지만 속은 여전히 얼음처럼 차갑다. 불 때문에 셔벗이 딱딱 소리를 내고 위스키 증기가 나온다. 여기에 가죽까지 더해지면서 크리스마스 시즌에 스코틀랜드의 사냥 막사에 들른 듯한 느낌을 받는다."[15] 소문에 따르면 이 그릇은 가격이 개당 1000파운드(한화 약 145만 원-옮긴이) 이상이라고 한다.

더욱 연극적으로, 더욱 오락에 가깝게

왜 저녁 식사와 쇼가 함께해야 할까? 단순히 둘을 조합해서 쇼를

그림 11-3 바르셀로나의 티켓 바. 최근 페란 아드리아와 앨버트 아드리아 형제가 함께 만들었다.

'보는 동안' 먹거나 쇼 같은 저녁 식사를 하는 곳은 어떨까? 코펜하겐의 매들린스 매드티터 Madeleine's Madteater 에서 제공되는 저녁 식사 이벤트는 종종 자유로운 형식의 실험적 음식 극장으로 묘사된다. 한 평론가가 이렇게 적었다. "그것은 오감으로 경험하는 예술로, 이 도시에서 가장 만족스러운 공연이다. 매드티터는 '음식 극장 food theater'이라는 의미에 걸맞은 모습을 보여준다. (중략) 우리는 먹는 행위를 정확히 연기로 변환했다. 레스토랑에서 나는 식사하는 사람이자 공연자이자 청중이었다. 레스토랑은 오페라와 화랑 그리고 정신과 진료실이 한데 어우러진 곳이었다. 이상했다. 그런데 맛있었다."[16]

　당신이 그림 11-3의 가게 앞을 걸어간다고 하자. 가게가 무엇 같은가? 극장 같지 않은가? 하지만 실제로는 타파스 가게다! 어떤 사람은 이렇게 설명했다. "분위기는 극장과 서커스단에서 반반씩 끌어온 것 같다. 윌리 윙카와 그의 초콜릿 공장과 통한다고나 할까. 셰프가 다양한 작업대에서 열심히 일하고 웨이터가 극장 안내인처럼 활보한다. 한입짜리 음식이 음악을 곁들인 소품 연극의 세련됨과 신비함을 지닌 채 들어온다." 그러므로 식사가 더욱 연극적이고 오락적으로 변할수록 레스토랑 역시 극장에 가까워지는 것이 자연스러운 일이다.

그뿐만이 아니다. 쇼를 위한 티켓을 팔 수도 있다. 미국 셰프인 그랜트 애커츠가 다음에 시카고에서 문을 여는 레스토랑에 도입하기로 결정했듯이 말이다. 그곳에서 식사하고 싶은 사람은 그저 웹사이트에서 미리 티켓을 사면 된다. 그리고 극장처럼(또는 항공기처럼) 저렴한 좌석은 한산한 시간에 쇼나 식사를 즐길 수 있다. 월요일 점심 식사가 토요일 저녁 식사보다 가격이 저렴하다. 흥미로운 발상이다. 많은 레스토랑과 팝업 식사 이벤트가 비슷한 모델을 취한 것도 놀라운 일은 아니다. 예를 들어, 울트라바이올렛 웹사이트에서는 "좌석을 예약하세요"라는 문구가 눈에 띈다.

몇 년 안에 연극과 식사의 경계가 점점 흐려질 것이다. 대단히 혁신적인 펀치드렁크 시어터Punchdrunk Theatre를 예로 들어보자. 다른 사람도 마찬가지겠지만 내 기억에 아직도 믿기지 않을 만큼 생생한 것은 셰익스피어의 〈맥베스〉를 재해석한 〈슬립 노 모어 Sleep no more〉다. 이것은 뉴욕시의 버려진 호텔에서 진행되는 다층적인 공연으로 다른 어디에서도 볼 수 없는 몰입감을 이끌어낸다. 이제 점점 더 많은 연기자와 가수 그리고 마술사가 식당 안으로 들어오고 있다. 그에 따라 질문도 생겼다. 만약 펀치드렁크 시어터 같은 곳과 다중 감각적 식당(또는 술집)을 섞는다면 무엇이 될까? 재미있게도 펀치드렁크 시어터를 운영하던 사람들이 레스토랑을 열었다. 창업자인 펠릭스 배럿$^{Felix Barrett}$에 따르면 처음 레스토랑을 위해 개발한 이야기에는 모두 12명의 배우가 등장했다. 하지만 시험 결과 "사람들이 먹을 때는 아직 '연극을 볼 준비가 안 되어 있는' 듯했다. 가격도 변수였다. 그래서 요즘에는 식당에서 하는 연극을 줄였다".[17]

내가 콜롬비아 사람과 결혼해서 그런지 안드레스 카르네 데 레스$^{Andrés Carne de Res}$만 한 곳이 없는 것 같다. 보고타 외곽의 오두막에 자리한 이 레스토랑에서는 배우, 음악가, 마술사 등 공연자들이 테이블들 사이를 오간다. 더 이상은 묘사하기 힘들다.* 직접 경험해봐야 하고 저녁에 가는 것이 가장 좋다. 음식이 나온 후에 테이블들은 즉흥 무도장으로 변한다. 실험적인 식사를 시도하고 싶을 때는 기술을 통해 같은 장소에서 다른 분위기를 내기보다는 사람들을 다른 장소들로 데려가는 것이 기술적으로 쉽고 비용도 적게 드는 해결책이다. 결국 모든 사람이 폴 페레나 파코 론세로 그리고 로카 삼형제 같은 스타 셰프처럼 예산이나 기술적 지원을 받을 수는 없으니까! 비용을 줄여야 다중 감각적 경험에 접근할 기회도 늘어난다.

기술에 의존하지 않는 접근법으로는 런던에서 열린 진저라인^{Gingerline}의 '맛의 방$^{Chambers of Flavour}$'을 들 수 있다. 이렇게 몰입감이 높은 외식 기업의 창업자인 수즈 마운트퍼드$^{Suz Mountford}$는 이렇게 말

---

* 2016년 이 레스토랑은 남미의 50대 레스토랑으로 꼽혔다. 다음 웹사이트를 참조하라. http://www.theworlds50best.com/latinamerica/en/The-List/41-50/Andres-Carne-de-Res.html. 그리고 걱정이 많은 사람을 위해 한마디 덧붙이자면 콜롬비아는 공포를 파는 텔레비전 쇼에 소개되는 것보다는 훨씬 안전하다.

한다. "손님들은 무엇을 만날지 모르는 채로 예약을 한다. 그리고 매혹적인 숲과 우주선과 해 질 녘의 해변을 여행한다. 그러면서 온갖 특이한 사람을 만난다……. 우리는 식사 경험을 미뢰만이 아니라 모든 감각을 자극하는 창조적인 공간으로 만들고 싶다." 배우, 무용수, 연주자들이 다시 한 번 이 경험의 주요 부분이 된다.[18]

스펙터클한 식사에 대해 이야기한다면 1783년 2월 파리에서 있었던 식사를 언급하지 않을 수가 없다. 부유한 세금징수원의 아들이자 루이 16세의 장관의 조카인 알렉상드르 발타자르 로랑 그리모드 드 라 레이니에르 Alexandre Balthazar Laurent Grimod de la Reynière 가 회랑에서 행사를 지켜본 수백 명에게 저녁을 제공했다. 접대가 일종의 극적인 쇼로 전환된 셈이다. 식사 초대장은 화려한 장례 공고문의 형식을 띠고 있었다. 아래 설명을 읽어보자.

"오늘날과 비교하면 마치 프리메이슨의 연회처럼 그리모드의 식사는 비밀스러운 의식과 약간은 민주적인 가식을 많이 활용했다. (중략) 그리모드의 손님들은 전체 홀과 방들을 통과해야 어두운 대기실에 도착할 수 있었다. 그리고 나서야 내부의 신성한 장소인 식당에 들어설 수 있었다. 한 방에서는 의전을 맡은 사람이 로마식 로브를 입고 손님의 초대장을 확인했다. 그다음에는 갑옷과 투구를 착용한 '이국적이고 위압적인 수도승'이 추가로 확인을 했다. 법률가의 옷을 입은 사람이 22명의 손님들에게 인사를 하고 나서 질문을 하고 답을 받아 적었다. (중략) 마지막 단계에는 합창단 소년처럼 입은 두 명의 일꾼이 손님들에게 향을 피워주었다."

이 스펙터클한 저녁 식사는 너무나 시대를 앞서갔기에 오늘날에도 기억될 만하다. 누군가는 이를 음식과 함께하는 공연 예술이라고 보기도 한다. 거의 250년 전에 말이다!

예술은 음식의 미래다

지난 반세기 남짓을 돌아보면 음식을 준비하고 먹는 행위를 작품과 결합시킨 공연 예술가가 많았다. 그 원조는 미래파까지 거슬러 올라간다. 미래파는 '예술과 미식을 결합하여 식사를 일종의 공연 예술로 바꿀 것을 목표로 하는' 사람들이었다.[19] 하지만 최근 이 분야에는 더 많은 사람들이 뛰어들었다. 예를 들어, 런던의 테이트 모던 Tate Modern에서 모차르트의 곡을 틀어놓고 300인분의 샐러드를 제공한 미국의 실험 예술가 앨리슨 놀스 Alison Knowles가 있다(그림 11-4). 이 참여형 이벤트인 〈샐러드를 만들어요 Make a Salad〉(1962~)는 1960년대 전위 예술가들의 플럭서스 Fluxus 운동에서 시작됐다. 이 작품은 일관성이라는 관념을 보여준다. 우리가 마지막 장에서 다시 만날 주제 말이다. 앨리슨 놀스는 이렇게 썼다. "샐러드는 수백 명의 구경꾼을 위해 다시 만들어질 것이다. (중략) 이벤트가 시작되면 아티스트가 샐러드를 만들고 청중들이 그것을 먹는 동안 모차르트의 바이올린과 첼로를 위한 이중주가 이어진다. 모차르트의 음악은 항상 똑같은 반면 샐러드의 맛은 언제나 다르다."[20]

하지만 여섯 코스로 구성된 바버라 스미스 Barbara Smith의 〈제의적 식

그림 11-4 음식을 이용한 앨리슨 놀스의 참여형 공연 작품 〈샐러드를 만들어요〉.

사^{Ritual Meal}〉(1969)에 참석한 16명의 손님만큼 고통스러운 시련을 겪은 사람들은 없을 것이다. 이 공연형 이벤트는 초대받은 손님들이 누군 가의 집 밖에서 한 시간 동안 기다리면서 시작됐다. 그들은 타노이 스 피커로 반복해서 이런 말을 들었다. "기다려주세요. 기다려주세요." 집 안에 들어온 손님들은 매우 크게 울려 퍼지는 심장 소리에 압도당 했다. 벽과 천장의 화면에는 심장 수술 장면이 나왔다. 이것만으로도 너무하다는 생각이 든다면 다음에 일어난 일을 들어보라.

"여덟 명의 웨이터(네 명의 남자는 외과 수술복과 마스크를 썼고 네 명 의 여자는 마스크와 검은 타이즈 그리고 레오타드를 입었다)가 그들을 테이 블로 안내했다. 집에 들어오기에 앞서 손님들은 수술복을 입어야 했 다. (중략) 손님들은 이후 한번도 본 적이 없는 식사를 제공받았다. 외과 수술이라는 '주제'에 맞게 식사 도구는 수술 도구였다. 고기는 외과용 메스로 썰어야 했다. 시험관에 담긴 와인은 마치 혈액이나 소변 같았다. 이런 논란이 있을 법한 분위기에서 대개 음식은 비범한 의미를 갖게 된다. 이는 스미스가 음식을 준비하고 보여줌으로써 강화한 효과다. 순수한 과일이 플라스마 병에 담겼다. 달걀이나 닭의 간같이 테이블에서 조리해야 하는 날것은 후추가 뿌려진, 장기를 닮은 코티지 치즈와 함께 나왔다. 음식이 정말 훌륭했음에도 손님들은 정말 불편했다. 그들은 와인(시험관)을 내려놓을 수가 없었고 때로는 손으로 음식을 먹도록 강요받았다."[21]

음식은 예술일까? 전통적인 답은 무조건 '아니요'였다. 가장 큰 차이는 식사하는 사람/보는 사람이 비트겐슈타인의 용어로 '사심이 없는disinterested' 것은 아니라는 점이다. 많은 셰프가 예술의 세계로부터 영감을 얻고 있다는 것도 분명한 사실이다. 일부는 스스로를 '아티스트'라고 부르기도 한다. 외식이 단지 영양과 생존을 위한 것이라는 낡은 관념에서 벗어남에 따라 꼭 맛있지는 않더라도 예술적인 요리가 등장하게 됐다. 이런 일은 이미 일어나고 있다! 산세바스티안 무가리츠 레스토랑의 최신 메뉴를 보자. 셰프는 손님들이 맛있게 즐기기 힘들 수도 있다는 사실을 알고 있지만, 그래도 이 레스토랑에서 중요한 역할을 하기에 빼지 못하는 요리가 하나 있다(바로 말린 생선 요리다). 일부 손님들이 온라인에 부정적인 평가를 남겼음에도 이 요리는 메뉴에 남아 있다. 셰프인 안도니는 자신의 책에서 이렇게 설명했다. "우리가 객관적으로 '좋'지 못한, 하지만 강력한 정서적 힘을 지닌 요리를 제공하고 있음을 깨닫는 순간이 있다. 무가리츠의 진화를 위해 핵심적인 순간이다. 예를 들어, '굽거나 생으로 나오는 채소, 자연산이거나 재배된 어린 줄기와 잎' 요리는 일종의 변화된 의식 상태로 먹게 된다. (중략) 식물의 쓴맛은 익숙해지기 어렵다. 맥락을 무시하면 이 요리는 불쾌한 요리로 낙인찍힐 수도 있다. 가벼운 불편함은 당연히 계획된 것이다."

언젠가 음식이 예술로 여겨질지, 그리고 셰프(최소한 그들 가운데 최고들)가 정말로 예술가로 대접받을지는 끊임없는 논쟁거리다. 해답을 얻을 가망은 없다. 그리고 한두 문단으로 풀 수 있는 내용도 아니다. 내 추측에 최고의 셰프들은 점차 아티스트로 여겨질 것이다. 그리고 그리 멀지 않은 미래에 우리는 왜 이제껏 그들을 예술가로 생각하지 않았는지 의아하게 여길 것이다!

새로운 식사 경험에 겁먹지 마세요

미래에는 외식 경험이 어떻게 달라질지 상상도 하기 어렵다면 레스토랑이 꽤 현대의 발명품이라는 사실만 기억하라. 레스토랑은 17세기 후반에서 18세기 초반 파리에 처음 등장했다. 이제는 업데이트가 필요한 시점일지도 모른다. 온건한 업데이트 방법은 레스토랑을 종류별로 나누는 (그리고 가격을 매기는) 것이다. 연구자들은 특별 연회 fête spéciale(여기서 식사는 이벤트로 격상된다), 즐거움을 위한 식사, 편리함을 위한 식사로 구분했다.[22] 다중 감각적 실험이 부상하면서 편리함을 위한 식사의 가격은 유지되는 한편 특별 연회와 즐거움을 위한 식사를 제공하는 식당은 확장해갈 것이다.

각자의 관점에 따라 다르지만 안심하거나 두려워하거나다. 얼마 전만 해도 일상적인 식사와 음주는 체인 레스토랑이나 호텔, 식료품점이나 와인 전문점, 집이나 야외에서 이루어졌고 여기에는 다양한 다중 감각적 단서가 늘 함께했다. 희망적이게도(최소한 내게는 그렇다) 가스트로피지스트들이 이런 배경적 자극을 점점 과학적으로 설계할 것이다. 그들은 맛 경험을 조절하고 강화해줄 것이다. 다중 감각적 경험에 관심을 갖는 가스트로피지스트들은 우리 두뇌의 한계를 알기에 기억에 남을 만큼 자극적이지만 지나치게 압도적이지는 않은 경험의 설계에 큰 도움을 줄 것이다.

'이터테인먼트'를 너머 '에듀테인먼트edutainment'에도 점점 관심이 늘고 있다. 예를 들어, 런던에는 헤스턴의 저녁 식사가 있다. 그의 식당에서는 요리마다 영국 음식의 역사와 관련된 이야기들을 들려준다. 조제프 유세프의 키친 시어리가 채택한 '멕시코' 콘셉트에서도 비슷한 수준의 스토리텔링을 엿볼 수 있다. 예를 들어, '베니슨 댄스The Venison Dance'라는 요리의 경우 먼저 멕시코 국립 발레단의 짧은 공연 영상을 보여준다. 같은 콘셉트의 일부인 '오악사카의 기억Memories of Oaxaca'이라는 요리도 손님이 장면을 설정하도록 돕는 영상이 있다.

마지막으로, 테마 레스토랑이 겪는 어려움에 대해 이야기해야겠다. 해당 레스토랑을 두 번째 방문한 손님들은 무엇이 나올지를 안다. 따라서 '경험'을 무대에 올리고자 하는 사람은 그 경험을 끊임없이 새롭게 바꿔야 한다. 성공한 뉴욕의 레스토랑 경영자인 대니 마이어

Danny Meyer는 이렇게 말했다. "쇼맨십은 까다로운 작업이다. (중략) 왜냐하면 점점 더 연극적이 되어가다 보면 다시는 그 공연을 볼 수 없는 순간이 오기 때문이다."[23] 하지만 우리가 무엇을 먹게 될지 정확히 알면 편안하다는 측면도 있다(9장 '프루스트의 마들렌처럼' 참조).

로봇 셰프를
믿을 수 있을까?

로봇이 만들었다는 사실을 알고도 칵테일이나 저녁 식사가 여전히 맛있게 느껴질까? 과연 로봇 셰프를 신뢰할 수 있을까? 로봇 웨이터가 서빙한다면 어떤 기분일까? SF같이 들릴 것이다. 하지만 이런 일들은 이미 현실이 되고 있다. 아직은 소수의 레스토랑에서만 벌어지고 있지만 말이다. 좋아하든 싫어하든 디지털 테크놀로지는 일상의 음식과 음료 경험에 녹아들고 있다. 바로 바나 주방으로 주문을 보내는 디지털 메뉴가 이미 등장했다. 피자헛은 '잠재의식'을 활용한 메뉴판을 시도하기도 했다. 이 메뉴판은 마치 마법처럼 손님의 마음을 읽고 좋아할 토핑을 세 가지 말해준다. 모두 디지털 메뉴판을 보는 손님의 눈동자를 추적하여 가능해진 일이다. 당신의 잠재의식이 선택한 토핑이 마음에 들지 않더라도 염려하지 마라. 언제든 다시 시작 버튼을 바라봄으로써 새로 주문할 수 있으니까! 하지만 이 시도는 미래의 레스토랑을 보여주기보다는 마케팅적인 책략의 냄새가 짙게 난다. 한편 이런 헤드라인도 눈에 띈다. "'어떤' 식사든 30초 안에 만들어내는 스타트렉 '복제기replicator'."

조만간 설탕에 손을 뻗을 필요가 없는 순간이 올지도 모르겠다. 모두가 가지고 다니는 모바일 기기가 소리 양념을 제공해줄 테니까. 사실 가까운 미래에는 디지털 기기 덕분에 어디서든 음식과 음료를 먹고 마시는 다중 감각적 경험이 가능해질 것이다. 그리고 이런 새로운 기술은 세계 최고의 모더니스트 퀴진이나 칵테일 바에 최초로 도입될 것이다. 하지만 일단 이렇게 되고 나면 프랜차이즈 레스토랑과 가정에도 금세 신기술이 도입될 것이다.* 더구나 수많은 글로벌 식음료 브랜드들이 여기에 동참하기 위해 눈에 불을 켜고 있다. 그러니 내일의 디지털 식사가 어떤 모습이고 누가(또는 '무엇'이라고 해야 할까?) 참여하는지 살펴볼 필요가 있다.

3D 음식 프린터가 맛있을까?(그런데 필요할까?)

신문을 읽다 보면 3D 음식 프린터가 모든 가정에 필수 아이템으로 등장할 것만 같다. 푸디니^{Foodini}, 보쿠시니^{Bocusini}, 또는 (차라리 너무나 평범한 이름으로 느껴지는) 3D 시스템 셰프젯 프로 3D^{ChefJet Pro 3D}에 대해 들어보지 못했다면 당신은 유행에 민감한 요리사가 아니다. 셰프들은 이제 3D 프린터로 손님들이 이전에는 보지 못했을 음식을 찍어낸다 (3D 음식 프린팅의 아름다운 사례를 보려면 그림 12-1을 참조하라). 그렇다면 3D 음식 프린터는 정말 미래의 전자레인지가 될까? 전자제품 회사들

---

* 버스터 키턴^{Buster Keaton}의 짧은 희극 영화 〈일렉트릭 하우스^{The Electric House}〉(1922)를 보면 미래의 디지털 식당이 어떤 모습일지 그 초기 버전을 알 수 있다.

은 그렇다고 말하고 싶을 것이다. 하지만 내 생각은 다르다. 오해하지 마라, 그것들이 필요 없다는 말이 아니다. 다만 모든 가정의 부엌이 아니라 일부 근사한 모더니스트 퀴진 등에만 들어갈 것이다. 물론 내 추측이지만(앞서 나는 모더니스트 퀴진에서 시작된 일이 결국 지역 식당과 심지어 가정에까지 전파되리라고 말했지만 이것만은 예외다).[1]

3D 프린팅의 가능성에 매혹된 셰프로 파코 페레즈Paco Perez를 꼽을 수 있다. 그는 바르셀로나의 호텔 아츠Hotel Arts에 있는 자신의 레스토랑 라 에노테카La Enoteca에서 3D 음식 프린터로만 가능한 요리(예를 들어, 유명한 건물의 복잡한 건축적 형태를 표현한 음식)를 만든다. 최근에는 뛰어난 라테 아트(예를 들면, 유명인의 초상화)를 만들어주는 잉크젯 프린터가 출시되었다. 그리고 고故 호마로 칸투의 레스토랑인 시카고 모토는 프린팅 메뉴로 유명했었다. 발명가 기질이 있던 칸투는 일반 프린터를 해킹해서 이런 요리를 선보였다. 2013년 5월 미국항공우주국NASA은 칸투에게 6개월짜리 1단계 연구 과제를 발주했다. 장기간 우주에서 임무를 수행하는 우주인이 3대 영양소와 미량영양소 그리고 풍미까지 개인화한 음식을 스스로 만들 수 있도록 프린팅 기술을 개발해달라는 것이었다. 칸투는 언론과의 인터뷰에서 몹시 신나 보였다. 미래에는 우주에서 3D 피자를 프린팅할 수 있을 것이라고 이야기할 때 특히 그랬다. 하지만 이 이야기가 알려지면서 NASA는 분노했다. 장거리 우주 비행에 적절한 음식을 공급할 방법을 연구하던 사람들은 언론 보도로 진지한 과학이 품위를 크게 손상받았다고(그리고 본질에서도 멀어졌다고) 느꼈다. 칸투의 프로젝트가 다음 단계의 자금 지원을 받지 못한 것은 물론이다.

그림 12-1 '카이사르의 생명의 꽃 Caesar's Flower of Life.' 3D 프린터로 만들어낸 성스럽고 기하학적인 꽃 모양의 빵에 꽃과 채소를 곁들였다. 여덟 코스로 구성된 저녁 식사에는 바이플로우 포커스 3D 프린터 byFlow Focus 3D-Printer가 이용되었다. 또 신선한 자연의 재료를 이용했음은 물론, 분자미식학 분야의 혁신적인 다중 감각 기술이 활용되었다.

지금 음식 프린터는 대당 1000달러(약 110만 원)로 널리 가정에서 이용되기엔 여전히 비싼 편이다. 모든 기술이 그렇듯, 조만간 가격은 내려갈 것이다. 하지만 거저 준다고 해도 누가 그것을 집에 들여놓을까 싶다. 내가 왜 이렇게 부정적으로 말하는지 궁금할 것이다. 그렇다면 완벽하게 프린트된 음식을 조금 만들기 위해 시간이 얼마나 걸리는지 알아보자. 저녁 식사에 친구들을 초대하고자 한다면 하루 이틀 전에는 독특한 모양의 파스타를 만들어야 한다. 물론 음식 프린터로 만들 수는 있지만 잊지 마라. 이미 우리에게는 '가게'라고 불리는 곳들이 있다는 것을. 정말 프린터가 갖고 싶은가? 그러면 번쩍이는 새로운 부엌 가전을 사용하고 나서 누가 튜브를 청소해줄지 자문해보

라. 전기세가 얼마나 나올지도 생각해보라. 이쯤에서 당신에게 다시 묻고 싶다. 그래도 필요할까?

3D 프린터로 만든 음식은 새로움이라는 가치를 지닌다. 맞다. 하지만 그 이상의 새로운 경험을 선사해줄까? 독특한 판매 포인트가 있을까? 지금까지는 하지 못했던 무엇인가를 새롭게 가능하게 해줄까? 그리고 어떤 이유로 3D 프린터 판매가 정말로 늘어나더라도 과대광고가 절정에 달한 이후 한두 해 안에 이 민폐 기기는 사람들의 관심을 잃고 찬장 안에 처박혀 먼지를 뒤집어쓸 것이다. 말하자면 가정용 빵 제조기와 푸드 프로세서(만능 조리기) 같은 수많은 전례와 똑같은 운명을 겪을 것이다. 그것들도 한때 '머스트해브(필수)' 주방 가전으로 꼽혔었다.•

하지만 보통 사람들의 혀에 아늑하리만치 딱 맞는, 그래서 현재 시장에 나와 있는, 아무렇게나 모양을 만든 초콜릿에 비해 강렬한 풍미를 제공해주는 완벽한 모양의 초콜릿이 탄생하는 장면을 상상할 수는 있겠다. 우리의 모든 미뢰를 일시에 자극하는 초콜릿을 상상해보라. 하지만 완벽한 모양을 알게 되는 순간(물론 그런 것이 있다는 가정 하에) 공장의 생산 라인이 그런 초콜릿을 대량생산하기 위해 재조정될 것이다.

내 말대로 당분간 가정에서 3D 프린터를 마주할 일이 없을 거라면 도대체 어디에서 음식과 음료 분야의 흥미로운 디지털 기술을 체험

• 수십 년을 기다리면 다시 한 번 유행이 찾아올 것이라는 이야기도 있다.(K. 맨지K. Mansey, '1970년대의 도구들, 다시 작동하다Gadgets of the 1970s get their fizz back', 〈선데이 타임스The Sunday Times〉, 2103년 12월 15일자, p. 23.)

하게 될까? 이미 상당수의 사람들이 경험하고 있을 것이다. 바로 디지털 메뉴다.

디지털 메뉴로 주문하니 기분이 좋던가요?

아니, 나는 그렇지 않다. 하지만 사람들이 트렌디한 최고급 바와 레스토랑에서 디지털 메뉴를 찾는 일이 많아졌다. 적어도 이론적으로는 이해가 가는 일이다. 웨이터가 고집스럽게 주문 내용을 받아 적지 않는다 해도 그가 주문을 잊어버릴까 걱정할 필요가 없다. 디지털 메뉴는 주문하려는 와인의 연도를 실시간으로 바꿀 수 있게도 해준다. 이것은 내가 가장 불쾌해하는 문제를 해결해준다. 레스토랑이 와인 리스트에는 하나의 생산 연도만 표시해두었다가 더 좋은 와인이 떨어졌다는 이유로 (품질이 보통 이하인) 좀 더 최근에 생산된 와인을 가져오는 것 말이다. 그러고는 이런 이야기를 하지 않는 경우가 많다(손님들이 기꺼이 같은 값을 내기를 바라면서 말이다). 이론적으로 디지털 메뉴는 레스토랑이나 바의 경영자에게 제철 요리나 음료를 메뉴에 넣을 수 있게 한다. 그럼으로써 칠판을 없앨 수 있게 해준다. 왜 있지 않은가, 분필로 오늘의 추천 요리를 적어놓는 그런 칠판 말이다.

하지만 당신이 나와 비슷하다면 이게 옳지만은 않다는 사실을 깨달을 것이다. 아마 내가 밀레니엄 세대가 아니어서 그렇겠지만 누군가 자꾸 디지털 메뉴로 주문하라고 재촉하면 음식이나 음료를 먹고 마시는 것이 어느 정도는 위축될 수밖에 없다. 왜냐고? 몇 가지 이유가 있다. 내 생각에 식사는 근본적으로 '사회적인' 활동이다(7장 '오리지널 소셜 네트워크' 참조). 우리가 레스토랑이나 바에 가는 이유는 우선 직원들과의 교류가 있기 때문이다. 우리 시대의 성공한 레스토랑 경영자로 꼽히는 대니 마이어는 이런 사실을 간파하고 있었다. 그는 이런 말을 했다. "고도의 기술을 적용했더라도 레스토랑은 언제나 손에서 손으로 전해지는 접촉이 많고 사람 지향적인 비즈니스다. 어떤 것도 환영의 의미를 지니는 악수나 미소 그리고 눈맞춤을 대체할 수 없다. 기계와 달리 환대를 생산 라인에서 찍어낼 수는 없기 때문이다."[2]

여기에는 이견이 없다. 디지털 메뉴는 사회적 교류를 사무적인 관계로 바꾸어버린다. 누군가는 디지털 메뉴로 주문하는 것이 차갑다고 말할 것이다. 나는 레스토랑과 바 소유주들이 천천히 제정신을 차리고 디지털 메뉴를 없애고 있어 다행이라는 생각이 든다. 그리고 누군가 물어본다면 늦지 않았다고 답하겠다. 내 생각에 디지털 메뉴가 필요한 유일한 장소는 모두가 빠르고 효율적인 일 처리를 원하는 곳뿐이다. 말하자면 모두가 빨리 먹고자 하는 공항 식당 말이다.*

다른 문제는 대부분의 디지털 메뉴가 인쇄된 메뉴와 상당히 똑같아 보인다는 점이다. 왜 그럴까? 확실히 디지털화는 무엇인가를 급진적으로 바꿀 기회다. 시카고의 그랜트 애커츠나 스페인의 후안 마리아 아르삭 Juan Maria Arzak 같은 모더니스트 셰프가 디지털 메뉴로 음식을 소개한다면 단순히 종이 메뉴를 디지털로 복제하는 데서 멈추지 않

---

* 하지만 흥미롭게도 이런 비대면적 서비스가 굉장히 보편화된 곳이 있다. 바로 일본이다. 일본 식당이나 면 전문점에 가면 주문이 가능한 사진 메뉴가 여럿 있다. 주문한 뒤에는 누군가 음식을 갖다 주기를 기다리면 된다.

왔을 것이다. 흥미로운 사례는 런던의 아시아 퓨전 레스토랑인 이나모 Inamo의 디지털 메뉴다. 테이블 표면에 나오는 요리를 손으로 터치해 주문할 수 있을 뿐만 아니라 주문 전에 다양한 음식을 구경할 수도 있다.* 상호작용이 가능하다는 디지털 특성에 따르면 여기 나오는 요리 사진이 굳이 일반 메뉴판에 인쇄된 것과 같을 필요는 없다. '디지털화'에는 또 다른 장점이 있다. 집에 돌아갈 택시를 레스토랑 테이블로 부를 수도 있는 것이다! 물론 우리가 먹는 음식이 어디에서 왔는지 재료의 이력 정보를 디지털로 제공하는 것도 가능하다.

또한 디지털 메뉴는 개별화된 식사를 가능하게 한다. 스톡홀름의 테이크 마더 Take Mother에서는 메뉴가 테이블 위에 뜨고 손님들은 어떤 음식을 좋아하는지 질문을 받는다. 그러고 나면 손님이 좋아할 법한 요리가 여러 개 추천된다. (이 시스템은 손님이 지난번에 주문한 내용을 저장하지 않는다. 앞서 살펴보았듯 이런 개인 맞춤화를 통해 식사를 더욱 맛있고 더욱 기억에 남게 해줄 텐데 말이다.)

디지털 인터랙티브 메뉴의 또 다른 흥미로운 사례는 2014년 엘라스 키친 Ella's Kitchen이 열었던 위니 위닝 Weeny Weaning 레스토랑이다. 아기를 위한 세계 최초의 감각 레스토랑인 위니 위닝은 생애 초기 단계부터 건강한 식습관을 장려하기 위해 설계되었다. 또는 그렇게 광고했다. 한 보고서에 따르면 "어린 손님들이 인터랙티브 테이블에 있는 높은 의자에 앉는다. 여기에서 아기들은 자신만의 디지털 메뉴로 메

---

* 어떤 뜻에서 이것은 다시 일본을 떠올리게 한다. 일본의 수많은 식당들은 극사실주의적인 플라스틱 모형을 입구에 전시해놓는다. 그렇게 메뉴들을 보여주는 것이다. 내 연구실의 자료 캐비닛에도 자석으로 만든 스시 세트가 자랑스럽게 붙여져 있다.

인 메뉴와 디저트를 고른다. (중략) 특정한 음식 아이콘을 30초 동안 몇 번 두드렸는지에 따라 디지털 메뉴가 반응하고 웨이터가 아이들에게 선택한 음식을 가져다준다."[3] 다음 세대는 이런 디지털 인터페이스에 더 개방적일 것이다.

태블릿에 요리가 서빙된다면?

왜 태블릿을 쓰지 않고 접시를 사용할까? 벌써 모더니스트 퀴진에서는 태블릿 같은 기술을 이용하여 우리의 시각적 경험을 바꾸기 시작했는데 말이다. 모더니스트 셰프들은 접시가 아니라 태블릿 컴퓨터에 음식을 담아낸다. (디지털 메뉴가 시간 낭비라는 사실을 알아차린 모든 레스토랑과 바가 남아도는 태블릿을 활용할 완벽한 방법이 아닐까!) 최근 안드레아스 카미나다Andreas Caminada는 스위스에 있는 자신의 레스토랑에서 흰 접시 이미지가 나온 태블릿 위에 요리를 담아 손님들에게 제공했다. 디지털 플레이팅의 역설적인 예랄까.[4]

몇 해 전에 나의 연구팀은 태블릿에 해산물을 서빙하는 아이디어를 보여준 적이 있다(그림 12-2). 식사하는 사람들은 햇빛에 반짝이는 파도와 모래사장을 볼 수 있었다. 너무나 진짜 같았지만 그것은 희망일 뿐이었다! 해변의 풍경과 바다 소리를 결합함으로써 해산물은 더 맛있어졌다. 적어도 태블릿 플레이팅은 창조적인 셰프에게 더욱 자유로운 스토리텔링을 가능하게 했다. 아직 이런 플레이팅은 첨단에 있는 극히 일부 레스토랑에서만 선보이고 있지만 미래에는 우리 모두

그림 12-2 최고의 레스토랑들이 음식을 접시가 아닌 태블릿에 담아내기까지 시간이 얼마나 걸릴까? 저명한 스페인 셰프 엘레나 아르삭Elena Arzak은 이렇게 말했다. "산세바스티안의 아르삭에서 일부 요리는 태블릿에 담긴다. 구운 레몬과 새우 그리고 파촐리(인도 원산의 식물—옮긴이)를 불붙은 그릴 영상 위에 탁탁 튀는 불꽃 소리와 함께 담는다. (중략) 나는 요리를 태블릿에 담기도 하고 담지 않기도 하면서 실험을 했다. 언제나 손님들은 영상과 소리가 있는 경우 요리의 풍미가 강해지고 심지어 더 맛있었다고 말했다. 우리는 요리를 보다 증강시키기 위해 새 기술을 이용하고자 한다."[5]

가 식사 시간에 우리의 태블릿 컴퓨터를 사용하게 될지 모른다.

질린다고 생각하는 사람도 있을 것이다. 도대체 왜 비싼 태블릿 컴퓨터를 사서 그런 이상한 짓을 하는 거지? 오랫동안 사용해온, 둥글고 하얀 접시에 도대체 무슨 문제가 있어서? 저자가 제정신이 아닌가? 당신은 혼자 중얼거릴 것이다. 오해하지 마라, 모든 음식을 태블릿에 담으라는 말을 하려는 것이 절대 아니니까. 육즙이 흐르는 커다란 스테이크를 태블릿 위에서 먹으면 재밌겠다는 생각은 도저히 못하겠다. 아마 스테이크를 서빙하는 가장 좋은 방법은 나무판이 아닐까. 최소한 우리가 완전히 새로운, 이 디지털 식기에 익숙해지기 전까지는 카나페 같은 핑거푸드(손으로만 집어먹는 음식—옮긴이)를 담는 정도가 적당할 것이다.

조금 더 덧붙이자면, 일부 태블릿은 방수가 되기에 사용 즉시 식기세척기에 넣어도 된다. 내가 장담한다. 이 말을 하면 태블릿을 식기로 쓰고 싶어 하는 사람이 나타나지 않을까? (저자가 결국 정신줄을 놓은 것 같다!) 태블릿에 음식을 서빙하면 음식과 식기(이 경우 태블릿 스크린) 사이의 완벽한 색채 대비가 보장된다(3장 '어떤 색깔이 더 맛있을까?' 참조). 하지만 내 생각에는 결국 모더니스트 퀴진에서의 식사 경험이 태블릿 영상에 의해 강화됐을 때에야 태블릿을 이용한 식사가 주류로 자리 잡을 것이다. 그리고 접시로 쓰기에는 태블릿이 너무 비싸다고 생각하는 사람들을 위해 덧붙이자면 세계 최고의 레스토랑 가운데는 한 가지 요리에 쓰일 접시를 디자인하기 위해 1000파운드(약 145만 원)를 쓰는 곳도 있다. 태블릿이 상대적으로 저렴해 보인다.

가상현실 식사

최근 프로젝트 너리시드 Project Nourished의 큐레이터가 음식과 가상현실을 결합하는 시도를 했다. 로스앤젤레스의 코키리 실험실 Kokiri Labs에서 시작한 이 프로젝트에 대해서는 이런 설명이 붙었다. "'미식 가상현실 체험.' 분자미식학과 가상현실을 혼합하여 사용자가 '칼로리 섭취를 비롯한 건강 관련 문제를 고민하지 않고 최고의 식사를 경험하게' 해준다." 그들은 프로젝트의 부제로 "화성에서 치즈케이크를 먹고 싶나요?"를 내세웠다. 과장임에도 싫다고 대답하기 쉽지 않다. 최소한 당신도 궁금할 것이다. 그리고 지금껏 우리가 봤던 것을 생각해보자. 맥락과 분위기 그리고 환경이 먹고 마시는 일에 얼마나 영향을 주는지. 추측건대, 헤드셋을 쓰고 있으면 치즈케이크의 맛도 조금 달라질 것이다. 그 경험이 충분히 몰입감이 있고 가상공간 속의 먼지가 눈에 붙어오지만 않는다면 말이다! 미래를 조금 더 내다본다면 다양하고 새로운 증강현실과 가상현실(각각 AR과 VR) 기술을 통해 사람들이 현재 먹고 있는 것과 다른 음식을 보여줄 방법을 고민해보는 것도 흥미로운 일이다.

그렇다면 이렇게 음식과 가상현실이 혼합된 상황에서 우리는 무엇을 기대하는 것일까? 최소한 기술 마니아가 자신의 생각대로 간다면 무슨 일이 일어날지에 대한 힌트가 여기 있다. "프로젝트 너리시드는 이런 것이다. 가상현실 헤드셋을 착용한다. (중략) '음식 감지 센서'를 든다. 이 기기는 뾰족한 두 개의 끝을 주석 호일로 감싼 나무 포크처럼 보인다. 그리고 '모조 음식에 물성을 부여하기 위해' 3D 프린터로 찍어낸 친수성 콜로이드('점성이 있고 에멀전화가 돼 있으며 칼로리가 적은' 유연한 물질)를 먹는다. 그 뒤 모션 센서와 아로마 디퓨저 그리고 골전도(소리 등 진동이 뼈를 통해 전달되는 성질-옮긴이) 변환기의 도움으로 (중략) 우리는 칼로리나 탄수화물 또는 알레르기 유발 성분을 신경 쓰지 않고 맛있는 식사를 경험할 수 있다."[6] 이래도 의심스러운가?

적어도 내게는 근본적인 의문이 남아 있다. 화성에서 치즈케이크를 먹는다는 아이디어가 특별히 어울리는 조합 같지는 않다는 사실이다. 차라리 헤드셋을 쓰고 몰입한 환경에 음식을 맞추는 것이 나을지도 모르겠다. 이를테면 (화성이니까) 딸기 맛의 스페이스 큐브(우주인이 먹는 식품)를 먹는 식으로. 그러면 그것이 얼마나 맛없다고 소문나(아마 뜬소문이라고 생각되지만) 있는지 알게 될 것이다.

VR로만 주어진 환경을 시뮬레이션하는 데는 한계가 있다. 예를 들어, 비행기 안에서의 식사 경험을 재창조하는 경우 그 경험이 얼마나 실감날지 상상해보면 이해하기 쉬울 것이다. 배경 소음도 없고 습도도 다르며 객실 압력도 낮지 않다. 식사 도중 앞 사람이 좌석 등받이를 갑자기 뒤로 젖혔을 경우 무릎에 가해지는 압력도 포착해낼 수 없다. 그러니 현재로서는 전혀 같은 경험이 될 수 없다. 분명 시각은 중요하지만 다른 감각 단서 없이는 완전한 몰입을 끌어내지 못한다. 최소한 우리가 시뮬레이션하려는 보다 극단적인 환경을 위해서는. 그나저나 나는 이런 VR 응용 기술이 나이 많은 환자에게 활용될 수 없을지 궁금하다. 아마 과거의 시각적 단서들을 제공함으로써 그들을 젊은 시절로 데려갈 수는 있을 것이다. 흘러간 음악을 틀어주는 것이 음식 섭취량을 늘린다는 사실이 이미 밝혀졌다.

'바다 소리'를 먹어본 적 있나요?

증강현실은 실제 장면 위에 인공적인 시각 자극을 포개는 기술이다. 예를 들어, 나의 공동 연구자인 일본의 오카지마 가쓰오 연구팀은 AR 시스템으로 음식과 음료의 시각적 형태를 실시간으로 강화한다. 상상해보자. 헤드셋을 착용하고 주문한 초밥이 접시에 담겨 나오는 모습을 본다. 그리고 손을 접시 위로 움직이기만 하면 생선이 갑자기 참치에서 연어로 바뀌는 식이다. 손을 다시 접시 위로 움직이면 이번엔 장어가 나온다. 그러면 영상을 보면서 장어 초밥처럼 보이는 것을 집어 먹을 수 있다.

이게 뭐하자는 거지? 누군가는 이상하게 생각할 것이다. 나의 연구팀이 선행 연구를 실시한 결과 음식의 외양을 바꾸면 케이크와 케첩 그리고 초밥의 맛과 질감에 관한 느낌을 바꿀 수 있다. 이런 상상을 해보자. 몹시 맛있어 보이지만 건강해 보이지 않는 음식을 보여준다. 하지만 실제로는 건강한 대안 음식을 먹는 식이다. 그리고 가상의 초밥을 먹는 미래를 상상해볼 수도 있다. 생선을 너무 많이 잡아 진짜 생선이 부족해지고 우리 기억에서도 멀어졌을 때 말이다(암울한 이야기라 미안하다).

흥미롭게도 어떤 연구자들은 AR 헤드셋을 활용하여 더 빨리 포만감을 느끼게 했다. 그들은 헤드셋을 통해 음식(예를 들어, 비스킷)을 실제보다 크게 보이게 만드는 것을 목표로 했다. VR과 AR 식사라는 아이디어가 마음에 들기는 하지만 실제 식사 테이블에서 헤드셋을 보기까지는 시간이 걸릴 것이다. 아무리 아방가르드한 레스토랑일지라도. 문제는 가격이 비싸고 사회적 교류가 방해받는다는 것이다.

지금까지 식탁에서 디지털 기술이 채택된 사례는 시각이 아니라 청각 쪽이었다. 특정한 음식이나 음료에 따르는 소리와 음악을 예로 들어보자. 앞에서는 헤스턴 블루멘탈이 어떻게 이 감각에 관심을 갖게 되었는지 소개했었다. 내 통합 감각 연구소에서 소닉 칩을 접한 뒤에 그는 청각의 중요성을 깨달았다. 블루멘탈은 연구소를 나간 뒤 재능 있는 브레이의 동료들과 함께 식사에서 소리를 강화해줄 방법들을 찾기 시작했다. 디지털을 이용해서 말이다. 그들은 레스토랑의 단골을 위해 첫 번째 버전의 '소리 식기'를 '은밀히' 준비했다. 하지만 그날 한 기자가 몰래 식당을 찾았다. 그는 다른 테이블에는 서비스되지만 자신에게는 제공되지 않는 음식이 있다는 사실을 알아채고는 즉시 웨이터에게 자신의 정체를 밝혔다. 그러고는 무슨 일이 벌어지고 있는지 알려달라고 했다. 그 기자에게도 소리 헤드폰을 써보라고 할 수밖에 없었다. 결과는? 며칠 뒤 〈선데이 타임스 The Sunday Times〉 지에 강렬한 기사가 실렸다.[7] 기술적으로 강화된 21세기의 새로운 식사 도구가 그렇게 세상에 '알려졌다'.

하지만 헤드폰은 일부 손님들이 많은 돈을 주고 공들여 만든 헤어스타일을 망치기도 했기에 도저히 매력적이라고는 할 수 없었다. 그래서 헤드폰은 흰색 테이블보 위에 놓이자마자 인정사정없이 서비스에서 빠졌다. 그들의 표현에 따르면, 다시 서랍장에 들어가야 했다. 한두 해 전에 운 좋게도 팻덕 레스토랑에 예약을 했던 사람들은 어떤 일을 겪었을까? 코스 중간에 웨이터가 한 손에 회를 들고 테이블 옆에 섰을 것이다. 회는 타피오카와 빵껍질 그리고 크림으로 만든 '해변'에 놓여 있었다. 그리고 웨이터는 다른 한 손으로 손님에게 소라껍데기를 건네주었다. 소라껍데기에는 MP3 이어폰이 달려 있었다(그림 12-3). 웨이터는 손님에게 우선 이어폰을 귀에 꽂으라고 말했다. 그 말대로 하면* 손님들은 바다 소리를 들을 수 있었다. 파도가 해변에 부딪히고 갈매기가 날아다닌다. 어떤 사람은 소리와 음식의 조합이 너무나 강렬해서 눈물까지 흘렸다고 했다.

'바다 소리' 요리가 처음 메뉴에 등장한 이후 여러 셰프가 (그리

---

* 팻덕 레스토랑의 직원들에 따르면 이 요리를 제공한 8년간 오직 한 손님(프랑스 셰프)만이 이어폰을 끼지 않았다고 한다. 자신은 이미 바다 소리를 안다면서!

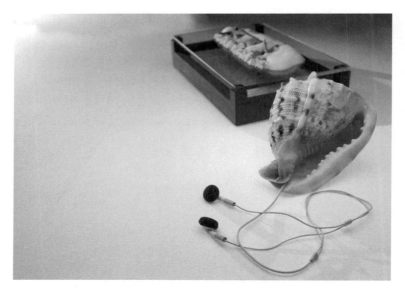

그림 12–3 '바다 소리' 해산물 요리(여러 해 동안 헤스턴 블루멘탈의 팻덕 레스토랑에서 테이스팅 메뉴로 제공되던 시그니처 메뉴였다)는 디지털 기술이 다중 감각적 식사 경험을 어떻게 강화하는지를 보여주는 훌륭한 사례. 옥스퍼드의 내 연구실에서 블루멘탈과 함께한 연구에 따르면, 사람들은 식기들이 부딪히는 소리나 모던 재즈를 들을 때보다는 파도 소리와 갈매기 소리를 들을 때 해산물의 맛이 더 좋았다고 답했다!

고 가끔은 바리스타도)* 개인화된 디지털 소리를 요리에 받아들였다. 예를 들어, 지로나의 엘 셀러 드 칸 로카에서는 스페인의 '신新주방nueva cocina 운동'의 일부로 MP3 플레이어와 대형 스피커가 수반된 디저트를 만들었다. 손님들은 디저트를 먹으면서 2012년 산티아고베르나베우 스타디움에서 벌어진 FC바르셀로나의 축구 경기 중계를 들었다. 리오넬 메시Lionel Messi가 레알 마드리드 수비수를 뚫고 바르셀로나의 결승골을 선사하는 장면이었다. 대단하다! 고양된 감정과 스토리

• 최고의 바리스타인 라스무스 헬게보스타드Rasmus Helgebostad는 2011년 노르웨이 바리스타 챔피언십에 음향학적으로 강화된 커피 음료를 출품했다.

텔링을 모두 갖추고 있다. 손님이 레알 마드리드의 팬이 아니라면 디저트가 더 맛있게 느껴졌을 것이다(아마도 손님이 정말로 축구를 좋아한다면 더 효과가 좋을 것이다). 한편 미슐랭 스타를 받은 브리스틀 카사미아 Casamia의 셰프는 피크닉 바구니를 MP3 플레이어와 함께 내놓기도 했다. 이 바구니를 열면 영국에서 여름에 들을 수 있는 소리가 났다.

디지털 기술로 입안에 소리를 전달하는 분야에도 관심이 늘어나고 있다. 셰프, 뮤지션, 디자이너, 그리고 요리 아티스트들이 개인화된 음악(또는 소리)을 특정한 맛 경험에 맞게 제공하고 싶어 한다. 예를 들어, 봄파스앤파는 (하인즈) 베이크빈 통조림을 먹기 위한 스푼을 57파운드(약 8만 원)에 판매한다. 스푼 안에는 MP3 플레이어가 숨어 있어서 스푼을 입에 넣을 때마다 어떤 소리를 들을 수 있다. 그러면 소리가 치아와 턱뼈를 통해 내이까지 전해진다. 풍미와 소리의 조합에는 체다 치즈와 엘가 Edward Elgar(영국의 작곡가-옮긴이)의 음악, 맹렬한 매운맛과 라틴의 삼바, 바비큐 향의 콩과 블루스, 커리 향의 콩 요리와 인도 시타르(인도 북부에서 사용된 류트계의 발현악기-옮긴이) 소리가 포함된다! 한 손님이 음악을 듣는 동안 그 옆의 손님은 아무것도 듣지 못한다. 이런 음악적 선택이 얼마나 적절했는지는 아직 증명되지 않았다. 그리고 정말 음식의 풍미를 증진시켰는지도.

한편 네덜란드에서는 피아니스트 카린 판 데르 페인 Karin van der Veen이 디지털 봉봉(과일잼이 들어 있는 사탕-옮긴이)인 '무지크봉봉 De Muziekbonbon'을 선보였다. 아이디어 자체는 정말 단순하다. 줄이 달린 초콜릿을 입안에 넣는다. 그리고 봉봉 안에 설치된 압전 박판(전기가 통하면 진동하는 부품)을 이로 꽉 누르면 피아노 소리가 뼈를 타고 내이까지 전달된다.* 당신이 상상할 수 있는 가장 특이한 경험일 것이다. 하지만 이런 다중 감각적 경험을 '큰 시장'에서 곧 보게 되리라는 생각은 들지 않는다. 그런 경험이 그만한 가치가 있는지 확신이 들지 않기 때문이다. '음악이 나오는 봉봉'을 이에 물고 있는 동안에는 대화가 불가능하므로 오히려 반사회적이다! 하지만 이 장치가 집중력을 높여 경험을 강화한다고는 말할 수 있다.

냄새 알람: 어디선가 베이컨 향이 나기 시작하면

일본의 연구자들은 AR 헤드셋을 통해 풍경과 일치하는 음식 향기를 제공하기 위해 연구해왔다. 하지만 언제 이 장치(그림 12-4)를 모더니스트 퀴진이나 기기 가게에서 볼 수 있을까? 아마 절대 볼 수 없을 것이다!** 다른 사례들이 그렇듯 음식(또는 음식 향)과 관련된 기술이나 디지털 인터페이스는 디자인의 미학적 매력을 고려하지 못하는 경우가 많다. 큰 실수다!***

내 생각에는 '센티 Scentee' 같은 플러그인이 좀 더 그럴 듯한 음식 향기를 제공하는 듯하다. 이미 미국에서 오스카 마이어 Oscar Meyer가 선보

---

* 뼈를 통해 전달될 때는 낮은 주파수의 소리가 훨씬 더 강조되는 경향이 있다.
** 하지만 2015년 이탈리아에서 개최된 엑스포에 일본 참가자로 모습을 드러냈다.
*** 이 말은 신형 노설러스 리프트 Nosulus Rift 헤드셋이 윤기가 흐르는 검은색 장비를 통해 향기를 풍겨준다는 뜻이다. 유일한 문제점은 비디오게임인 '사우스 파크: 더 프랙처드 벗 홀South Park:The Fractured But Whole'에 맞추기 위해 한 가지 불쾌한 냄새만 내도록 제작되었다는 것이다 (http://nosulusrift.ubisoft.com/?lang=en-US#!/introduction 참조).

그림 12-4 흠……, 맛있군! 때때로 나는 HCI(인간과 컴퓨터 사이의 인터페이스) 연구자들이 기술과 음식의 교차점에서 무엇이 가능한지에 대해서는 너무 많은 생각을 하는 반면 실제 이것이 사용 가능한지에 대해서는 충분히 생각을 하지 않는 것 같아 걱정이다. 가장 혁신적인 모더니스트 셰프조차 손님들이 이런 기기를 장착해야 한다는 사실을 놓친다. 우리는 헤드폰조차 방해가 된다고 생각하는데 말이다!

인 알람 앱에 사용되었다. 작은 플러그 장치를 휴대전화에 끼우고 시간을 맞추기만 하면 베이컨이 지글지글 구워지는 소리를 듣고 그 냄새를 맡으며 깨어날 수 있다! 한편 스페인에서는 톱 셰프 안도니가 손님과의 상호작용을 확대하기 위해 디지털 향기를 이용했다. 무가리츠의 예약 손님들은 적절한 앱을 미리 다운받아(그림 12-5) 테이스팅 메뉴에 있는 다중 감각적 경험에 어울리는 행동과 향 그리고 소리를 경험할 수 있다. 개인의 모바일 기기 화면에 나오는 양념을 가상으로 갈기 위해 돌리는 동작을 하면 절구 소리가 들려올 뿐만 아니라 코로 매콤한 향기도 올라온다(향기를 내는 플러그인을 통해서). 이것은 손님들

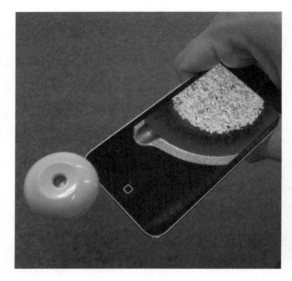

이 레스토랑에서 요리를 직접 맛볼 때 어떤 동작과 소리 그리고 향을 경험할지를 미리 알려준다. 이는 손님들의 다중 감각을 자극하여 마음속에 기대감을 심어주기 위한 것이다. 손님은 기대감에 심지어 군침을 흘릴지도 모른다.

이런 디지털 향기가 효과가 있기는 하지만 근본적인 문제점이 있다. 사람들이 과연 리필 제품을 구매할까 하는 점이다. 이것은 약 20년 전에 디지센츠DigiScents(인터넷 붐이던 시절에 시작된 디지털 냄새 배달 회사)가 문을 닫은 원인이기도 했다(그리고 투자자들에게 적지 않은 대가를 치르게 했다).[8]

진동하는 포크로 먹으면 맛있을까?

5장 '토끼 스튜는 토끼 가죽 스푼으로'에서 보았듯이, 식기 디자인은 혁명 전야다. 일부 변화는 새로운 형태와 재료 그리고 질감을 식기에 도입한 것이었다. 하지만 미래의 변화는 디지털화된 또는 증강된 식사 도구의 등장과 관련이 있다. 최소한 HCI를 연구하는 학회에 따르면, 수년 안에 우리가 음식과 상호작용하는 방식이 급진적으로 변화할 것이다. 음식을 너무 빨리 먹으면 이를 알려주기 위해 진동하는 포크를 상상해보라! 그런데 정말로 그런 포크가 있다!(그림 12-6)

아마도 디지털 증강의 가장 흥미로운 사례는 그래비타민 Gravitamine 일 것이다. 이 도구는 사용자의 손에 가상의 무게를 만들어낸다. 5장 '토끼 스튜는 토끼 가죽 스푼으로'을 떠올려보면 이런 디지털 해법이 어떻게 식사하는 사람들의 식사 경험을 증강시킬지 상상할 수 있다.

그림 12-6 **디지털 기술이 미래의 식탁에서 어떻게 활약할지를 보여주는 사례. 식습관 개선을 위해 일본에서 개발된 하피포크** HAPIfork**의 초기 프로토타입이다.**

하지만 정기적으로 충전을 하기보다는 무거운 식기를 사는 편이 낫지 않을까? 디지털적으로 강화된 식기가 각광받을 만한 시장은 따로 있다. 바로 파킨슨병 등으로 손을 잘 움직이지 못하는 환자들을 위한 시장이다. 이런 환자들은 손 떨림으로 음식을 흘리기 때문에 이 기술이 도움이 될 수 있다. 사실 한 혁신적인 회사가 이미 이런 문제를 해결하기 위해 흔들림을 방지하는 식기를 내놓기도 했다.

전기 맛!?

이제는 혀에 전기 자극을 주는 것만으로 기본 맛을 느끼게 할 수 있다. 혹시 자원자가 있으신지? 여기서부터는 듣기에 조금 불편할지도 모르겠다. 아쉽게도 당신이 읽은 수많은 기사에 묘사되듯 절대 기분 좋은 경험이 아니다! 어떤 기자들에 따르면 디지털 기기로 끝없이 맛을 느끼게 한다고 한다. 우리는 그저 전원을 공급해주고 기구로 혀를 눌러주면 된다. 사실 최근 연구자들이 디지털 롤리팝을 선보였을 때 전 세계 언론이 열광했다. 하지만 잠시만, 서두르지 말자. 모든 기사를 액면가 그대로 믿기 전에 이런 질문을 해보자. 그런 기사를 쓰는 사람들이 정말로 전기 맛을 스스로 경험해보았는지. 대개 그렇지 않다! 그들은 그런 기기를 홍보하는 보도 자료를 보고 기사를 쓰는 경우가 많다.

나는 그런 기기들을 직접 체험해보았다. 그리고 실망스럽다는 결론을 내렸다. 아마 내가 운이 나빴을 뿐이고 다른 사람들은 전기 맛을 제대로 느꼈을지 모르겠다. 하지만 이런 접근법의 가장 열렬한 옹호자가 인정하기를, 짠맛과 우마미 그리고 단맛보다는 시큼한 금속성 맛을 느끼게 하는 것이 쉽다고 한다. 단맛은 정말 재현하기 어렵다. 그러므로 가장 긍정적인 시나리오에 따르더라도 디지털 맛에 대한 연구가 필요하지만 이는 혀에 대한 전기 자극이 잘 작동하는 사람들에게로 제한돼 있다. 전기 자극을 주는 기기는 대개 숟가락이나 디지털 식기나 유리 제품의 끝에 설치돼 있다. 나는 이런 상황이 많이 개선될 거라는 믿음이 별로 없다.

게다가 모든 맛이 완벽하게 재현된다고 해도 매우 얄팍한 식사 경험만 가능할 것이다. 약하게 맛을 낸 용액을 맛본 사람이라면 그것이 얼마나 만족과는 거리가 먼지 알 것이다. 2장 '냄새만으로 배부르지는 않겠지만'에서 보았듯이 맛은 다중 감각적 경험에서 아주 일부만을 담당할 뿐이다. 과일 향, 꽃 향, 고기 향, 허브 느낌 등 우리가 먹고 마시는 동안 즐기는 많은 요소들이 주로 코를 통해 들어온다. 다시 말해 미뢰를 전기 자극해도 소용없다는 의미다. 이런 향기들을 느끼려면 미뢰가 아닌 콧구멍에 전기 자극을 주어야 한다. 그것은 매우 불쾌하고 번거로우며 아마도 고통스러울 것이다.

이런 디지털 맛의 원래 목적은 실제 맛을 내는 자극원에 대한 필요성을 없애는 것이었지만 현재 개발 중인 접근법은 증강된 맛과 관련이 있다. 예를 들어, 일부 연구자들은 우리가 맛있는 식사를 보다가 또는 실제로 먹다가 혀가 지치면 무슨 일이 일어나는지 알고자 했다. 실제로 미식 포르노를 보는 경우 전기 맛에 대한 반응이 변했다. 비슷하게 실제 음식과 음료를 먹는 동안 전기 맛을 가하는 경우 사람들의 반응이 바뀔 수 있다는 증거가 있다. 그렇다면 식사 중에 전기 자극으로 짠맛을 강화하면 음식에 소금을 추가할 필요가 없을까? 이것이 도쿄에서 이틀 동안 운영되었던 '무無소금 레스토랑'의 기초가 되었다. 사람들은 전기 포크 Electro Fork로 식사를 했고 전기 양념도 분명 가능했다. 시험 운영이었기 때문에 레스토랑은 소금을 넣지 않은 샐러드와 돈가스, 볶음밥과 고기 그리고 케이크로 구성된 다섯 코스짜리 메뉴를 제공했다. 아마 많은 사람들이 이 경험을 다시 해보고 싶을 것이다.

이것은 진정한 건강 혁명이라기보다는 그냥 마케팅용일까? 기억할 점은 소금의 역할이 그저 맛을 강하게 만드는 것이 아니라는 사실이다. 소금은 음식의 질감과 구조에도 핵심적 역할을 한다. 하지만 전기 맛은 이런 역할을 하지 못한다. 이 기술의 또 다른 문제는 우리 뇌가 감각 변화에 아주 민감해 보인다는 점이다. 이런 민감성 덕분에 우리는 설탕을 아스파탐 같은 인공 감미료와 구분할 수 있다(아스파탐보다는 설탕의 맛이 더욱 빨리 감지되며 더욱 오래 지속된다). 그러므로 전기 맛과 관련해서도 시간에 따른 감각의 변화를 제대로 알아내지 못한다면 그 경험은 절대 '진짜'만큼 좋을 수가 없다.

식사의 풍경을 바꾸는 디지털 기술

요즘 온라인에는 여러 가지 앱이 있다. 그것들은 음식과 음료에 관해 무엇을 알고 싶든 또는 무엇을 하고 싶든 도와주겠다고 말한다. 유행을 따르는 유명 셰프들과 라이프스타일 전문 블로거들은 무엇을 먹어야 하는지에 대해 지나치게 의욕적으로 조언해준다. 또는 새로운 요리를 해보라고 부추기기도 한다. 결국 이것은 거대한 비즈니스다. 또한 다양한 주방 기구와 통신이 되고, 그래서 조종도 가능한 스마트폰 앱도 점점 늘어나고 있다. 대표적인 사례인 '브라이트 그릴 Bright Grill'을 살펴보자. 전기 바비큐기와 앱이 결합한 제품으로 소시지가 완벽하게 구워지자마자 알람을 울려서 소시지를 태워먹지 않게 해준다. 이런 발명품을 보면 앱이 없던 옛날에는 어떻게 살았는지 궁금해진다.

이제 우리는 앱스토어에서 원하는 것은 거의 무엇이든 찾을 수 있다.* 셰프스텝스 ChefSteps에서 나온 '에그캘큘레이터 EggCalculator'라는 앱도 있다. (이것은 3장 '어떤 색깔이 더 맛있을까?'에 소개된 '노른자 포르노'에 중독된 사람을 위한 앱이다. 가장 열렬한 음식 마니아를 흥분시키고도 남을 '움직이는 단백질' 사진을 많이 보유하고 있다.) 이 앱을 이용하면 당신이 원하는 대로 정확히 달걀을 조리할 수 있다. 한편 수많은 가격 비교 앱을 통해 레스토랑들의 가격도 비교해볼 수 있다. 때로 뉴욕 같은 대도시에서는 정확히 똑같은 와인이 네 배의 가격 차이를 보이기도 한다. 당신이 바가지를 썼는지 알고 싶지 않은가?

구글은 식당에서 여럿이 함께 밥을 먹은 뒤 더치페이를 도와주는 앱도 내놓았다. 비록 점점 더 많은 사람들이 홀로 식사를 하게 되면서 앱의 사용자는 줄어드는 듯하지만 말이다. 그런데 그냥 계산기로는

---

* 아쉽게도 앱스토어에서 찾을 수 없는 앱이 하나 있다. 일본 카약 사Kayac Inc.가 내 연구팀의 소닉 칩(4장 '바삭거리는 소리가 클수록 맛있다' 참조) 연구에 기초해 개발한 에버크리스프다. 음식의 바삭, 아삭 소리를 증진시켜서 먹는 경험을 강화해준다.

더치페이 금액을 계산할 수 없는 것일까? 흥미롭게도 근사한 레스토랑에서 계산서를 집어 드는 것이 돈을 지불한 사람의 식사 경험을 떨어뜨릴 수 있다는 연구 결과가 있다. 그리고 경험의 마지막 순간이 특별히 기억에 남는 경향이 있다는 사실도 염두에 두어야 한다. 그래서 어떤 최고급 레스토랑들은 식사 요금 일부를 미리 내게 해서 마지막 순간의 고통을 줄여준다. 나는 이런 조치를 '지능적인 디자인'이라고 부른다!

한편 어떤 앱은 하겐다즈 Häagen-Dazs 아이스크림 통부터 크루그 샴페인 병까지 무엇이든 라벨을 스캐닝해서 디지털 콘텐츠에 접근할 수 있게 해준다. 예를 들어, 콘체르토 Concerto 앱은 아이스크림이 냉장고에서 꺼내진 후부터 서빙되기 전까지 손님들이 시간을 때우도록 도와준다. 손님들이 모바일 기기로 QR코드(포장의 뚜껑에 있는, 검고 하얀 패턴이 그려진 사각형)를 스캔하면 '마술처럼' 뮤지션들이 하겐다즈 위에 나타나 노래를 부르는 모습을 볼 수 있다. 각각의 곡은 2분 정도 지속된다. 광고에 따르면 아이스크림이 살짝 부드러워지기에 충분한 시간이라고 한다. 음악이 끝날 때가 되면 아이스크림이 서빙될 준비도 끝난다.

사진을 찍으면 요리의 칼로리를 분석·계산해주는 '똑똑한' 앱도 있다. 그 외에 수많은 음식 관련 기술이 새로 개발되고 있다. 필립스 연구소 Philips Research 의 자금 지원을 받은 어떤 프로젝트는 디지털 저울이 내장된 접시로 사람들이 먹은 것을 조사했다. 전체 섭취량을 계산하기 위해서였다. 구글의 인공지능인 아이엠투칼로리스 Im2Calories 역시 음식 사진으로 칼로리를 계산해낸다. 이미 오차 범위가 20퍼센트 내에 들었다. 그런데 당신은 정말 당신이 먹은 것을 기술이 추적하길 원하는가? 1그램(또는 1칼로리)까지? 더구나 이 기기들이 실제로 얼마나 정교한지는 아직 증명되지 않았다. 오랫동안 인간의 시각과 뇌는 음식의 에너지 함량을 빠르게 평가하도록 미세하게 조정되어왔다. 이것이 우리 뇌가 진화하는 방식이다. 그리고 우리는 거의 눈 깜박할 사이에 영양분이 풍부한 음식을 찾아낼 수 있다. 하지만 때로 실수가 따른다. 아니, 최소한 우리의 의식이 잘못할 수도 있다! 그렇다면 기술이 더욱 잘해내기를 기대하는 이유는 무엇일까?

로봇이 만든 음식을 먹고 싶나요?

마지막으로, 이 장의 서두에서 던졌던 질문으로 돌아가 보자. 당신이 먹는 저녁 식사를 로봇이 만들었다는 사실을 알게 된다면 어떤 기분이 들까? 한편으로는 정밀 요리의 놀라운 사례일 것이다. 우리 모두는 이런 것을 원하지 않을까? 언제나 똑같은 맛이 나는? 하지만 음식이나 음료가 기계로 만들어진다면 무엇 때문에 밖에 나가서 먹을까? 그냥 슈퍼마켓에서 팔듯이 생산 라인에서 바로 사오면 되지 않을까? 하지만 로봇 셰프, 로봇 바텐더, 로봇 웨이터, 심지어 로봇 설거지 담당도 완전히 미래의 일처럼 들린다. 하지만 미래는 이미 이곳에 와 있는 것이 사실이다. 예를 들어, 중국 하얼빈의 로봇 레스토랑에서는 가격이 대당 20~3만 파운드인 로봇 20대가 주방과 홀에서 일하고 있다. 이 로봇들은 만두와 면을 조리하고 테이블을 담당한다(그림

그림 12-7 **미래에는 로봇 셰프가 저녁 식사를 만들어줄까?**

12-7). 다만 다섯 시간마다 충전을 해야 한다. KFC는 최근 중국 매장에 서빙 로봇을 도입했다. 한편, 로열 캐리비언 인터내셔널 Royal Caribbean International은 메이커 세이커 Makr Shakr와 협업해 '퀀텀 오브 더 시스 the Quantum of the Seas' 호에 세계 최초의 바이오닉 바 bionic bar(예를 들면, 로봇 바텐더)를 설치했다. 선실을 예약하고 출항을 기다리는 사람들은 무엇을 기대할 수 있을까? "손님들은 태블릿으로 음료를 주문하고 로봇 바텐더가 칵테일을 섞는 모습을 지켜볼 수 있다. 로열 캐리비언에 따르면, 각각의 로봇은 음료를 1분에 한 잔, 하루에 1000잔을 만들 수 있다."[9]

나는 최근 모멘텀 머신스 Momentum Machines라는 스타트업으로부터 연락을 받았다. 이 회사는 최초로 인터넷 주문과 즉석 주문이 가능한 레스토랑용 로봇을 준비하고 있었다. 그들은 로봇이 음식을 만들었다는 사실을 알게 되면 사람들이 어떻게 생각할지 알고 싶어 했다. 사람들이 좋아할까, 아니면 음식을 버릴까? 사람들은 누가 음식을 만들었는지에 신경을 쓸까, 아니면 음식 맛에만 신경을 쓸까? 내 생각에 사람이 아니라 로봇이 만들었다는 말을 들으면 사람들은 음식과 음료에 다른 (아마 부정적으로) 점수를 줄 것이다. 문제는 로봇의 미각이 뛰어나지 않을 가능성이 높다는 사실이다.[10] 결국 이런 기계들은 질이나 익은 정도가 다른 신선한 재료보다는 패키지화된(즉 표준화된) 재료로 조리할 때 더 나은 결과를 보여줄 것이다. 로봇 요리는 예측 가능성도 높기 때문에 사람이 만드는 요리에 비해 덜 매력적이다.

약간 의심스러운 부분이 있다. 미래의 식사는 점점 디지털 기술과 섞일 것이다. 가정에서도 마찬가지다. 몰리 로보틱스^{Moley Robotics}의 가정용 요리 셰프는 2018년 초에 5만 파운드(약 7200만 원)의 가격으로 구매 가능해질 것이다.[11] 이런 전망에 나의 아내는 눈을 빛냈다.

오래된 미래
Back to the Futurists

13

완벽한 식사의
조건

11장 '소리, 분위기, 맛 모두를 즐기세요'에서 만난 모더니스트 셰프인 폴 페레와 파코 론세로의 분쟁에 대해 들어본 적이 있는가? 페레는 론세로가 다중 감각적 경험과 관련된 자신의 아이디어를 훔쳤다며 고소했다. 현재 두 셰프는 벽에 영상이 나오고 요리 코스에 따라 테이블이 변하는 미래적인 레스토랑에서 여러 코스로 구성된 테이스팅 메뉴를 선보이고 있다. 영상과 테이블뿐만 아니라 음악과 소리, 심지어 냄새와 온도 모두 음식에 맞게 디자인된다. 겉보기에는 두 셰프가 제공하는 것들이 대단히 비슷해 보인다. 그들은 진정한 다중 감각적 식사 '경험'을 제공하기 위해 분위기를 세심하게 조정한다. 그리고 최신 기술을 이용해 분위기를 극도로 끌어올린다.

　하지만 의문은 남는다. 누구에게 저작권이 있을까? 사실 나는 둘 모두에게 있지 않다고 말하고 싶다. 나는 이탈리아 미래파가 모더니스트 퀴진의 원조라고 생각한다. 당시 그들은 자신들의 꿈을 현실화할 지식이 없었다. 최소한 음식 분야에서는 그랬다. 하지만 이제는 가스트로피직스 덕분에 세계 최고의 셰프들(그리고 마침내 일반 가정에서

까지)이 다양한 시도를 할 수 있게 되었다. 1930년대 음식에 맞는 배경 음경을 틀었던 것은 미래파였다. 그들은 살라미와 개구리 뒷다리를 곁들인, 쌀과 콩 요리인 '토털 라이스Total Rice'에 개구리의 울음소리를 틀어주었다. 이런 생각을 해보자. 헤스턴 블루멘탈은 2007년 미슐랭 스타급 셰프로는 처음으로 다중 감각적 요리인 '바다 소리'를 내놓기 시작했다. 그런데 이와 아주 비슷한 일이 80년 전 이탈리아 북부 토리노에서 일어났다. 당연히 어떤 사람들은 미래파가 '헤스턴의 선구자'라고 주장하고 싶어 한다.[1]

마찬가지로 모더니스트 셰프들의 최근 관심사인 사람들의 예상이나 기대를 깨는 색깔의 음식 역시 미래파에서 유래했다. 예를 들면, 호안 로카Joan Roca와 호르디 로카Jordi Roca가 만든 하얀 다크 초콜릿 소르베나 블루멘탈의 '비트와 오렌지 젤리' 말이다. 미래파는 익숙한 음식에 이상한 색깔을 입혀서 사람들을 혼란스럽게 했다. 모더니스트 셰프들 사이에서 유행하기 훨씬 전에 말이다. 파란색 와인을 보면 어떤 느낌이 들까?* 오렌지색 우유나 붉은 생수는? 바로 그거다! 그들은 밝은 색의 칵테일에 관해서라면 전문가였다.

미래파는 촉각에도 관심이 많았다. 그들은 손으로 쓰다듬을 수 있는 최초의 회화 작품(1920년 작품으로 제목은 '수단-파리Sudan-Paris'였다)도 만들었다. 토리노에 있는 그들의 레스토랑 '성스러운 미각의 선술집Taverna del Santopalato'에서는 식기를 주지 않아 손님들은 얼굴을 접시에 갖다 대고 음식을 먹어야 했다. 5장 '토끼 스튜는 토끼 가죽 스푼으

---

* 재미있게도 2016년 6월 스페인 회사 긱Gik이 파란색 와인을 출시했다(3장 '어떤 색깔이 더 맛있을까?' 참조).

로'에서 보았듯, 식사 중인 손님들에게 각기 다른 재질로 만든 옆 사람의 파자마를 만지게 했던 것도 미래파가 먼저였다.

향에 대한 관심과 더불어 음식의 냄새를 새롭고 낯선 방식으로 맡게 했던 것도 미래파였다. 예를 들어, 미래파는 식사하는 손님의 얼굴에 분자화된 향수를 분무했다. 그들의 업적은 오늘날의 모더니스트 퀴진에 남아 있다. 호마루 칸투는 시카고에 있던 자신의 레스토랑 모토에서 제공되는 어느 요리에 대해 이렇게 묘사했다. "이것은 내가 가장 좋아하는 대목이다. 나는 손님들에게 후추 스프레이를 뿌리기 시작한다."[2] 이 이야기를 들으면 생각나는 것이 있다. "공기 음식: 강력한 촉각 요소를 지닌 대표적인 미래파 요리다. 올리브와 회향열매 그리고 금귤 열매를 오른손으로 먹으면서 왼손으로는 사포, 벨벳, 실크 등 다양한 천들을 문지른다. 동시에 커다란 선풍기(가능하다면 비행기 프로펠러)로 손님에게 바람을 불게 하고 민첩한 웨이터가 카네이션 향을 뿌린다. 모두 바그너의 오페라를 표현한 것이다." 파괴적인 다중 감각에 관심이 있는 사람이라면 우선 미래파를 돌아보기를 바란다.

'접시 없는' 식사의 부상과 함께 11장 '소리, 분위기, 맛 모두를 즐기세요'에 소개되었던 극장화하는 서비스에 대해 살펴보자. 이제는 당신도 누가 처음인지 알아차렸을 것이다. 소피 브릭먼 Sophie Brickman 은 〈뉴욕타임스〉에 이렇게 적었다. "마리네티가《미래파 요리책 The Futurist Cookbook》에서 펼쳐 보인 연회와 식사는 (중략) 잔치인 동시에 작은 연극이었다."[3] 이런 주장도 있다. 미래파가 '셰프를 조각가와 무대 디자이너 그리고 공연 감독과 같은 등급으로 올리려' 했다는 것이다.[4] 볼

로냐에서 있었던 저녁 식사에 관해 살펴보자. "'요리의 최고봉'(중략)은 비행기의 '영양가 있는 소음'으로 가득 차 있었다. 그리고 데페로 Fortunato Depero(이탈리아의 미래파 화가이자 작가이자 조각가 – 옮긴이)가 디자인한 음식 조각과 창의적인 조명 효과 그리고 빼어난 복장의 웨이터가 함께하는 미장센이 돋보였다."[5] 놀랍게도 이 이벤트는 1931년 12월 12일 저녁에 열렸다. 이 모든 것이 우리를 다음 질문으로 이끈다…….

미래파, 너무 일찍 도착한 예언가[6]

많은 최신 모더니스트 퀴진이 마리네티와 그 동료들의 시행착오에서 유래했다는 사실이 알려지면서 모더니스트 퀴진이 1930년대부터 시작되었는지 의문이 제기된다.[7] 1930년대 이탈리아 북부에서 벌어진 일과 오늘날 전 세계 레스토랑에서 벌어지는 일들 사이에는 정말 유사점이 많다. 미래파의 교의인 '미래파 선언'(아래)을 보고 내 말이 맞는지 틀리는지 확인해보라.

미래파에 따르면 완벽한 식사는 다음 조건을 만족한다.

1. 테이블 세팅(크리스털, 자기, 데코)의 독창성과 조화로움을 통해 음식의 풍미와 색을 확장시켜야 한다.
2. 음식에 절대적인 독창성이 있어야 한다.
3. 입맛을 돋우는 음식 조형물을 만든다. 눈으로 고유한 모양과 색

의 조화로움을 먹고 상상력을 자극한 다음 음식에 입을 댄다.

4. 음식 조형물을 먹기 위한 나이프와 포크를 없앤다. 이를 통해 입술에 닿기 전부터 촉각적 즐거움을 누린다.

5. 맛을 강화하기 위해 향수를 사용한다. 모든 요리를 제공하기 전에 선풍기로 테이블에서 향수를 뿌린다.

6. 음악은 코스와 코스 사이에만 틀어준다. 그럼으로써 혀와 입안의 감각을 흩트리지 않고 미각의 순수함을 되찾는다. 그래야 이전에 먹었던 음식의 맛이 사라진다.

7. 식탁에서 대화와 정치를 없앤다.

8. 처방받은 시와 음악으로 요리의 풍미를 강화해준다.

9. 코스 사이에 손님의 눈과 코 아래로 요리를 빠르게 제공한다. 일부는 손님이 먹을 것이지만 일부는 그냥 호기심과 놀라움 그리고 상상력을 증가시키기 위한 것이다.

10. 1~2초 안에 10가지, 20가지의 맛을 보여주는 즉각적이고 변화무쌍한 카나페를 만든다. 미래파의 요리에서 카나페는 문학 작품의 이미지처럼 증폭 기능을 갖는다. 무엇인가의 맛은 삶 전체나 호색적인 열정 또는 극동으로의 항해 등으로 요약될 수 있다.

11. 부엌에서 사용하는 과학적 기구들. 음식이나 음료에 오존 향수를 뿌려주는 기구. 자외선 램프(많은 음식에 자외선을 방사하면 활성을 얻는다. 소화가 잘되고 어린아이들의 구루병도 예방해준다). 주스와 농축액을 분해해 새로운 특성을 가진 새로운 제품을 얻게 해주는 전기분해 장치. 밀가루, 말린 과일, 약 등을 분쇄하기 위한 콜로이드 제분기. 대기 및 진공 증류기. 원심분리 압력 멸균기. 투석기.

이런 기구들을 사용하는 것은 과학적이다. 그리고 음식을 증기압 하에서 조리하는 경우 흔히 발생하는 오류, 즉 고온 때문에 활성 물질(비타민 등)을 파괴하는 일들을 예방해준다. 화학 지시약들은 소스의 산성과 염기성을 알려주어 소금을 너무 적게 넣거나 식초·후추·설탕을 너무 많이 넣는 등의 실수를 방지해준다.[8]

우리는 앞에서 이 모든 항목들을 정확히 언급하고 있는 모더니스트 셰프들을 만나왔다. 사실 이 리스트의 마지막 항목은 분자미식학 또는 모더니스트 퀴진의 이야기 같다. 최신 주방 도구들의 이름은 변했지만 저변에 흐르는 생각은 그대로다. 맛과 영양 그리고 풍미를 보존하기 위한 과학 말이다(이것은 수비드sous vide가 내세우는 주요 판매 포인트 가운데 하나다). 나는 미래파가 수비드(밀폐된 비닐봉지에 재료를 담아 미지근한 물에 오랫동안 데우는 저온 조리법-옮긴이) 또는 앤티-그리들anti-griddle(최근 그랜트 애커츠 덕분에 유명해졌다)을 어떻게 활용했을지 궁금하다. 새로운 모더니스트 도구인 앤티-그리들은 어떤 음식이든 급속 동결 또는 준동결시켜준다.

하지만 1930년대 이탈리아 미래파의 목표와 요즘 셰프들의 목표 사이에는 근본적인 차이가 있다. 미래파는 음식의 맛을 좋게 하는 데는 관심이 없었다. 오히려 미래파는 사람들에게 자극과 충격을 가해 과거의 흥청거림에서 벗어나 불편하게 만들고 싶어 했다(누군가 표현했듯, 그들의 흥청대는 문화와 정치적 영감에 따라). 오늘날은 반대다. 전 세계에서 가장 재능 있는 셰프들은 점점 '그밖의 모든 것'들을 통제해 가장 자극적이고 인상적이며, 원컨대 가장 맛있는 식사 경험을 제공

하고자 한다. 오늘날의 목표는 가장 맛있는 음식을 만드는 한편 가장 몰입적이며 매력적인 다중 감각적 자극을 '접시 밖에서' 보충해주는 것이다.

나는 미래파의 정신 나간 듯한 아이디어들을 읽으면서 알베르트 아인슈타인 Albert Einstein의 말을 떠올렸다. "최초의 아이디어가 터무니없지 않다면 거기에는 희망이 없다."[10] 예를 들어, 파스타를 금지해야 한다는 선동적인 제안을 보자. 마리네티는 파스타가 위에 부담을 주기 때문에 비판적인 사고에 방해가 된다고 주장했다. 또한 "파스타는 씹는 게 아니라 삼키는 것"이라는 사실도 거부했다.[11] 이탈리아에서 이보다 도발적인 제안이 있을까? 하지만 당대의 미래파 식사를 설명한 글을 읽으면 우습기도 하다. 공감하는 셰프나 기자의 글을 봐도 그렇다. 결국 맛있었다는 말이 없다. '리비아 비행기 Libyan Aeroplane'라는 디저트를 보자. 오드콜로뉴^{eau de Cologne}(독일 향수. 프랑스식으로 오데코롱이라고도 발음한다-옮긴이)에 절인 윤기 흐르는 밤을 사과, 바나나, 대추야자, 스위트피로 만든 비행기 형태의 파테^{pâté}(고기나 생선 등을 갈아 밀가루와 함께 구운 프랑스 요리-옮긴이)에 얹은 다음 우유와 함께 내온다(배고프지 않다고 말하지 않아도 된다). 어쨌든 미래파는 자신들이 살던 시대의 기계를 사랑했다(그림 13-1의 벽에 걸린 증기기관을 보라).

미래파가 음식의 맛에 관심이 없다는 것 이외에도 또 다른 차이점이 있다. 마리네티는 사람들이 필요한 칼로리를 약과 가루로 보충하는 미래를 상상했다. "필요한 칼로리를 최대한 빨리" 몸에 제공하기 위해서다. 그의 아이디어는 일단 기본적인 영양만 충족되면 이를 통해 "입과 혀, 손가락과 코와 귀를 위한 새로운 경험"에 몰두할 수 있다는 것이었다.[12] 미래파 음식에서 촉감과 소리 그리고 냄새는 실제로는 음식의 대용물이었다. 마리네티 자신이 "배고픈 사람에게 추천하지 않을 음식"이라고 묘사해서 이 점을 분명히 했다.[13] 반대로 모더니스트 셰프의 음식은 접시 위에서 예쁘게 보일 뿐만 아니라(즉 마음을 채워줄 뿐만 아니라) 손님의 배고픔을 채워주기 위한 것이다. 하지만 전성기의 누벨 퀴진^{nouvelle cuisine}(밀가루와 지방을 쓰지 않는 담백한 프랑스식 요리법-옮긴이)을 기억하는 사람은 이 말에 동의하지 않을지도 모르겠다.

물론파 미래파 요리에 대한 마리네티의 아이디어조차 무에서 생겨난 것은 아니다. 그 이전에 또 다른 미래파인 아폴리네르^{Guillaume Apollinaire}가 있었기 때문이다. 그는 1912년 파리에서 저녁 만찬을 열었다(그림 13-2). 그는 이 새로운 스타일의 만찬에 '미식-천문학^{gastro-}

레몬주스로 양념한 줄기 없는 신선한 바이올렛

유칼립투스 안에서 쪄낸 아귀

담뱃잎으로 맛을 낸 레어 등심 스테이크

감초 소스를 곁들인 베이컨 메추라기 말이

오일과 브랜디로 양념한 샐러드

밤과 육두구로 양념한 르블로숑(Reblochon, 프랑스산 소프트치즈 -옮긴이)

치즈

과일

그림 13-2 미래파의 전신인 기욤 아폴리네르의 '미식 천문학 또는 새로운 요리(1912~3)'의 메뉴판. 누벨 퀴진(재료를 낯설게 조합한 것)과의 유사성에 유의하라.[15]

astronomisme'이라는 이름을 붙였다. 사람들은 이미 마음으로 먹는다는 사실을 이해했을 것이다. "진정한 누벨 퀴진 스타일에서 미래파를 앞서는 요리 혁신가들은 배를 채우기 위해서가 아니라 마음의 갈망을 만족시키기 위해 요리를 했다. 그들의 의도는 예술 작품을 만드는 것이었다. 그러므로 '이 새로운 요리를 맛볼 때는 배고프지 않은 편이 낫다.'"[14] 이 말은 마리네티의 등장을 예견하고 있지만 그럼에도 아폴리네르는 의심의 여지없는 미래파의 대부다.

미친 척 따라 해보자! 미래파 파티 가이드

'남들과는 다른' 자신만의 미래파 파티를 열고 싶은 사람에게 다음과 같이 조언하고 싶다. 모더니스트 셰프들이 미래파로부터 영감을 받았다면 당신도 미래파에게 영감을 얻지 못할 이유가 없다. 내 조언은 이렇다.

1. 식탁(그리고 가능하면 벽까지) 알루미늄포일로 덮어라. 포일은 미래파가 작업을 하던 시기에 미래파의 관점에서나 기술적인 관점에서 흥미롭고 새로운 재료였다(비록 이제는 당시와 같은 놀라운 감각을 만들기 어렵지만).

2. 다이어트 약을 전채요리로 내라. 기억하라, 미래파의 음식은 몸이 아니라 정신을 먹이기 위한 것이다.

3. 당신의 레시피에 포함되어 있는 허브나 향신료 또는 과일을 물이나 기름에 조금 우려내 분무기에 담는다. 그리고 손님들이 음식의 맛을 보기 전에 뿌리고 깊이 들이마시게 한다. 테이블을 향해 선풍기를 설치하고 가장 세게 틀어둘 수도 있다(가까이에 제트 프로펠러가 없으리라는 가정 하에 하는 말이다).

4. 다양한 질감의 깔개를 이용하거나 사포나 벨벳 또는 실크같이 다양한 물질의 샘플을 손님들에게 나눠준다. 그리고 먹고 마시는 동안 그것들을 문질러보게 한다. 손님 가운데 누군가 벨벳 재킷이나 실크 드레스를 입고 온다면 더 좋다!

5. 코스 사이마다 바그너의 음악을 틀고 음량을 키우면 어떨까?

6. 팬에 향이 많이 나는 소스를 만들어 테이블 근처에 두고 손님들의 콧구멍 아래에 도발적으로 향이 떠돌게 한다.

7. 식기로 고민할 필요가 없다. 손님들에게 손으로 먹게 한다. 또 요리 접시에 얼굴을 묻게 한다.

8. 음료에 식용 색소를 첨가하라.

9. 바스락거리는 은색 공들로 케이크를 장식하라. 이 케이크 토핑은 기계 시대를 상징한다. 미래파가 '치킨 피아트 Chicken Fiat' 요리에 사용한 진짜 볼베어링보다는 훨씬 먹을 만할 것이다.

10. 요리와 함께 적절한 자연의 소리를 들려준다. 해산물 요리에는 바다 소리, 개구리 뒷다리 요리에는 개구리 울음소리, 쇠고기에는 소의 울음소리. 손님들은 스테이크를 예전과 같은 눈으로 보지 못할 것이다.

11. 요리에 소리 양념을 해보라. 다크 초콜릿이나 설탕을 넣은 블랙 커피같이 달콤 쌉싸름한 요리를 내놓는다. 그러고는 높은 음조의 피아노 음악과 낮은 음조의 금관악기 음악을 교대로 틀면서 음식의 맛이 바뀌는지 살펴보라.

12. 음식 자체에 대해 말하면, 미래파의 축제보다는 정직한 누벨 퀴진으로 하겠다. 만약 잘난 척하는 손님이 왜 '식민지 생선의 드럼롤 Drum Roll of Colonial Fish'이나 '흥분한 돼지 Excited Pig' 또는 '엉겨붙은 혈액 수프 Clotted Blood Soup'가 나오지 않느냐고 묻거나 '햇빛에 빛나는 이탈리아인의 가슴 Italian Breasts in the Sunshine'을 특별히 기대했다고 말한다면 미래파의 요리가 사실은 1912년 파리에서 열린 아폴리네르의 전미래파 연회에서 시작되었다고 말해주라!

13. 절대 '파스타'는 내놓지 마라!

확실히 기억에 남을 밤을 보낼 것이다.

무엇을 상상하든 그 이상을 먹게 될 것이다

로봇 셰프가 보다 보편화되면(12장 '로봇 셰프를 믿을 수 있을까?' 참조) 누가 어떻게 우리의 음식을 만들지의 문제가 점점 부상할 것이다. 세계 최고의 셰프들이 자신들의 브랜드를 내건 레스토랑들을 여는 동안 우리는 거기서 정확히 무엇을 사는지 스스로에게 물어야 한다. 우리가 주문한 요리는 어느 정도까지 대가의 손을 거쳐야 할까? 물론 우리 모두는 일관성을 원해서 무언가가 균일하게 좋기를 바란다. 아무도 수준 미달의 요리로 실망하고 싶어 하지 않는다. 하지만 그렇게 단순했다면 로봇이나 생산 라인이 일관된 결과물을 만드는 편이 낫지 않을까? 스타 셰프의 움직임과 습관을 흉내 내도록 프로그래밍될 수도 있다. 하지만 그것이 우리가 정말 원하는 것일까? 분명 우리가 좋아하는 레스토랑이 반조리 식품을 구매하고 있다는 사실을 알게 되면 우리는 실망하고 속았다는 느낌을 받게 된다. 걱정스럽게도 대형 체인 레스토랑들은 이런 일에서 자유롭지 않다.

팀 헤이워드 Tim Hayward는 〈파이낸셜 타임스〉에 기고한 글에서 '불일치 숭배'에 대해 이야기했다. 그의 제안은 이렇다. 우리는 우리가 먹는 음식을 다양한 경로를 통해 접한다는 사실을 모욕으로 생각할 것이 아니라 축복으로 여겨야 한다(왜냐하면 창조 과정에서 인간의 손이 실수를 하기 쉽다는 사실을 보여주기 때문이다). 그리고 이것이 결국 우리가 외식에서 정말 원하는 것이다. 그렇지 않은가? 헤이워드와 대화한 연어 훈제 요리사는 이렇게 말했다. "왜 '일관성'을 원하는가? 그것은 장인의 결과물이고 변주는 그것의 일부다. 덕분에 사람들은 그것이

대량생산품이 아니라는 사실을 알게 된다."

로봇 셰프와 칵테일 기계가 자주 보일수록 우리는 식사를 하거나 술을 마시는 사람으로서 무슨 생각을 하게 될까? 음식과 음료를 만드는 것에 대한 우리의 관점은 바뀔 수도 있다. 나는 이탈리아 비스킷 제조업자를 기억한다. 그는 비스킷을 수제 느낌이 나게 만들었다(모두 공장에서 만들었음에도). 그는 기계로 비스킷들을 서로 다른 모양으로 깎아 봉지에 담았다. 그러면 소비자들은 이를 단서로 비스킷을 '수제'로 해석했다. 그리고 결과적으로 더욱 즐겁게 먹는다.

만약 셰프가 인간이 아니라 로봇이라고 해도 레스토랑을 개방형 주방으로 바꿔야 할까? 새로운 기술은 분명 새로운 가치를 지니고 있다. 하지만 얼마나 오래 가치를 지닐까? 게다가 우리가 알게 되었듯, 새로운 경향들은 레스토랑의 소멸을 예견하고 있다. 그렇지 않은가? 웃기는 소리라고? 하지만 모든 것이 그 방향으로 천천히 움직이기 시작했다. 점점 많은 도시와 거리에서 자전거와 오토바이에 실린 딜리버루Deliveroo의 녹색과 검은색 배달 박스가 등장하고 있다.* 다른 회사들은 한 단계 더 나아갔다. 예를 들어, 런던 중심부(그러니까 존1 zone l)에 산다면 서퍼Supper가 미슐랭 스타를 받은 최고급 요리를 당신의 집에 배달해줄 것이다. 앞으로 수년간 이런 가정 배달 서비스가 지금의 속도로 성장한다면(가격은 떨어지고) 레스토랑 경영자들은 이런 질문

---

* 옥스퍼드 북부 제리코에 있는 동네 피자집 맘마 미아Mamma Mia를 예로 들면, 이제는 줄을 지어 달리는 딜리버루 배달원들을 모두 기억하기도 힘들어졌다. 사실 레스토랑의 경우 대부분의 주문이 매장 중심에서 배달 중심으로 바뀌고 있다. 물론 당신의 음식을 배달 음식과 구분하기 위해 실제 매장(과 비싼 가격)이 필요하지만 말이다.

을 입에 달고 살아갈 것이다. 사람들이 계속 레스토랑에서 밥을 사먹을 것인가? 집에서 편안하게 똑같은 요리를 즐길 수 있다면 무엇 하러 귀찮게 나가는가? 이것은 영화관이 아닌 집에서도 최신 영화를 볼 수 있게 되었을 때도 문제가 되었다.

레스토랑을 없앤다면 음식에서 무엇이 사라질까? 앞서 보았듯이 배달 서비스가 도기와 식기 그리고 냅킨을 제공하지 않는다는 사실은 가정에서의 경험을 제한한다(최고급 레스토랑의 식기가 가정용 식기보다 질도 좋고 무게도 무겁다고 가정했을 때). 그러므로 당신이 이런 서비스를 시도하고 싶다면 접시와 식기를 주의해서 선택하라. 이를 통해 많은 차이를 만들 수 있다. 아, 이제는 잘 알겠지만 적당한 음악을 트는 것도 잊지 말기를.

최근 집에서 음식을 직접 만들려는 움직임도 있다. 인터넷에 기초한 많은 회사들(블루 에이프런 Blue Apron, 헬로프레시 HelloFresh, 셰프스텝스를 생각하면 된다)은 재료를 보내주고 온라인 가이드를 제공함으로써 셰프의 레시피를 따라 하게 한다. 이런 트렌드가 이어지면 가정에서도 건강한 음식을 만들게 될 것이다. 이런 음식은 10장 '왜 스타벅스는 진동벨 대신 이름을 부를까?'에서 말한 이케아 효과 덕분에 맛도 좋다.

식사를 쇼로 만들고자 하는 창의적인 셰프들 때문에 전통적인 레스토랑은 또 다른 어려움과 마주하게 된다. 물론 음식도 여전히 관련이 있지만 거기에만 초점을 맞출 필요가 없다. 식사를 모더니스트 '엔터테인먼트'로 생각해보자.[16] 2016년 조제프 유세프가 런던에서 열었던 '가스트로피직스의 저녁 식사'에 참석했다면 오리의 울음소리를 들었을 것이다. 곧이어 오리가 '죽은'(오리를 무거운 나무 도마 위에 놓고 큰 칼로 연골과 뼈를 가르는 소리를 상상해보라) 소리를 듣는다. 그다음 주방에서 오리 코스 요리가 나온다. 유세프는 이렇게 말했다. "만약 (그 식사가 무엇으로 만들어졌는지를 생각하는 것이) 손님을 불편하게 한다면 이 동물을 먹어서는 안 된다." 여기에서 가장 중요한 것은 손님을 계속 즐겁게 하는 것이지만 그것을 넘어서는 보다 진지한 목표도 있을 수가 있다. 손님들이 좀 더 건강하고 지속 가능한 음식을 고르도록 슬쩍 유도하는 것이다.

이미 식사와 관련된 언어가 미묘하게 변화하고 있다. '식사하는 손님^{diners}' 대신 '고객^{guests}'이라는 말이 쓰이고 있다. 더구나 사람들은 식사를 위한 테이블보다는 쇼를 위한 티켓을 예약하고 있다(11장 '소리, 분위기, 맛 모두를 즐기세요' 참조). 이런 트렌드가 계속 발전함에 따라 우리가 아는 레스토랑은 사라지거나 최소한 다른 종류의 경험(책을 파는 커피숍이 커피를 파는 서점으로 변하는 것을 생각해보라)으로 진화해나갈 것이다.

빅데이터와 음식의 미래

빅데이터와 시민 과학을 통해 우리 모두의 음식 경험 디자인이 어떻게 바뀔지를 보면 흥미로울 것이다. 이미 언어학자들은 수천 개의 온라인 메뉴를 살펴보기 시작했다. 요리 이름에 글자가 하나씩 추가될 때마다 얼마나 많은 비용을 지불해야 하는지 알아내기 위해서다.

그 결과 약 6센트로 밝혀졌다.[17] 열심히 전 세계의 레시피를 비교하는 컴퓨터 과학자들도 있다. 특정 장소(또는 지역)의 요리와 밀접한 관련이 있는 핵심적인 맛 조합을 발견하기 위해서다. 이것은 '컴퓨터 요리학'이라는 새로운 과학 분야의 등장을 알려준다. 예를 들어, 최근 인도의 레시피를 분석한 결과 셰프들은 서로 조화되지 않는 재료를 결합하는 경향이 있었다. 이것은 다른 나라에서 발견되는 패턴과는 정확히 반대다.[18]

음식과 관련한 대규모 데이터 마이닝data mining(많은 데이터 가운데 숨겨져 있는 유용한 상관관계를 발견하여 미래에 실행 가능한 정보를 추출해내고 의사 결정에 이용하는 과정-옮긴이)에서 어떤 다른 뛰어난 통찰이 등장할까? 푸드페어링FoodPairing과 IBM의 셰프 왓슨Chef Watson 같은 것들로부터 대단히 뛰어나지만 낯선 풍미가 생겨날 것인가(푸드페어링은 셰프와 바텐더 그리고 가정의 요리사들에게 어떤 재료의 조합이 같은 풍미를 내는지 알려준다)? IBM의 슈퍼컴퓨터 왓슨은 수천 개의 레시피 데이터베이스와 수천 개의 재료에서 발견된 성분들의 데이터베이스를 알고리즘으로 분석한다. 사람들이 서로 다른 재료의 조합을 인지했을 경우의 심리적 상태도 함께 다룬다. 왓슨은 손이 없기 때문에 새로운 조합을 찾아내면 다른 누군가가 만든다. "IBM은 기계가 사람보다 잘한다고 강조하고 싶어 하지 않는다. 대신 기계가 사람들 곁에서 일한다고 말하고 싶어 한다. (중략) 헤스턴 블루멘탈은 조심하는 게 좋을 것이다."[19] 미래의 손님들은 모든 종류의 새로운 맛 조합을 접하게 될까? 여기서 기억할 것은 가스트로피지스트가 셰프와 경쟁한다는 것도, 컴퓨터가 인간과 싸운다는 것도 아니다. 그보다는 다양한 방법들을 함께 사용하여 확실한 비율을 만들어내는 것이 핵심이다. 한편 2002년부터 2011년까지 9년 동안 미국의 모든 주에서 온라인에 레스토랑 리뷰를 남긴 수백만 명을 조사한 결과 날씨가 좋으면 외식을 더욱 즐기는 경향이 있었다.

몇 년간 통합 감각 연구소는 시민이 참여하는 대규모 실험들을 박물관과 온라인에서 진행했다. 식사하는 사람들이 좋아할 만한 디자인이 무엇인지 알아내기 위해서였다. 여기에는 접시의 방향과 벽의 색상 그리고 배경 음악까지 모든 것이 포함되었다. 내 추측으로는 식사하는 손님들의 행동에 환경이 미치는 영향을 연구한 소규모의 연구(6장 '우리 분위기 있는 곳에서 먹어요'에서 다룬 1000~2000명이 참여한 연구)는 금세 빅데이터 연구(식사하는 사람의 모바일 장비가 제공하는 신호를 통해 얻은 데이터를 다루는 연구)로 대체될 것 같다. 한 사람이 연구할 수 있는 참여자의 수는 수십만 명으로 늘어날 것이다.

이를 통해 좀 더 증거에 기초한 음식과 음료를 제공할 것이다. 지난해 런던 과학박물관에서 〈탐닉하는 물건들 Cravings〉이라는 전시가 열렸다. 나의 연구팀은 전시를 관람한 5만 명 이상의 사람들을 설문조사했다(직접 또는 온라인으로). 덕분에 음식의 외관이 풍미에 대한 생각에 어떻게 영향을 미치는지, 또 그 음식에 대한 기대감에 얼마나 영향을 미치는지를 알 수 있었다. 그 결과는 우리의 직관을 벗어나지 않았지만 주방에서 내려오던 일부 속설에는 의문을 제기했다. 예를 들어, 사람들은 접시 위에 음식을 짝수보다 홀수로 놓는 것을 선호한다는 속설이 있다. 최근 우리는 여기서 더 나아가 접시에서 길게 뻗은 재료, 그러니까 그을린 양파나 로브스터를 가장 맛있게 보이게 하는 방향을 찾았다. 최근에는 다양한 플레이팅 가운데 사람들이 가장 많은 돈을 내겠다고 하는 것은 무엇인지, 가장 창의적이라고 생각하는 것은 무엇인지를 연구했다.

어플라이드 프리딕티브 테크놀로지스 Applied Predictive Technologies 의 루퍼트 네일러 Rupert Naylor 도 빅데이터 분석을 통한 또 다른 연구에 나섰다. 네일러는 자신의 회사가 레스토랑 체인을 위해 어떤 일을 해주는지를 설명했다. "새 약의 효과를 실험하는 것과 똑같이 대조군 실험을 한다. (중략) 레스토랑에서도 유사한 행동을 보여주는 대조군 실험을 한다. 그다음 오차를 제거한다. 이렇게 얻은 데이터는 어떻게든 판매에 영향을 미칠 것이다." 이 접근법은 영국 피자헛이 손님들의 평균 지출을 9파운드에서 11파운드로 늘리는 데 확실히 도움이 됐다. 중요한 차이 같지 않지만 그 차이가 곧 쌓일 것이다.[20]

감각이 폭발하는 식사 경험

다중 감각적 경험을 설계하는 사람은 오랫동안 감각 사이의 연관성을 탐구해왔다. 그 관계는 어떤 면에서는 확실했다. 개구리 뒷다리 요리에 개구리 울음소리를 곁들인다고 생각해보자. 또는 바다 소리를 곁들인 해산물 요리나. 뉴욕의 일레븐 메디슨 파크나 브리스틀의 카사미아, 상하이의 울트라바이올렛 등의 레스토랑에서는 소풍(보다 정확하게는 과거에 사람들이 소풍 같은 이벤트에서 느꼈을 긍정적 감정)을 재창조할 다양한 방법을 시도했다. 예를 들면, 소풍에 쓰는 종이 접시를 재현한 세라믹 접시를 쓰거나 피크닉 바구니에 음식을 내오는 식이다. 소리와 냄새(야외의 향기) 그리고 관련된 시각적 요소(야외의 정경을 떠올려보라)를 도입하는 것도 가능하다. 이런 시도들은 확실히 효과적이지만 조금 상투적이기도 하다. 하지만 셰프와 요리 예술가 그리고 경험 디자이너들은 점점 공감각적인 디자인의 세계로 깊숙이 들어가고 있다. 이 세계에서 제공되는 경험은 감각 사이의 연결에 기초한다. 이런 연결은 명시적이지 않다. 나는 '컬러 랩 Colour Lab' 같은 이벤트를 생각해본다. 여기에서는 주변 색상과 음악이 와인 맛을 바꾸었다. 공감각과 비슷한 일이다. 감각 사이의 연결에 대해 처음 들으면 꽤 놀라게 된다(달콤함은 높은 음이고, 핑크빛이 도는 붉은색은 둥근 모양이다). 하지만 이런 형태의 디자인은 근본적으로 공감각과 다르다(색에서 글자나 숫자나 시간을 보거나 소리에서 냄새를 맡는 것이 공감각이다). 가장 중요한 차이점은 감각 사이에서 새롭게 발견된 연결고리가 대부분의 사람들에게 공통적으로 나타난다는 것이다. 보편적이지만 놀라운 관계(때로 '감각 통합 일치 crossmodal correspondences'라고 불린다)로서 흥미로울 뿐만 아니라 중요한 다중 감각적 경험을 일으킨다. 점점 풍성해지는 가스트로피직스 연구들은 셰프와 경험 디자이너들에게 많은 통찰을 제공한다.

감각 통합 일치가 화학적 감각, 그러니까 맛이나 향 또는 풍미와 결합하기 시작하자 상황은 더욱 흥미로워졌다. 다중 감각적 경험을 디자인하는 경우 반드시 많은 감각을 섞어야만 결과가 좋은 것은 아니다. 숀 로그 Sean Rogg의 사례를 보자. 그는 최근 발도르프 프로젝트 Waldorf Project의 일부 이벤트에서 사람들을 "맛의 색에 초대"했다. 무채색 옷을 입은 방문객들은 좋은 와인을 마시고 무용수들의 춤을 보아야 했다. 로그는 이렇게 말했다. "소리 디자이너에게 와인마다 다른 소리가 나도록 음경을 와인에 맞추라고 요구했다." 어려운 요구다. 이 분야에서 일할 때의 어려움을 고려해도 한 가지 분명한 것은 음식이나 음료와 관련된 공감각적 디자인에 대한 관심이 폭발적으로 늘어나고 있다는 점이다.[21]

이런 경험적인 이벤트에 대해 다른 사람이 똑같이 반응할 거라는 보장은 없다. 하지만 그 점이 재미있는 부분이다. 공감각 디자인의 부상은 우리가 공유하고 있는 감각들 사이의 놀라운 연결에 기초하고 있고 센스플로레이션 sensploration의 탄생과 나란히 이루어진다. 센스플로레이션은 소비자들이 점점 자신만의 감각 세계 sensorium와 우리 모두에게서 발견되는 숨은 연결을 탐구하고 싶어 한다는 개념이다.[22] 한때 감각 마케팅이 돈이 된다는 생각이 팽배했었다. 이제는 공유된(그리고 공유할 만한) 다중 감각적 경험이 돈 이상이 되는 듯하다(또는 최소한 그래야 한다). 요리 예술가에게는 발견의 여정과 같다. 감각들 사이의 낯설고 놀라운 공감각적 연결로 우리를 이끈다. 최근 이런 기사가 실렸다. "2000년대에 태어난 미국인의 70퍼센트는 '감각을 촉진할' 경험을 원하고 있다." 이에 대한 설명은 여러 가지가 있다. 한 가지 흥미로운 설명은 이렇다. 그들은 몰입할 수 있는 참여형 경험에 목말라 있다는 것이다. 한 평론가는 이렇게 썼다. "소비자들은 끊임없는 디지털 폭격에 언제나 싫증을 느끼기 때문에 몰입 가능한 진짜 경험을 찾게 된다."[23] 그러므로 경험 경제가 시장과 마케팅의 여러 측면에 영향을 미치는 동안 다음번 '감각 폭발'(미국의 마케팅 교수 애러드나

크리슈나^{Aradna Krishna}가 2013년 어느 산업 브리핑에서 이렇게 불렀다)을 준비해야 한다.

다시, 가스트로피직스

마침내 우리는 보는 사람('보는 사람'이 여전히 옳은 단어라면)들의 모든 감각과 관련한 설치물이나 경험을 의미하는 총체예술 Gesamtkunstwerk(종합예술 작품)로서 음식을 인식하게 되었다.[24] 이 단어는 독일 작곡가 바그너와 관련이 있다. 그러므로 그가 미래파의 저녁 파티에 선택된 작곡가였다고 해도 놀랄 일은 아니다. 사실 음식이나 음료 없이 어떻게 모든 감각을 자극하는 예술 작품을 만들겠다는 것인지 이해하기 어렵다.

총체예술과 미래파 그리고 한 세기 전에 크게 유행했던 다양한 예술 사조가 모두 직접적으로 연결되어 세기의 전환기에 유럽에서 생리학적 미학을 탄생시켰다. 당시에 쇠라^{Georges Pierre Seurat}를 비롯한 예술가들이 과학자들과 만났다. 새롭게 부상하던 감상자의 마음에 대한 신경과학적 이해를 바탕으로 더욱 즐거운 경험을 만들기 위해서였다. 예술가와 과학자의 교류는 놀라운 창조성의 파도를 만들어냈다. 비록 마지막에는 흐지부지되었지만. 아마도 시기가 적절치 못하고 과학적 지식도 적절치 못했기 때문일 것이다(뇌과학은 120년 이상에 걸쳐 발전하고 있다). 그리고 내가 이해하는 바로는 뇌파를 측정하는 것으로는 화가(또는 다른 예술가)의 작품 설계에 도움이 되는 정보를 절대 만들지 못한다.

이제 요리 예술과 행동심리학은 점점 더 많이 융합하고 있다. 이 분야는 가스트로피직스라는 새로운 과학에 둘러싸여 있다. 최신 디자인 및 기술과 결합한 이 새로운 협업은 말 그대로 우리가 전에 접하지 못했을 법한 음식의 미래를 약속해준다. 이탈리아 미래파의 가장 거친 꿈이나 아이디어에서조차 접하지 못했을 법한 미래다.

어떤 미래가 오든, 우리는 계속해서 먹을 것이기에

이제 기후 변화, 지속 가능성, 거대 도시의 성장을 고려하지 않고 음식의 미래를 생각하기는 어렵다. 미래에 음식을 생산할 해결책이 수직 농장이나 인공 고기, 곤충 또는 (절대 있어서는 안 될) 소일렌트 그린Soylent Green(고에너지 플랑크톤을 함유하고 있다고 광고하지만 사실은 사람의 유해로 만드는 맛있는 녹색 웨이퍼)에 있다고는 말하지 못하겠다. 음식의 미래에 대한 디스토피아적인 예측은 리처드 플라이셔Richard Fleischer가 2022년을 배경으로 제작한 동명 영화에서 왔다.* 하지만 나는 미래가 어떻게 되든 최신 기술과 디자인이 만나는 모더니스트 퀴진과 예술

---

* 소일렌트 그린과 조류藻類로 만든 새로운 요리가 궁금하다면 찰스 스펜스와 피케라스-피츠먼Piqueras-Fiszman의 저서 《완벽한 식사: 음식과 식사의 다중 감각 과학The Perfect Meal: The Multisensory Science of Food and Dining》(옥스퍼드, 와일리-블랙웰, 2014)을 참조하라. 〈소일렌트 그린〉은 해리 해리슨Harry Harrison의 1966년 소설인 《비켜! 비켜!Make Room! Make Room!》를 원작으로 한다. 최근 캘리포니아의 스타트업이 '소일렌트 그린'이라는 식품을 판매하기 시작했다. 이 식품은 우리에게 꼭 필요한 단백질과 탄수화물, 지방과 미량영양소를 포함하고 있다. 하지만 이 제품의 초창기 버전을 먹어본 사람들은 극도로 속이 부글거리는 것을 느꼈다.

사이의 접점을 탐구함으로써 우리의 목표를 성취할 훨씬 좋은 기회가 주어질 거라고 강력하게 믿는다. 결국 행동을 바꾸는 것은 단순히 사람들에게 무엇이 좋다거나 무엇이 지속 가능한지를 알려주는 문제가 아니다. 사람들을 건강하고 지속 가능한 식습관으로 이끌기 위한 다른 전략이 필요하다. 이것은 우리의 음식 지각이 주로 입이 아니라 머릿속에서 일어난다는 사실을 알아야 가능한 접근법이다. 미래에 우리는 '음식 해킹'에 훨씬 친숙해질 것이다.[25]

가스트로피직스의 미래에는 우리와 음식의 관계를 바꿀 기회들뿐만 아니라 본질적인 도전 과제들도 있을 것이다. 현재 최고의 모더니스트 퀴진에 등장한 가장 흥미로운 혁신들이 다른 식당이나 가정으로 확대되기를 바란다. 이미 전 세계의 거대한 식음료 회사들이 관심을 보이고 있다. 우리의 식습관은 항상 온라인에서 일어나거나 촉진되기 때문에 음식 트렌드와 행동을 빅데이터로 분석함으로써 새로운 세계를 열 수도 있다. 셰프스텝스의 설립자인 크리스 영Chris Young은 자신의 웹사이트가 2016년 말까지 100만 명을 끌어들여 그들이 더 나은 요리를 만들도록 도울 거라고 예측했다. 이런 상호작용으로 축적된 데이터는 음식을 개인 맞춤화하거나 음식에 대한 지각(또는 행동)을 개선하는 데 쓰일 것이다.

가스트로피직스의 과학적 접근법은 상상과 영감으로부터 사실을 분리해서 무엇이 정말 중요한지 정량화해줄 것이다. 셰프 안도니 루이스 아두리즈가 썼듯이 사람들이 "즐거움은 입에서만 발견되는 것이 아니"라는 사실을 알게 되면 진짜 진보가 일어날 것이다. 즐거움은 거의 대부분 머릿속에서 일어나니까. 사실 아두리즈의 말은 여기에 마지막으로 인용할 가치가 있다. "요컨대 '당신은 당신이 즐기는 것을 좋아할 필요가 없다.' 다시 말해 즐거움은 입에서만 발견되는 것이 아니다. 집중력(뇌의 추진 메커니즘)은 도저히 음식으로 보이지 않는 대상에 대해서조차 우리의 지각을 완전히 바꿀 수 있다. 우리는 보존적 자아(우리를 습관적으로 일상을 살고 반복적으로 안전과 휴식을 추구하는 존재로 만드는)와 호기심 많고 용감한 자아(미지의 대상에서 즐거움을 찾는) 사이의 경계에서 두 자아를 활용할 줄 안다. 우리는 위험과 불확실성 속에서 무언가를 처음 시도할 때는 항상 혼란을 느낀다."[26] 그리고 그럼으로써 우리는 출발점으로 돌아갈 방법을 찾을 수 있을 것이다!

가스트로피직스로 차린 건강한 밥상

이 책을 덮기 전에 적게 먹으면서도 만족감은 키우는(즉 더 건강하게 먹는) 몇 가지 비결을 추천하려고 한다.

1. 적게 먹어라. 당연한 말이라고? 하지만 모두 이 말을 실천하는 것은 아니다.
2. 음식을 감춰라. 쿠키가 불투명한 통보다는 투명한 유리병에 담겼을 경우 군것질을 더 많이 하는 경향이 있다. "눈에서 멀어지면 마음에서도 멀어진다"는 말이 딱 맞아떨어지는 경우다. 사실 음식을 손에 쉽게 잡히지 않게 하는 것도 도움이 된다. 이런 종류의

넛지는 먹는 양을 줄이는 데 자주(명심하라, 항상은 아니다) 도움이 된다.

3. 중년층과 노년층은 식사 전에 물을 많이 마신다. 아침·점심·저녁 식사 30분 전에 물 0.5리터를 마시면 효과가 있다. 연구에 따르면 이럴 경우 식사 때마다 약 40칼로리를 적게 섭취하게 된다. 게다가 자주 화장실에 가기 위해 일을 잠시 멈추게 되므로 당연히 생리적 활성도도 높아진다!

4. 정크푸드를 좋아한다면 거울 앞에서 먹거나 얼굴이 비치는 접시를 사용하라. 연구에 따르면 이럴 경우 초콜릿 브라우니 같은 음식에 대한 욕구가 줄어드는 것은 물론이고 실제 소비도 줄어든다. 유명한 배우 중에는 거울 앞에서 발가벗고 식사하는 사람도 있다. 최근 잠시 오픈했던 누드 레스토랑(7장 '오리지널 소셜 네트워크' 참조)의 손님들이 정말 적게 먹었는지 알아보면 흥미로울 것이다. 천천히 신중히 먹어라. 아시다시피, 텔레비전은 꺼야 한다.

5. 더 많은 감각을 동원하라. 더 진한 향, 더 강한 질감. 이 모든 것이 우리 뇌가 충분히 먹었다는 결정을 내리도록 돕는다. 연구에 따르면 사람들은 사과보다는 사과 퓌레, 사과 퓌레보다는 사과 주스를 먹을 때 훨씬 많은 칼로리를 섭취한다. 사과나 사과 퓌레나 사과 주스는 모두 똑같은 식품인데도 그렇다. 다만 다른 점은 뇌에 얼마나 먹었는지를 알려주는 질감 정보뿐이다(그리고 얼마나 씹어야 하는지도). 이것은 음료를 빨대로 마시면 안 되는 것과 같은 이유 때문이다. 맛 감지에 중요한 역할을 하는 전비강 쪽의

냄새 정보(2장 '냄새만으로 배부르지는 않겠지만' 참조)를 없애기 때문이다. 음식의 향을 자주 맡아라. 어쨌든 여기에서 대부분의 즐거움을 느낄 수 있다. 어떤 일이 있어도 식사 중에 얼음물을 마시지 마라. 얼음물은 미뢰를 무감각하게 만들어 단순하고 평범한 맛만 느끼게 한다! 일부 연구자들은 북미 사람들이 단 음식을 좋아하는 것도 식사 중에 얼음물을 마시기 때문이라고 주장한다.

6. 작은 접시를 사용하라. 특히 스스로 음식을 준비할 경우 효과적이다. 수치를 보면 깜짝 놀랄 것이다. 즉 크기가 두 배인 접시에 담아 먹을 경우 40퍼센트나 더 먹는 경향이 있다.

7. 테두리가 없는 묵직한 볼을 사용하라. 볼을 테이블에 올리지 말고 손에 들고 먹어보라. 손에 느껴지는 무게 덕분에 뇌는 금세 많이 먹었다고 생각하고 배도 부르다고 느낀다(만족한다).

8. 붉은 접시를 사용하라. 붉은 접시는 일종의 회피 동기를 촉발시킨다.

9. 자주 쓰던 식기 대신 낯선 식기를 써라(서양 사람이라면 젓가락으로 먹어보라). 또는 주로 쓰지 않는 손으로 먹어보라. 아니면 작은 숟가락이나 포크를 이용할 수도 있다. 이는 기본적으로 음식을 입으로 가져가는 과정을 더 어렵게 한다. 최근 35개국의 예술가와 디자이너들이 암스테르담의 클럽에서 식사의 규범을 바꾸기 위해 느리고 불편한 식기를 만들었다. 열의 넘치는 참가자가 만든 못이 박힌 숟가락의 경우 음식을 먹을 때마다 이가 상하지 않도록 주의해야 한다.

10. 아, 요기 베라 ^{Yogi Berra}가 남긴 아주 좋은 팁이 있다. "피자는 네 조
각으로 자르는 게 낫다. 왜냐하면 여섯 조각을 먹을 만큼 배가 고
프지는 않으니까."

주석

프롤로그

1 "사각형 접시는 '혐오'라고 마스터셰프 심사위원 윌리엄 싯웰이 말했다," *Daily Telegraph* (*Food & Drink*), 13 May 2014 (http://www.telegraph. co.uk/foodanddrink/10828052/Square-plates-are-anabomination-says-MasterChef-judge-William-Sitwell.html).

2 다트무어 국립공원(Dartmoor National Park)에서 열린 문학 페스티벌에서 마이클을 만나 '즐거웠다'.('The Perfect Meal', Professor Charles Spence & Michael Caines MBE in conversation, Chagford Literary Festival, 15 March 2015).

1부 거의 모든 감각의 식탁

1. 맛있게 먹었다는 느낌은 정확히 어떤 느낌일까?

1 D. P. Hanig, '*Zur Psychophysik des Geschmackssinnes*' ['On the psychophysics of taste'], *Philosophische Studien*, 17 (1901), 576–623; E. G. Boring, *Sensation and Perception in the History of Experimental Psychology* (New York: Appleton, 1942).

2 A. L. Aduriz, *Mugaritz: A Natural Science of Cooking* (New York: Phaidon, 2014), p. 25.

3 S. M. McClure et al., 'Neural correlates of behavioral preference for culturally familiar drinks', *Neuron* 44 (2004), 379–87.

4 J. Gerard, *The Herball or General Historie of Plants* (1597; Amsterdam: Theatrum Orbis Terrarum, 1974)

5 O. Styles, 'Parker and Robinson in war of words', Decanter, 14 April 2004 (http://www.decanter.com/wine-news/parker-and-robinson-in-warof-words-102172/).

6 C. Sagioglou & T. Greitemeyer, 'Individual differences in bitter taste preferences are associated with antisocial personality traits', *Appetite*,

96(2016), 299 – 308; A. Sims, 'How you drink your coffee "could point to psychopathic tendencies" ', *Independent*, 10 October 2015 (https://www. independent.co.uk/news/science/psycho-pathic-people-are-more-likelyto-prefer-bitter-foods-according-to-new-study-a6688971.html).

2. 냄새만으로 배부르지는 않겠지만

1 H. T. Fincks, 'The gastronomic value of odours', *Contemporary Review*, 50 (1886), 680 – 95.

2 C. Morran, 'PepsiCo thinks its drinks aren't smelly enough, wants to add scent capsules', *Consumerist*, 17 September 2013.

3 F. T. Marinetti, *The Futurist Cookbook*, translated by S. Brill (1932; San Francisco: Bedford Arts, 1989), p. 43.

4 E. Waugh, *Vile Bodies* (London: Chapman & Hall, 1930), pp. 80 – 81.

5 S. Cuozzo, 'Bland cuisine and atmosphere don't boost Eat's silent dinners', *New York Post*, 23 October 2013.

6 M. G. Ramaekers et al., 'Aroma exposure time and aroma concentration in relation to satiation', *British Journal of Nutrition*, 111 (2014), 554 – 62.

7 S. Nassauer, 'Using scent as a marketing tool, stores hope it – andshoppers – will linger: How Cinnabon, Lush Cosmetics, Panera Bread regulate smells in stores to get you to spend more', *Wall Street Journal*, 20 May 2014 (http://www.wsj.com/articles/SB10001424052702303468704 579573953132979382).

8 A. Robertson, 'Ghost Food: An art exhibit shows how we might eat after global warming. What would you do in a world without cod, chocolate, or peanut butter?', *The Verge*, 18 October 2013 (https://www.theverge. com/2013/10/18/4851966/ghost-food-shows-how-we-might-eatafter-global-warming).

3. 어떤 색깔이 더 맛있을까?

1 C. S. 피어스(C. S. Pierce)가 거의 150년 전에 쓴 글을 보자. "모습 그 자체는 단지 우리에게 색과 모양을 알려줄 뿐이다. 아무도 눈에 보이는 이미지가 맛을 결정한다고 감히 생각하지 못했을 것이다. 그러므로, 이미지는 아직까지는 단 것도 아니고 달지 않은 것도 아니며, 쓴 것도 아니고 쓰지 않은 것도 아니며, 맛이 있

는 것도 아니고 없는 것도 아니다." ('Some consequences of four incapacities', Journal of Speculative Psychology, 2 (1868), 140 -57). 또는 헬름홀츠가 10년 전에 쓴 글을 보시라. : "예를 들어, 사람들은 단맛이 붉은색에 가까운지 푸른색에 가까운지 물어볼 수 없다." (The Facts of Perception: Selected Writings of Hermann Helmholtz (Middletown, CT: Wesleyan University Press, 1878)). 반대의 입장에 대해서는, 예를 들어 B. 밀러(B. Miller)의 글을 볼 수 있다. "예술가들이 사람들을 타원형 경기장에 초대해 열흘 동안 색을 맛보게 했다. 댄서와 와인을 곁들여서." Culture 24, 3 February 2015 (http://www.culture24.org.uk/art/art516019-artist-invites-public-to-taste-colour-in-ten-day-event%20with-dancersand-wine-at-the-oval).

2   J. Johnson & F. M. Clydesdale, 'Perceived sweetness and redness in colored sucrose solutions', Journal of Food Science, 47 (1982), 747 -52.

3   예를 들어, 리알 왓슨(Lyall Watson)이 1970년대 초에 이렇게 썼다. "우리가 파란 음식을 싫어하는 것은 오래된 일이다. 슈퍼마켓에 가서 파란 식료품을 얼마나 찾을 수 있는지 보라. 자연에서도 드물고 우리의 인위적인 환경에서도 비슷하게 드물다. 과자 제조자들은 파란색 과자를 파는 데 성공한 적이 없고 파란색 음료나 아이스크림도 오래 시장에 선보이지 않는다." (The Omnivorous Ape (New York: Coward, McCann, & Geoghegan, 1971), pp. 66 -7).

4   J. Wheatley, 'Putting colour into marketing', Marketing, October 1973, 24 -9, 67.

5   C. Spence, 'Assessing the influence of shape and sound symbolism on the consumer's response to chocolate', New Food, 17 (2) (2014), pp. 59 -62.

6   D. Gal, S. C. Wheeler & B. Shiv, Cross-modal influences on gustatory perception (2007; unpublished manuscript (https://ssrn.com/abstract=1030197)).

7   G. Van Doorn et al., 'Latté art influences both the expected and rated value of milk-based coffee drinks', Journal of Sensory Studies, 30 (2015), pp. 305 -15.

8   C. Michel, C. Velasco & C. Spence, 'Cutlery influences the perceived value of the food served in a realistic dining environment', Flavour, 4:27 (2015)를 보라.

9   B. Crumpacker, The Sex Life of Food: When Body and Soul Meet to Eat (New York: Thomas Dunne Books, 2006), p. 143.

10 인스타그램 주소는 다음과 같다. www.instagram.com/chefjacqueslamerde/;

D. Galarza, 'Revealed: Instagram sensation Jacques La Merde is...', *Eater*, 28 January 2016(https://www.eater.com/2016/1/28/10750642/revealed-instagram-sensationjacques-la-merde-is).

11 J. Yang, 'The art of food presentation', Crave, 2011; cited in C. Spence & B. Piqueras-Fiszman, *The Perfect Meal: The Multisensory Science of Food and Dining* (Oxford: Wiley-Blackwell, 2014), p. 113.

12 A. Cockburn, 'Gastro-porn', *New York Review of Books*, 8 December 1977 (https://www.nybooks.com/articles/1977/12/08/gastro-porn/).

13 E. Saner, 'Plate spinning: The smart chef's secret ingredient', *Guardian*, 12 May 2015 (https://www.theguardian.com/lifeandstyle/shortcuts/2015/may/12/plate-spinning-smart-chefs-secret-ingredientfood-on-plate).

14 J. Prynn, 'Age of the Insta-diner: Restaurants drop ban on phones as foodie snaps become the norm', *Evening Standard*, 28 January 2016, p. 27.

15 A. Victor, 'Keep your background blurry, never use a flash and DON'T overuse filters: How to turn your dull food images into Instagram food porn in 12 simple steps', *Daily Mail Online*, 28 April 2015 (http://www.dailymail.co.uk/femail/food/article-3050116/12-tricks-help-beautifulfood-photos-Instagram.html).

16 C. Spence, Q. (J.) Wang & J. Youssef, 'Pairing flavours and the temporal order of tasting', *Flavour* (in press, 2017).

17 C. Duboc, 'Munchies presents: Mukbang', *Munchies*, 17 February 2015(https://munchies.vice.com/videos/munchies-presents-mukbang).

18 이 경우 증가는 10~15% 사이였다. ; C. P. Herman, J. M. Ostovich & J. Polivy, 'Effects of attentional focus on subjective hunger ratings', *Appetite*, 33 (2009), 181-93

19 L. Passamonti et al., 'Personality predicts the brain's response to viewing appetizing foods: The neural basis of a risk factor for overeating', *Journal of Neuroscience*, 29 (2009), 43-51; p. 43.

20 S. Howard, J. Adams & M. White, 'Nutritional content of supermarket ready meals and recipes by television chefs in the United Kingdom. Cross sectional study', *British Medical Journal* (2012), 345:e7607.

21 F. M. Kroese, D. R. Marchiori & D. T. D. de Ridder, 'Nudging healthy food choices: A field experiment at the train station', *Journal of Public Health*, 38

(2016), e133−e137.

22 C. Michel et al., 'A taste of Kandinsky: Assessing the influence of the visual presentation of food on the diner's expectations and experiences', *Flavour*, 3:7 (2014).

23 T. M. Marteau et al., 'Downsizing: Policy options to reduce portion sizes to help tackle obesity', *British Medical Journal* (2015), 351:h5863.

24 C. K. Morewedge, Y. E. Huh & J. Vosgerau, 'Thought for food: Imagined consumption reduces actual consumption', *Science*, 330 (2010), 1530−33.

25 A. Swerdloff, 'Eating the uncanny valley: Inside the virtual reality world of food', *Munchies*, 13 April 2015 (https://munchies.vice.com/en/articles/eating-the-uncanny-valley-inside-the-virtual-reality-world-offood).

26 Quoted from Max Ehrlich, *The Edict* (London: Severn House, 1972), p. 173.

4. 바삭거리는 소리가 클수록 맛있다

1 'How microwave meals are now on the menu at dinner parties', *Daily Mail Online*, 22 May 2016 (http://www.dailymail.co.uk/news/article-3603849/Third-guests-claim-not-bothered-served-ready-meal.html).

2 P. Samuelsson, 'Taste of sound − Composing for large scale dinners', keynote presentation given at the Sensibus Festival, Seinäjoki, Finland, 13−14 March 2014; see also C. Spence, 'Music from the kitchen', *Flavour*, 4:25 (2015).

3 'The sounds of Massimo Bottura by Yuri Ancarani & Mirco Mecacci' − video, *The New York Times Style Magazine*, 2016 (https://www.nytimes.com/video/t-magazine/100000004708074/massimo-bottura.html?smid=fb-share)를 보라.

4 M. L. Demattè et al., 'Effects of the sound of the bite on apple perceived crispness and hardness', *Food Quality and Preference*, 38 (2014), 58−64.

5 M. Batali, The Babbo Cookbook (New York: Random House, 2002), cited in J. S. Allen, *The Omnivorous Mind: Our Evolving Relationship with Food* (London: Harvard University Press, 2012), p. 8

6 G. Weiss, 'Why is a soggy potato chip unappetizing?', *Science*, 293(2001), 1753−4.

7 M. Batali, The Babbo Cookbook (New York: Random House, 2002), cited

in J. S. Allen, *The Omnivorous Mind: Our Evolving Relationship with Food* (London: Harvard University Press, 2012), p. 8. 사람들은 실제로는 본질적으로 설명할 수 없는 것에 대해서도 본직적인 설명을 붙이려는 경향이 있다.

8 M. Lindstrom, *Brand Sense: How to Build Brands through Touch, Taste, Smell, Sight and Sound* (London: Kogan Page, 2005), p. 12.

9 E. Byron, 'The search for sweet sounds that sell: Household products' clicks and hums are no accident; Light piano music when the dishwasher is done?', *Wall Street Journal*, 23 October 2012 (http://www.wsj.com/articles/SB10001424052970203406404578074671598804116).

10 사실, 배경 음악은 식사하는 손님에게 미치는 영향 이상으로 서빙하는 스태프의 동기를 유발하는 데 보이지 않는 큰 역할을 한다. 멘톤(Menton)과 9번 공원(No.9 Park) 같은 레스토랑으로 구성된 바바라 린치 그루포(Barbara Lynch Gruppo) 의 셰프인 콜린 린치(Colin Lynch)는 이렇게 썼다. "어떤 종류든 음악이 없는 주방에서는 일한 적이 없다. 주방의 모든 에너지가 변한다. 무엇을 듣는지에 따라 주방에서 일하는 사람들의 속도가 달라진다. 준비 과정에서, 당신은 명해진다. 한 가지를 45분 동안 연달아 한다. 리듬을 유지하게 하는 데 도움이 될 것이다." 다음 자료를 보라. D. First, 'Music to prep by: The tunes they name can lighten or quicken the mood before service', *Boston Globe*, 27 July 2011 (https://www.boston.com/ae/food/restaurants/articles/2011/07/27/food_and_music_are_complements_in_most_kitchens__before_its_time_to_focus_on_service/). See C. Spence, 'Music from the kitchen', *Flavour*, 4:25 (2015) for a review.

11 G. Keeley, 'Spanish chefs want to take din out of dinner', *The Times*, 4 May 2016, p. 33(http://www.thetimes.co.uk/article/spanish-chefswant-to-take-the-din-out-of-dinner-cr3fpcg7p).

12 Quote from hotel manager Edwin Kramer, of London's Edition Hotel, in L. Eriksen, 'Room with a cue', *The Journal*, Autumn 2014, 26-7; p. 27.

5. 토끼 스튜는 토끼 가죽 스푼으로

1 Quoted in G. Berghaus, 'The futurist banquet: Nouvelle Cuisine or performance art?', *New Theatre Quarterly*, 17(1) (2001), 3-17, p. 9.

2 I. Crawford, *Sensual Home: Liberate Your Senses and Change Your Life* (London: Quadrille, 1997).

3 W. Welch, J. Youssef & C. Spence, 'Neuro-cutlery: The next frontier in

cutlery design', *Supper Magazine*, 4 (2016), 128 – 9.

4   Y. Martel, *Life of Pi* (New York: Harcourt, 2001), p. 7.

5   See S. Poole, *You Aren't What You Eat: Fed Up with Gastroculture* (London: Union Books, 2012), pp. 44 – 5.

6   B. Stuckey, *Taste What You're Missing: The Passionate Eater's Guide to Why Good Food Tastes Good* (London: Free Press, 2012), p. 93.

2부 세상에서 가장 맛있는 식탁

6. 우리 분위기 있는 곳에서 먹어요

1   또다른 레스토랑 경연인은 이렇게 썼다. "고객들은 가정과 완전히 다른 식사 경험을 추구한다. 그리고 분위기는 음식 자체보다 더 고객들을 매혹시킬 수 있다.", "더 많은 레스토랑이 음식 만큼이나 열정적으로 이국적인 분위기를 판다." Wall Street Journal, 4 August 1965, p. 1; as cited in P. Kotler, 'Atmospherics as a marketing tool', *Journal of Retailing*, 49 (Winter 1974), 48 – 64; pp. 58 – 9.)

2   P. Kotler, 'Atmospherics as a marketing tool', Journal of Retailing, 49(Winter 1974), 48 – 64, p. 48.

3   M. Sheraton, *Eating My Words: An Appetite for Life* (New York: Harper, 2004), p. 172.

4   C. Suddath, 'How Chipotle's DJ, Chris Golub, creates his playlists', *Businessweek*, 17 October 2013 (http://www.businessweek.com/articles/2013-10-17/chipotles-music-playlists-created-by-chris-golubof-studio-orca).

5   C. Buckley, 'Working or playing indoors, New Yorkers face an unabated roar', *The New York Times*, 19 July 2012 (https://www.nytimes.com/2012/07/20/nyregion/in-new-york-city-indoor-noise-goesunabated.html?_r=0).

6   Quoted in T. Clynes, 'A restaurant with adjustable acoustics', *Popular Science*, 11 October 2012 (http://www.popsci.com/technology/article/2012-08/restaurant-adjustable-acoustics).

7   A. Shelton, 'A theatre for eating, looking and thinking: The restaurant as symbolic space', *Sociological Spectrum*, 10 (1990), 507 – 26; p. 522.

8 Quoted in B. Stuckey, *Taste What You're Missing: The Passionate Eater's Guide to Why Good Food Tastes Good* (London: Free Press, 2012), pp. 85 – 6.

9 A. Shelton, 'A theatre for eating, looking and thinking: The restaurant as symbolic space', *Sociological Spectrum*, 10 (1990), 507 – 26; p. 525.

10 'Welcome to the experience economy', *Harvard Business Review*, 76(4) (1998), 97 – 105; p. 104.

11 Quoted in C. Rintoul, 'The next chef revolution', '*Food is the New Internet*' blog (https://medium.com/food-is-the-new-internet/the-next-chef-revolution-dfe75f0820d2#.k62l0o2e8).

12 J. Bergman, 'Restaurant report: Ultraviolet in Shanghai', *The New York Times*, 10 October 2012 (https://www.nytimes.com/2012/10/07/travel/restaurant-report-ultraviolet-in-shanghai.html).

13 M. Steinberger, *Au Revoir to All That: The Rise and Fall of French Cuisine* (London: Bloomsbury, 2010), p. 78.

14 E. Lampi, 'Hotel and restaurant lighting', *Cornell Hotel and Restaurant Administration Quarterly*, 13 (1973), 58 – 64, p. 59.

15 David Ashen of D-Ash design, quoted in R. S. Baraban & J. F. Durocher, *Successful Restaurant Design* (Hoboken, NJ: John Wiley & Sons, 2010), p. 236.

7. 오리지널 소셜 네트워크

1 S. Cockcroft, 'That really IS a Happy Meal! McDonald's staff throw a surprise birthday party for a lonely 93-yearold widower who has gone to McDonald's almost every day since 2013', *Daily Mail Online*, 20 November 2015 (http://www.dailymail.co.uk/news/article-3327184/That-really-Happy-Meal-Lonely-93-year-oldgone-McDonald-s-day-death-wife-thrown-surprise-birthday-partyrestaurant.html).

2 Nell Frizzell, 'Dinner for one – now that's my kind of date', *Guardian*, 14 April 2016 (https://www.theguardian.com/commentisfree/2016/apr/13/dinner-for-one-date-solo-dining-eat).

3 H. F. Harlow, 'Social facilitation of feeding in the albino rat', *Journal of Genetic Psychology*, 41 (1932), 211 – 20, p. 211.

4 C. Steel, *Hungry City: How Food Shapes Our Lives* (London: Chatto &

Windus, 2008), pp. 212 – 13를 보라.

5 K. Davey, 'One in three people go a week without eating a meal with someone else, Oxford University professor finds', *Oxford Mail*, 13 April 2016 (http://www.oxfordmail.co.uk/news/14422266.One_in_three_people_go_a_week_without_eating_a_meal_with_someone_else__Oxford_University_professor_finds/).

6 H. Rumbelow, 'Tired of takeaways? Try supper in a stranger's home with the Airbnb of dining', *The Times* (*Times2*), 19 November 2015, pp. 6 – 7.

7 Camille Rumani, co-founder of the VizEat site.

8 R. Cornish, 'Din and dinner: Are our restaurants just too noisy?', *Good Food*, 13 August 2013 (http://www.goodfood.com.au/good-food/foodnews/din-and-dinner-are-our-restaurants-just-too-noisy-20130805-2r92e.html)

9 오픈테이블이 한 연구를 A. 빅터(Victor)가 인용했다. "한 사람을 위한 테이블을 반드시 놓아라! 지난 두 해 동안 혼자 식사하는 사람의 수가 두 배로 늘었다. 혼자 식사하는 게 외로운 경험이 아니라 자유로운 경험으로 보이기 때문이다." *Daily Mail Online*, 13 July 2015 (http://www.dailymail.co.uk/femail/food/article-3156420/OpenTable-study-reveals-number-solo-dinersDOUBLES-two-years.html).

10 W. Smale, 'Your solo dining experiences', *BBC News* (*Business*), 31 July 2014 (https://www.bbc.co.uk/news/business-28542359).

11 Nell Frizzell, 'Dinner for one – now that's my kind of date'.

12 A. S. Levine, 'New York today: Where to eat alone', *The New York Times*, 11 February 2016 (https://www.nytimes.com/2016/02/11/nyregion/new-york-today-where-to-eat-alone.html?_r=0).

13 반 고오어(Van Goor) 역시 이렇게 말했다. "혼자 하는 식사는 우리 문화에서 연결이 끊어져 있음을 느낄 가장 극단적인 형태다." 에엔말(Eenmaal)에 간단히 요기를 하러 들른 것 같지는 않았다. 오히려 혼자 식사하기 위해 신중히 예약을 했다. 인용한 글은 다음과 같다. B. Balfour, 'Tables for one – the rise of solo dining', *BBC News Online*, 24 July 2014 (https://www.bbc.co.uk/news/business-28292651).

14 A. J. N. Rosny, Le Péruvian à Paris (1801), quoted in R. L. Spang, *The Invention of the Restaurant* (Cambridge, MA: Harvard University Press, 2000), p. 64.

15 S. B. Mendelsohn, "I Eat You Eat Me," *Feast: Radical Hospitality in Contemporary Art* (blog), 7 February 2012, https://blogs.uchicago.edu/feast/2012/02/i_eat_you_eat_me.html.

16 M. Vogelzang, "Sharing Dinner," Studio Marije Vogelzang(blog), http://www.marijevogelzang.nl/studio/eating_experiences/Pages/sharing_dinner.html.

17 Quoted in R. Comber et al., 'Not sharing sushi: Exploring social presence and connectedness at the telematic dinner party', in J. H.-J. Choi, M. Foth & G. Hearn (eds.), *Eat, Cook, Grow: Mixing Human – Computer Interactions with Human – Food Interactions* (Cambridge, MA: MIT Press, 2014), pp. 65 – 79, 71.

8. 미슐랭 셰프도 좌절시키는 10km 상공의 식사

1 K. Kovalchik, '11 things we no longer see on airplanes' (http://mentalfloss.com/article/51270/11-things-we-no-longer-see-airplanes); A. Toffler, *Future Shock* (New York: Random House, 1970), pp. 206 – 11.

9. 프루스트의 마들렌처럼

1 L. P. Carbone & S. H. Haeckel, 'Engineering customer experiences', *Marketing Management*, 3(3) (1994), 8 – 19; p. 8.

2 O. Franklin-Wallis, 'Lizzie Ostrom wants to transform people's lives through their noses', *Wired*, 3 October 2015 (http://www.wired.co.uk/magazine/archive/2015/11/play/lizzie-ostrom-smell); J. Morton, *MedTech Engine*, 6 January 2016 (https://medtechengine.com/article/appetite-stimulation-in-dementia-patients/).

3 J. A. Brillat-Savarin, *Physiologie du goût* [*The Philosopher in the Kitchen/The Physiology of Taste*] (Brussels: J. P. Meline, 1835); published as A *Handbook of Gastronomy*, trans. A. Lazaure (London: Nimmo & Bain, 1884).

10. 왜 스타벅스는 진동벨 대신 이름을 부를까?

1 J. A. Heidemann, 'You've been Googled — bon appetit!', *Chicago Business*, 29 June 2013 (https://www.chicagobusiness.com/article/20130629/ISSUE03/306299997/youve-been-googled-bon-appetit); S. Craig, 'What restaurants know (about you)', *The New York Times*, 4 September

2012(https://www.nytimes.com/2012/09/05/dining/what-restaurants-knowabout-you.html?pagewanted=all&_r=0).

2 A. Sytsma, 'Hardcore coddling: How Eleven Madison Park modernized elite, old-school service', *Grub Street*, 9 April 2014 (http://www.grubstreet.com/2014/04/eleven-madison-park-fohstaff-detailed-look.html?mid=huffpost_lifestyle).

3 'Lunchtime poll – investigating patrons', *CNN*, 10 August 2010 (https://cnneatocracy.wordpress.com/2010/10/28/lunchtime-poll-investigatingpatrons/).

4 S. Craig, 'What restaurants know (about you)', *The New York Times*, 4 September 2012 (https://www.nytimes.com/2012/09/05/dining/what-restaurants-know-about-you.html?pagewanted=all&_r=0).

5 S. Miles, '6 tools restaurants can use for better guest intelligence', *Streetfight*, 22 July 2013 (http://streetfightmag.com/2013/07/22/6-toolsrestaurants-can-use-for-better-guest-intelligence/).

6 온라인에 공개된 수많은 메뉴를 분석한 결과에 기반해, 언어학자 댄 주라프스키는 "비싼 레스토랑은 싼 레스토랑에 비해 요리가 절반에 불과했다"고 밝혔다. (D. Jurafsky, *The Language of Food: A Linguist Reads the Menu* (New York: Norton, 2014), p. 12).

7 T. Hayward, 'Menus without choice blaspheme against the doctrine of dining', *FT Weekend Magazine*, 23 January 2016, p. 12.

8 서덜랜드의 이야기는 다음 사이트에서 찾아볼 수 있다. https://www.warc.com/Content/News/N34910_Behavioural_economics_is_effective__.content?PUB=Warc%20News&CID=N34910&ID=00be1349-4c3d-4b81-81e3-31f01402d325&q=sutherland&qr.

9 여기서 옛 마케팅 임원이란 루이스 체스킨의 오랜 동료인 어니스트 디히터를 뜻한다. 루이스 체스킨의 오랜 동료였다. 둘 다 지난 세기 중반에 중부유럽의 혼돈과 박해를 피해 이민왔다. 당시의 역사에 대해서는 다음 책을 참고하시라. L. R. Samuel, *Freud on Madison Avenue: Motivation Research and Subliminal Advertising in America* (Oxford: University of Pennsylvania Press, 2010).

10 F. T. Marinetti, 'Nourishment by Radio', in F. T. Marinetti, *The Futurist Cookbook*, translated by S. Brill (1932; San Francisco: Bedford Arts, 1989), p. 67.

11. 소리, 분위기, 맛 모두를 즐기세요

1 Quotes from A. L. Aduriz, *Mugaritz: A Natural Science of Cooking* (New York: Phaidon, 2014), p. 18.

2 J. Simpson & J. Mattson, 'TV chef's grubby steakhouse mixed raw and cooked meat', *The Times*, 26 May 2014, p. 18(http://www.thetimes.co.uk/tto/news/uk/article4100051.ece).

3 L. Collins, 'Who's to judge? How the World's 50 Best Restaurants are chosen', *The New Yorker* (*Annals of Gastronomy*), 2 November 2015 (https://www.newyorker.com/magazine/2015/11/02/whos-to-judge).

4 J. Kinsman, 'Give us a butcher's … for diners, seeing is believing', *Independent on Sunday*, 7 June 2015, p. 59. 물론 여전히 적지 않은 이들이 셰프를 부엌으로 돌려보내고 조용히, 프로페셔널한 서비스를 받으며 식사하기를 원한다고 이야기한다.

5 S. K. A. Robson, 'Turning the tables: The psychology of design for high-volume restaurants', *Cornell Hotel and Restaurant Administration Quarterly*, 40(3) (1999), 56–63, 60.

6 G. Ulla, 'Grant Achatz plans to "overhaul the experience" at Alinea', *Eater.com*, 23 November 2011 (https://eater.com/archives/2011/11/23/grant-achatz-planning-major-changes-at-alinea.php#more).

7 L. Collins, 'Who's to judge? How the World's 50 Best Restaurants are chosen', *The New Yorker* (*Annals of Gastronomy*), 2 November 2015 (https://www.newyorker.com/magazine/2015/11/02/whos-to-judge).

8 J. Bergman, 'Restaurant report: Ultraviolet in Shanghai', *The New York Times*, 10 October 2012.

9 M. Joe, 'Dishing it out: Chefs are offering diners a multisensory experience', *South China Morning Post*, 10 January 2014 (https://www.scmp.com/magazines/style/article/1393915/dishing-it-out-chefs-are-offering-diners-multisensoryexperience).

10 S. Pigott, 'Appetite for invention', *Robb Report*, May 2015, 98–101.

11 B. Palling, 'Fork it over: Are the world's priciest restaurants worth the expense?', *Newsweek*, 4 December 2015 (http://www.pressreader.com/usa/newsweek/20151204/282089160685916). See also A. Jakubik, 'The workshop of Paco Roncero', *Trendland: Fashion Blog &Trend Magazine*, 23 July 2012

(https://trendland.com/the-workshopof-paco-roncero/).

12 이것은 그랜트 애커츠가 앨리니아에서 2011년 그 경험을 다시 창출해 말할 때의 아이디어 중 하나다.(G. Ulla, 'Grant Achatz plans to "overhaul the experience" at Alinea', Eater.com, 23 November 2011.)

13 J. Gordinier, 'A restaurant of many stars raises the ante', *The New York Times*, 27 July 2012 (https://www.nytimes.com/2012/07/28/dining/eleven-madison-park-is-changing-things-up.html).

14 J. Rayner, 'Blue sky thinking', *Observer Food Monthly*, 23 August 2015, pp. 21–22.

15 J. Gerard, 'Heston Blumenthal: My new Alice in Wonderland menu', *Daily Telegraph*, 1 July 2009 (http://www.telegraph.co.uk/foodanddrink/restaurants/5700481/Heston-Blumenthal-my-new-Alice-in-Wonderlandmenu.html).

16 K. Sekules, 'Food for thought. Copenhagen's coolest dinner theatre', *The New York Times*, 19 January 2010 (http://tmagazine.blogs.nytimes.com/2010/01/19/food-for-thought-copenhagens-coolest-dinnertheater/).

17 A. Soloski, 'Sleep No More: From avant garde theatre to commercial blockbuster', *Guardian*, 31 March 2015 (https://www.theguardian.com/stage/2015/mar/31/sleep-no-more-avant-garde-theatre-new-york). 펠릭스 배렛은 기사에서 이렇게 말하고 있다. "바와 레스토랑에서 우리가 하는 것은 실험과 연구다. 음식을 이용해 이야기를 어떻게 만들까? 내러티브를 지닌 세 코스 식사를 어떻게 만들까?" 다음도 참고하라. 'Sleep No More adds high-end restaurant to its New York roster', *Guardian*, 26 November 2013.

18 S. Mountfort, 'Like Heston meets Crystal Maze', *Metro*, 9 December 2015, p. 49.

19 P. McCouat, 'The Futurists declare war on pasta', *Journal of Art in Society*, 2014 (http://www.artinsociety.com/the-futurists-declare-war-onpasta.html).

20 C. A. Jones (ed.), *Sensorium: Embodied Experience, Technology, and Contemporary Art* (Cambridge, MA: MIT Press, 2006), p. 19.

21 J. Klein, 'Feeding the body: The work of Barbara Smith', *PAJ: A Journal of Performance and Art*, 21(1) (1999), 24–35, p. 25.

22 J. Finkelstein, *Dining Out: A Sociology of Manners* (New York: New York

University Press, 1989), p. 68.

23 J. Gordinier, 'A restaurant of many stars raises the ante', *The New York Times*, 27 July 2012 (https://www.nytimes.com/2012/07/28/dining/eleven-madison-park-is-changing-things-up.html).

12. 로봇 셰프를 믿을 수 있을까?

1 미디어 기술 이론가 헨리 젠킨스(Henry Jenkins)의 2006년 논문은 개인용 음식 프린터 같은 새로운 기술이 현재의 기술을 대체하고, 전능한 블랙박스만 남긴 채 모든 주방 기구를 사라지게 할 것이라는 의견에 회의적이다. 젠킨스는 이를 '블랙박스 오류'라고 부른다.(quoted in G. Hearn & D. L. Wright, 'Food futures: Three provocations to challenge HCI', in J. H.-J. Choi, M. Foth & G. Hearn (eds.), *Eat, Cook, Grow: Mixing Human – Computer Interactions with Human – Food Interactions* (Cambridge, MA: MIT Press, 2014), pp. 265 – 78, pp. 273 – 4).

2 D. Meyer, *Setting the Table: Lessons and Inspirations from One of the World's Leading Entrepreneurs* (London: Marshall Cavendish International, 2010), p. 93.

3 B. London, 'World's first sensory restaurant for BABIES complete with digital menus and interactive menus opens doors', *Daily Mail Online*, 5 June 2014 (http://www.dailymail.co.uk/femail/article-2649367/Worldssensory-restaurant-BABIES-complete-digital-menus-interactive-menusopens-doors.html).

4 C. Spence, 'Multisensory marketing' presentation, *Zeitgeist Curator*, Berlin, 30 August 2012.

5 S. Pigott, 'Appetite for invention', Robb Report, May 2015, 98 – 101.

6 A. Swerdloff, 'Eating the uncanny valley: Inside the virtual reality world of food', Munchies, 13 April 2015.

7 B. Dowell, 'Listen, this food is music to your ears', *The Sunday Times*, 29 August 2004 (http://www.thesundaytimes.co.uk/sto/news/uk_news/article236417.ece).

8 C. Platt, 'You've got smell', Wired, 1 November 1999 (https://www.wired.com/1999/11/digiscent/); A. Dusi, 'What does $20 million burning smell like? Just ask DigiScents!', *StartupOver*, 19 January 2014 (http://www.

startupover.com/en/20-million-burning-smell-like-justask-digiscents/).

9 S. Curtis, 'Robotic bartender serves up drinks on world's first "smart ship": Royal Caribbean's *Quantum of the Seas* is the most technologically advanced cruise ship in the world', *Daily Telegraph*, 1 November 2014 (http://www.telegraph.co.uk/technology/news/11198509/Roboticbartender-serves-up-drinks-on-worlds-first-smart-ship.html).

10 T. Fuller, 'You call this Thai food? The robotic taster will be the judge', *The New York Times*, 29 September 2014, A1 (https://www.nytimes.com/2014/09/29/world/asia/bad-thai-food-enter-a-robot-taster.html?_r=0).

11 R. Burn-Callender, 'The robot chef coming to a kitchen near you', *Daily Telegraph*, 6 October 2015 (http://www.telegraph.co.uk/finance/businessclub/11912085/The-robot-chef-coming-to-a-kitchen-near-you.html).

13. 완벽한 식사의 조건

1 B. McFarlane and T. Sandham, 'Back to the Futurism', *The House of Peroni*, 2016 (https://thehouseofperoni.com/ie-en/lifestyle/backfuturism/).

2 문제의 요리는 차갑게 식힌 시트러스 수프로, 마지막에 웨이터가 그릇 위로 코가 라시(시치미라고도 불리는 일본 향신료-옮긴이)를 스프레이로 뿌렸다. P. Vettel, *Good Eating's Fine Dining in Chicago* (Chicago: Agate Digital, 2013).

3 S. Brickman, 'The food of the future', *The New Yorker*, 1 September 2014 (https://www.newyorker.com/culture/culture-desk/food-future).

4 G. Berghaus, 'The futurist banquet: Nouvelle Cuisine or performance art?', *New Theatre Quarterly*, 17(1) (2001), 3–17, p. 15.

5 G. Berghaus, 'The futurist banquet: Nouvelle Cuisine or performance art?', *New Theatre Quarterly*, 17(1) (2001), 3–17, p. 10.

6 이것은 최신 기사의 제목이다. see 'Futurist cooking: Was molecular gastronomy invented in the 1930s?', *The Staff Canteen*, 25 April 2014 (https://www.thestaffcanteen.com/Editorials-and-Advertorials/futurist-cooking-was-molecular-gastronomy-invented-in-the-1930s).

7 1930년 12월 28일 마리네티는 토리노에서 발간되는 〈가제타 델 포폴로(Gazzetta del Popolo)〉지에 '미래파 선언'을 발표했다. (reprinted in F. T. Marinetti, *The*

Futurist Cookbook, translated by S. Brill (1932; San Francisco: Bedford Arts, 1989), pp. 33 – 40).

8   S. Smith (ed.), *Feast: Radical Hospitality in Contemporary* Art (Chicago: IL: Smart Museum of Art, 2013), p. 35.

9   H. B. Higgins, 'Schlurrrp!: The case for and against spaghetti', in S. Smith (ed.), *Feast: Radical Hospitality in Contemporary Art* (Chicago: IL: Smart Museum of Art, 2013), pp. 40 – 47, p. 43.

10   D. MacHale, *Wisdom* (London: Prion, 2002); from https://www.history.mcs. st-andrews.ac.uk/Quotations/Einstein.html.

11   D. Darrah, 'Futurist's idea on food finds Italy contrary', *Chicago Daily Tribune*, 11 December 1931; H. B. Higgins, 'Schlurrrp!: The case for and against spaghetti', in S. Smith (ed.), *Feast: Radical Hospitality in Contemporary Art* (Chicago: IL: Smart Museum of Art, 2013), pp. 40 – 47; P. McCouat, 'The Futurists declare war on pasta', Journal of Art in Society, 2014 (http://www.artinsociety.com/the-futuristsdeclare-war-on-pasta.html); R. Golan, 'Ingestion/Anti-pasta', *Cabinet, 10* (2003), 1 – 5.

12   F. T. Marinetti, *The Futurist Cookbook*, translated by S. Brill (1932; San Francisco: Bedford Arts, 1989), p. 84.

13   F. T. Marinetti, *The Futurist Cookbook*, translated by S. Brill (1932; San Francisco: Bedford Arts, 1989), p. 65.

14   G. Berghaus, 'The futurist banquet: Nouvelle Cuisine or performance art?', *New Theatre Quarterly*, 17(1) (2001), 3 – 17, p. 9.

15   *In Le Poète assassiné* (1916; Paris: Gallimard, 1992), pp. 258 – 9, reprinted and translated in A. S. Weiss, *Feast and Folly: Cuisine, Intoxication and the Poetics of the Sublime* (Albany, NY: State University of New York Press, 2002), pp. 114 – 15, pp. 145 – 6.

16   T. Hayward, 'The cult of inconsistency', *FT Weekend Magazine*, 10 October 2014 (https://www.ft.com/content/41cb3e4c-4e66-11e4-bfda00144feab7de).

17   C. Spence & J. Youssef, 'Constructing flavour perception: From destruction to creation and back again', *Flavour*, 5:3 (2016). 키친 시어리에서 음식을 준비했다.

18   D. Jurafsky, *The Language of Food: A Linguist Reads the Menu* (New York:

Norton, 2014).

Quote from J. Wakefield, 'What would a computer cook for dinner?', *BBC News Online*, 7 March 2014 (https://www.bbc.co.uk/news/technology-26352743).

20 Quoted in M. Wall, 'From pizzas to cocktails the data crunching way', *BBC News*, 18 August 2015 (https://www.bbc.co.uk/news/business33892409).

21 B. Miller, 'Artist invites public to taste colour in ten-day event with dancers and wine at The Oval'.

22 D. Arroche, 'Never heard of Sensploration? Time to study up on epicure's biggest luxury trend', *LuxeEpicure*, 22 December 2015 (https://www.justluxe.com/lifestyle/dining/feature-1962122.php).

23 Quotes from Y. Arrigo, 'Welcome to the booming experience economy', *Raconteur* (Future of Events & Hospitality), 362 (2016), 2–3.

24 셰프 카렘(Carême)이 말했듯, 최고 수준의 셰프들은 총체예술과 같이 모든 경험을 재발명함으로써 자신들의 주방을 위대한 예술가들의 판테온이라고 주장한다. (quoted in J. Abrams, 'Mise en plate: The scenographic imagination and the contemporary restaurant', *Performance Research: A Journal of the Performing Arts*, 18(3) (2013), 7–14, p. 14).

25 J. Wapner, 'The flavor factory: Hijacking our senses to tailor tastes', *New Scientist*, 3 February 2016 (https://www.newscientist.com/article/2075674-the-flavour-factory-hijacking-our-senses-to-tailor-tastes/).

26 A. L. Aduriz, *Mugaritz: A Natural Science of Cooking* (New York: Phaidon, 2014), pp. 42–3.

그림 출처

그림 0-1   Reproduced with kind permission of Restaurant Denis Martin

그림 0-2   Courtesy of the author

그림 0-3   Courtesy of the Science Museum, London

그림 0-4   ⓒ Andy T. Woods, Charles Michel & Charles Spence, 2016

그림 1-1   ⓒ National Academy of Sciences of the USA, 2008

그림 2-1   'Jelly of Quail' ⓒ Ashley Palmer-Watts, reproduced with kind permission of Lotus PR and The Fat Duck

그림 2-2   The Viora lid reproduced with kind permission of Barry Goffe; Crown's 360EndᵀᴹMcan reproduced with kind permission of Cormac Neeson

그림 2-3   ⓒ A. Dagli Orti/DEA/Getty Images

그림 2-4   ⓒ PARS International Corp, 2017

그림 3-1   Courtesy of the author

그림 3-2   Courtesy of the author

그림 3-3   ⓒ Luesma & Vega SL

그림 3-4   Foodography campaign created by BBR Saatchi & Saatchi on behalf of the Carmel Winery

그림 3-5   C. Michel et al., 'Rotating plates: Online study demonstrates the importance of orientation in the plating of food', Food Quality and Preference, 44 (2015), 194-202

그림 3-6   ⓒ Roger Stowell/Getty Images

그림 3-7   Reproduced with kind permission of KEEMI

그림 3-8   Michel et al., 'Rotating Plates', in Food Quality and Preference

그림 4-1   Reproduced with kind permission of Massimiliano Zampini

그림 4-2   ⓒ HOANG DINH NAM/AFP/Getty Images

그림 4-3   ⓒ Frito-Lay North America, Inc., 2017

그림 4-4   Reproduced by kind permission of Naoya Koizumi

그림 4-5   The Krug Shell, reproduced by kind permission of Krug Maison de Champagne

그림 5-1   'Tableware as Sensorial Stimuli, Rear Bump Spoon for Enhancing Colour & Tactility', Ceramic, 2012, courtesy of Jinhyun Jeon

그림 5-2　Mulberry Textured Sensory Spoons, courtesy of Studio William

그림 5-3　Courtesy of the author

그림 5-4　Meret Oppenheim, Object (1936) ⓒ Artists Rights Society (ARS), New York / Pro Litteris, Zurich, 2017; rabbit spoon reproduced with kind permission of Charles Michel

그림 5-5　'Counting Sheep' ⓒ John Carey, reproduced with kind permission of Lotus PR and The Fat Duck

그림 5-6　Reproduced with kind permission of Marcel Buerkle

그림 6-2　ⓒ Space Copenhagen, 2012

그림 6-3　ⓒ Cornell University, 1999

그림 7-1　Lonely ⓒ Jon Krause

그림 7-2　Mella Jaarsma, I Eat You Eat Me (2000). Performed at 'Feast: Radical Hospitality in Contemporary Art', Smart Museum, Chicago, 2012. Photography: Smart Museum. Courtesy of the artist

그림 7-3　Marije Vogelzang, Sharing Dinner (Tokyo, 2008). Photography: Kenji Masunaga. Reproduced by kind permission of the artist

그림 8-1　ⓒ The SAS Museum, Oslo Airport, Norway

그림 8-2　ⓒ The SAS Museum, Oslo Airport, Norway

그림 9-1　Menu map copyright ⓒ Dave McKean, reproduced with kind permission of Lotus PR and The Fat Duck

그림 10-1　ⓒ The Coca-Cola Company, 2017

그림 10-2　ⓒ Chicago Tribune, 2012. All rights reserved. Distributed by Tribune Content Agency. Photography: Scott Strazzante

그림 10-3　'Sweet Shop' ⓒ John Carey. Reproduced with kind permission of Lotus PR and The Fat Duck

그림 11-1　ⓒ Alex Lentati

그림 11-2　Underwater restaurant ⓒ Crown Company PVT Ltd trading as Conrad Maldives Rangali Island, 2013; Dinner in the Sky, Toronto ⓒ Dinner in the Sky

그림 11-3　ⓒ David Ramos/Getty Images

그림 11-4　ⓒ Liz Ligon

그림 12-1　ⓒ Food Ink, 2016

그림 12-2　ⓒ Charles Spence and Piqueras-Fiszman; licensee BioMed Central Ltd, 2013

그림 12-3　'Sound of the Sea' ⓒ Ashley Palmer-Watts, reproduced with kind permission of Lotus PR and The Fat Duck

그림 12-4　ⓒ Association for Computing Machinery, Inc., 2012